for Edexcel

expo 4

Clive Bell   **Rosi McNab**

Foundation

Speaking practice section by Nancy Brannon

www.heinemann.co.uk
✓ Free online support
✓ Useful weblinks
✓ 24 hour online ordering

01865 888058

Heinemann Educational Publishers
Halley Court, Jordan Hill, Oxford OX2 8EJ
Part of Harcourt Education

Heinemann is the registered trademark of Harcourt Education Limited

© Harcourt Education Limited, 2006

First published 2006

10 09 08 07 06
10 9 8 7 6 5 4 3 2 1

British Library Cataloguing in Publication Data is available from the British Library on request.

10-digit ISBN: 0 435717 83 9
13-digit ISBN: 978 0 435 71783 4

Copyright notice

All rights reserved. No part of this publication may be reproduced in any form or by any means (including photocopying or storing it in any medium by electronic means and whether or not transiently or incidentally to some other use of this publication) without the written permission of the copyright owner, except in accordance with the provisions of the Copyright, Designs and Patents Act 1988 or under the terms of a licence issued by the Copyright Licensing Agency, 90 Tottenham Court Road, London W1T 4LP. Applications for the copyright owner's written permission should be addressed to the publisher.

Publisher: Trevor Stevens
Editors: Catriona Watson-Brown, Tracy Traynor
Managing Editors: Melanie Gerrey, Jude Hunter
Produced by Ken Vail Graphic Design, Cambridge

Original illustrations © Harcourt Education Limited, 2006

Illustrated by Beehive Illustration (Theresa Tibbetts, Ellen Hopkins), Graham-Cameron Illustration (David Benham), Ken Laidlaw, Bill Ledger.

Cover design by Tony Richardson/Wooden Ark Studio

Printed by Printer Trento S.r.l

Cover photo: © Getty Images

Picture research by Liz Savery

Acknowledgements

The authors and publisher would like to thank Sylvie Fauvel, Anne French, Michel Groulard, Krystelle Jambon; Isabelle Retailleau; Cathy Simonin and students at Lycée Silvia Montfort; Franck Bréan at Brasserie le Parisien, Chartres; Marie-Line Raimbert and staff at Gare de Chartres; the actors of the Ateliers de formation théâtrale, Rouen, led by Nathalie Barrabé. Audio recorded by Thierry Minot and François Casays at Studio Accès Digital, Rouen.

Text materials were provided by:
La Gazette du Val-d'Oise p. 97, **Fédération Unie des Auberges de Jeunesse** p. 108, 115, 127, **Pariscope** p. 175

Photographs were provided by:
Alamy Images p. 46, 50, 56, 94, 121, 123, 126, 148, **Bananastock** p. 148, **Chrissie Martin** p. 68, **Corbis** p. 26, 46, 56, 94, 100, 115, 121, 123, 127, 129, 148, 151, 155, 158, 183, 187, 190, **Digital Stock** p. 158, **Digital Vision** p. 158, **Empics** p. 26, 32, 46, 121, 124, 129, **Getty Images** p. 20, 26, 100, 121, 148, **Getty Images/PhotoDisc** p. 8, 45, 46, 68, 86, 94, 126, 127, 140, 142, 148, 176, 181, 191, **Getty Images/Ben Radford** p. 130, **Grand Canyon National Park** p.110, **Harcourt Education Ltd/Debbie Rowe** p. 46, 51, 56, 116, **Harcourt Education Ltd/ Gareth Bowden** p. 9, 34, 44, 91, 98, 122, 181, 183, 188, **Harcourt Education Ltd/ Rob Judges** p. 96, **Harcourt Education Ltd/ Jules Selmes** p. 6, 34, 44, 45, 46, 51, 56, 59, 62, 83, 91, 98, 109, 112, 122, 140, 176, 188, **Harcourt Education Ltd/ Martin Sookias** p. 46, **ImageState** p. 94, 110, 175, **iStockPhoto.com** p. 68, **iStockPhoto.com/Paige Foster** p. 68, **iStockPhoto.com/Andy Hill** p. 68, **iStockPhoto.com/Jostein Hague** p. 68, **iStockPhoto.com/Johnny Lye** p. 68, **Kobal Collection**, p. 25, 121 **The Kobal Collection/Paramount/ Francois Duhamel** p. 36, **Panos Pictures** p. 148, **Photo12** p.32, **Photos.com** p. 68, 70, 83, 98, **Photolibrary** p. 151, **Reed International Books Australia PTY Ltd/ Lindsey Edwards Library** p. 93, 94, **Rex Features** p. 32, 52, 121, 144, **Rex Features/ Sipa Press** p. 125, **Richard Smith,** p. 96.

Every effort has been made to contact copyright holders of material reproduced in this book. Any omissions will be rectified in subsequent printings if notice is given to the publishers.

Tel: 01865 888058 www.heinemann.co.uk

Table des matières

Module 1 Moi

Déjà vu 1	*Je me présente...*	Talking about yourself and saying where you are from *en* and *au* with the names of countries	6
Déjà vu 2	*Les choses que j'aime faire...*	Saying what you like and don't like doing *j'aime* and *je n'aime pas*	8
Unité 1	*Je m'entends avec...*	Talking about your family Using possessive adjectives *mon*, *ma*, *mes*	10
Unité 2	*Mes parents*	Saying what your parents do Using masculine and feminine words for jobs	12
Unité 3	*Mes copains et mes copines*	Talking about your friends Adjective agreement	14
Unité 4	*La semaine dernière*	Saying what you have done The perfect tense	16
Unité 5	*Mes loisirs*	Talking about what you have done and are going to do *j'ai fait* and *je vais faire*	18
Contrôle continu		*Ma passion*	20
Mots			22

Module 2 On sort?

Déjà vu	*Qu'est-ce qu'on passe?*	Discussing TV and cinema Using plural nouns with likes and dislikes	24
Unité 1	*Ça te dit?*	Arranging to go out Using question words	26
Unité 2	*Désolé, je ne peux pas*	Explaining why you can't do something Using modal verbs	28
Unité 3	*C'est la fête!*	Describing special occasions Using the perfect tense	30
Unité 4	*Ce n'était pas mal*	Giving opinions about things you did Using past tenses	32
Unité 5	*Le week-end prochain*	Talking about the past, present and future Using different tenses	34
Contrôle continu		*Un de mes films préférés*	36
Mots			38

Module 3 Là où j'habite

Déjà vu 1	*Ma maison*	Talking about where you live The adjectives petit and grand	40
Déjà vu 2	*Ma chambre*	Talking about your own room Asking questions	42
Unité 1	*Où j'habite*	Describing where you live Using *depuis* to say how long	44
Unité 2	*Ma ville*	Describing a town *Il y a ... / Il n'y a pas de ...*	46
Unité 3	*Mon quartier*	Talking about your area Giving opinions using *trop de / assez de*	48
Unité 4	*Ma ville préférée*	Talking about towns in France and the UK Using *on peut* + infinitive	50
Contrôle continu		*Bergerac*	52
Mots			54

Module 4 — Allons-y!

Déjà vu 1	*C'est où?*	Finding the way Asking where places are using *où est?* and *où sont?*	56
Déjà vu 2	*On fait les magasins!*	Shopping for food Using *du, de la, de l'*, and *des*	58
Unité 1	*Tout près d'ici*	Describing the location of a place Using prepositions	60
Unité 2	*On prépare une fête*	Talking about shops and shopping Using *il faut* to say what you need	62
Unité 3	*Bon voyage!*	Making travel arrangements The 24-hour clock	64
Unité 4	*Ça me va?*	Talking about buying clothes Describing clothes using colour adjectives	66
Unité 5	*Je vais acheter un cadeau!*	Talking about buying presents Referring to future and past events	68
Contrôle continu	*Une publicité*		70
Mots			72

Module 5 — Au collège

Déjà vu	*L'emploi du temps*	Talking about school subjects Telling the time	74
Unité 1	*C'est comment?*	Giving opinions about school subjects Using the verbs *adorer, aimer, détester*	76
Unité 2	*Ma journée*	Talking about your daily routine Using reflexive verbs to say what you do	78
Unité 3	*Je porte un uniforme*	Talking about your school uniform Using colour adjectives	80
Unité 4	*Qu'est-ce que tu vas faire?*	Talking about your plans *je vais, je veux* and *je voudrais* + infinitive	82
Unité 5	*Qu'est-ce que j'ai perdu?*	Reporting a loss Describing things you have lost	84
Contrôle continu	*Le collège Louis Pasteur*		86
Mots			88

Module 6 — Il faut bosser!

Déjà vu	*L'argent, l'argent*	Discussing jobs and money Talking about how often things happen	90
Unité 1	*Avez-vous un petit job?*	Talking about part-time jobs Predicting when listening	92
Unité 2	*Au boulot!*	Discussing different jobs Saying what you would like to do using *je voudrais*	94
Unité 3	*C'est de la part de qui?*	Making telephone calls Using polite language	96
Unité 4	*Les stages en entreprise*	Talking about work experience Saying what you had to do	98
Contrôle continu	*Mon stage en entreprise*		100
Mots			102

Module 7 — Tourisme

Déjà vu	*La météo*	Talking about the weather Using the present and near future tenses	104
Unité 1	*Réserver une chambre*	Choosing and booking into a hotel Asking questions	106
Unité 2	*À l'auberge de jeunesse*	Booking into a youth hostel Understanding signs	108
Unité 3	*Camping de la Forêt*	Talking about camping holidays Saying what you and others are going to do using *nous*	110
Unité 4	*On déjeune*	Eating out Saying what you would like using *je voudrais*	112
Unité 5	*Plage, mer et soleil*	Talking about holidays Using past, present and future tenses	114
Contrôle continu	*Mes vacances*		116
Mots			118

Module 8 — Mes copains et mes héros

Déjà vu	*Ils sont comment?*	Describing people Using the comparative	120
Unité 1	*Qui admirez-vous?*	Describing someone's qualities Using the superlative	122
Unité 2	*Les champions sportifs*	Describing famous sportspeople Using *son, sa, ses*	124
Unité 3	*On va faire du sport!*	Talking about sporting activities Saying what you and others are going to do	126
Unité 4	*Vainqueur ou perdant?*	Describing a sporting event Saying what other people did in the past	128
Contrôle continu		*Thierry Henry: le roi des footballeurs!*	130
Mots			132

Module 9 — Mode de vie

Déjà vu 1	*Ce qu'on mange et ce qu'on boit*	Talking about food and drink Using *du, de la, de l', des*	134
Déjà vu 2	*Ça ne va pas!*	Parts of the body and saying where it hurts Using *au, à la, à l', aux*	136
Unité 1	*Garder la forme*	Talking about a healthy lifestyle Using *il faut* to say 'you must / should'	138
Unité 2	*Le tabagisme*	Talking about smoking Giving your opinion	140
Unité 3	*Veux-tu te marier?*	Talking about family relationships and future plans Using *je veux* to say what you want to do	142
Contrôle continu		*La forme*	144
Mots			146

Module 10 — Le monde en danger

Unité 1	*On peut le faire!*	Discussing world issues Saying how we can help using *on peut*	148
Unité 2	*Les problèmes locaux*	Talking about problems in your area Using negatives	150
Unité 3	*Bonne route?*	Describing breakdowns and accidents Using reading strategies	152
Unité 4	*L'environnement va mal!*	Discussing the environment More practice with *il faut*	154
Unité 5	*Avant et après*	Protecting the environment Using present, past and future tenses	156
Contrôle continu		*Un problème environnemental*	158
Mots			160
À l'oral			162
À toi			172
Grammaire			192
Vocabulaire français – anglais			206
Vocabulaire anglais – français			214

1 Moi

Je me présente …
Talking about yourself and saying where you are from
en and *au* with the names of countries

1 Écoutez et lisez. Copiez et remplissez la grille. (1–3)
Listen and read. Copy and fill in the table.

Je me présente. Je m'appelle Pascal, j'ai quatorze ans et mon anniversaire est le 15 août. Je suis français et j'habite en France, à Lyon. Je suis assez grand et j'ai les yeux bleus et les cheveux bruns. Mes deux sœurs s'appellent Lydie et Sophie et nous avons un chat, qui s'appelle Ludo.

Je m'appelle Laurent. J'ai quinze ans et j'ai une sœur jumelle, Amélie. J'habite à Bruxelles en Belgique, et je parle français. Je suis assez grand et mince. J'ai les yeux verts et les cheveux bruns. Mon anniversaire est le 10 octobre.

Mon nom est Karima. J'habite à Marseille dans le sud de la France. Mon anniversaire est le 10 novembre et j'ai seize ans. Mon frère a dix ans et s'appelle Hakim. Je suis de taille moyenne. Mes yeux sont marron et mes cheveux sont noirs. Nous avons un chien et un oiseau.

	âge	anniversaire	pays	ville	famille	taille	cheveux	yeux
Pascal			France	Lyon				
Laurent								
Karima								

2 Écoutez. D'où viennent-ils? Choisissez le bon nombre et la bonne lettre.
Listen. Where are they from? Choose the correct number and the correct letter for each one.

Luc   1 Montréal   a en Angleterre
Florence   2 Bruxelles   b en Belgique
Camilla   3 Genève   c en Espagne
Raúl   4 Londres   d en France
Julie   5 Madrid   e en Suisse
Valentin   6 Marseille   f au Canada

Expo-langue →→→→ *4.1*

When saying where someone lives, you use **en** with feminine countries:
J'habite **en** Suisse / **en** Écosse.

You use **au** with masculine countries:
J'habite **au** Canada.

6 six

3 À deux. Où habitent-ils? Présentez les concurrents.
In pairs. Where do they live? Present the competitors.

Exemple: 1 Voici Marie-Claire. Elle habite à … en …

1 la France, Marie-Claire, Marseille
2 la Suisse, Étienne, Lausanne
3 le Canada, Gauthier, Montréal
4 l'Irlande, Fergus, Dublin
5 l'Écosse, Shona, Édimbourg
6 l'Angleterre, Daniel, Londres
7 le pays de Galles, Richard, Cardiff

 4 Copiez et complétez votre carte d'identité.
Copy and complete your identity card.

Les mois		**La famille**
janvier	juillet	un frère
février	août	un demi-frère
mars	septembre	une sœur
avril	octobre	une demi-sœur
mai	novembre	un chat
juin	décembre	un chien

Nom
Prénom
Âge
Date d'anniversaire
Ville
Pays
Signes particuliers (yeux/cheveux)
Pays
Famille
Animaux

 5 Écrivez une lettre à un nouveau corres français.
Write a letter to a new French penfriend.

je suis – I am
j'ai – I have
je n'ai pas de – I haven't

Bonjour, je me présente:
Je m'appelle … J'ai … ans et mon anniversaire est le …
J'habite à … en/au …
Je suis (assez) grand(e)/(assez) petit(e)/de taille moyenne
et j'ai les yeux … et les cheveux …
J'ai un frère/une sœur qui s'appelle …
J'ai un chien/chat.
Je n'ai pas d'animaux.

 6 Présentez-vous. Préparez six phrases pour vous présenter à un(e) Français(e). Écrivez un mot-clé ou une phrase pour chacune.
Introduce yourself. Prepare six sentences to introduce yourself to a French person. Write down a key word or phrase for each sentence.

Exemple: nom / âge / domicile …

Les choses que j'aime faire ...
Saying what you like and don't like doing
j'aime and je n'aime pas

 1 Écoutez et lisez. Répondez aux questions.
Listen and read. Answer the questions.

J'aime le sport. Mon sport préféré, c'est le basket. J'aime aussi faire du vélo et jouer au football, mais je déteste le jogging. En été, j'aime faire du kayak, et en hiver, j'aime faire du ski. Je n'aime pas regarder la télé, sauf les matchs de foot, mais j'aime jouer à l'ordinateur. J'aime écouter de la musique et jouer de la guitare. J'aime aussi lire les magazines, mais pas les BD. Le week-end, j'aime faire de la pêche avec mon copain, et le soir, j'aime jouer aux cartes avec lui. Qu'est-ce que tu aimes faire?
Luc

En été, j'aime aller au bord de la mer, mais je n'aime pas faire de la natation et je n'aime pas jouer au volley ou au tennis. Je ne suis pas sportive. En hiver, j'aime rester à la maison et lire des BD ou écouter de la musique. J'aime aussi regarder les séries à la télé et aller au cinéma. Le cinéma, c'est ma passion. J'adore aller au cinéma.
Marjolaine

Qui ...
1 n'aime pas nager?
2 aime jouer d'un instrument?
3 aime lire des BD?
4 est sportif/sportive?
5 aime regarder la télé?
6 n'aime pas faire du ski en hiver?

en été – in summer
sauf – except
en hiver – in winter
C'est ma passion. – I'm mad about it. / It's my favourite thing.

 2 Écoutez et notez en français (a) ce qu'ils aiment faire et (b) ce qu'ils n'aiment pas faire. (1–4)
Listen and note in French (a) what they like doing and (b) what they don't like doing.

Expo-langue →→→→ *Grammaire 3.11*

Use **aimer** + the infinitive to say you like doing something:

j'**aime faire** du sport/vélo/ski/camping/kayak/canoë
de l'équitation/escalade
de la natation/pêche

Use **jouer à** to say you play *a sport or a game*:
je **joue**   au football/basket/tennis/volley/hand-ball
aux cartes/échecs
à l'ordinateur

Use **jouer de** to say you play *an instrument*:
je **joue**   du piano/violon
de la guitare/batterie

Module 1

 3 À deux. Posez des questions et répondez.
In pairs. Ask and answer questions.

- Aimes-tu faire du sport?
- Oui, j'aime … / Non, je n'aime pas faire du sport.

- Aimes-tu jouer (au foot/au tennis/ au volley)?
- Oui, j'aime … / Non, je n'aime pas …

- Aimes-tu faire (de l'équitation/ de la natation/du ski)?
- Oui, j'aime faire … / Non, je n'aime pas faire de …

- Pourquoi?
- C'est (génial/super/ennuyeux/fatigant). Je n'aime pas (l'eau froide/les chevaux).

- As-tu une passion?
- Oui, ma passion, c'est …

 4 Écoutez. Que font-ils? Copiez et remplissez la grille.
Listen. What do they do? Copy and fill in the table.

	lundi	mardi	mercredi	jeudi	vendredi	samedi	dimanche
Serge	l						
Barbara							

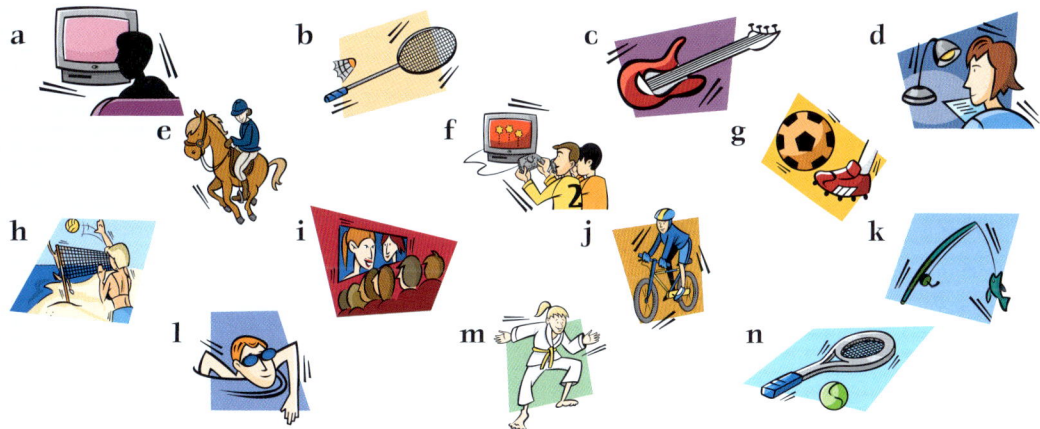

 5 Écrivez un paragraphe: ce que j'aime faire et ce que je n'aime pas faire.
Write a paragraph: what I like and don't like doing.

Je m'appelle (Isabelle). Ma passion, c'est …
Je joue au tennis (deux fois) par semaine.
J'aime aussi (jouer de la guitare).
Je n'aime pas (faire du vélo) parce que c'est fatigant.
D'habitude, je fais/joue …

une fois – once
deux fois – twice
souvent – often
d'habitude – usually
le mercredi – on Wednesdays

 6 Faites une présentation.
Give a presentation.

- Use the pictures to help you prepare a short talk about your likes and dislikes. Make some notes to remind you when you give your presentation.

neuf 9

1 Je m'entends avec... Talking about your family
Using possessive adjectives *mon, ma, mes*

1 Ma famille. Comment s'appellent-ils? Que dit Amélie?

Ça, c'est moi, Amélie.

Ça, c'est ma famille en vacances.

À gauche, c'est mon grand frère, Denis, ma petite sœur, Manon, et ma grande sœur, Anne-Marie. Au centre, c'est ma mère, Sarah, et mon père, François. À droite, c'est ma grand-mère, Janine, avec mon chat, Tigre.

Exemple: **a** C'est mon grand frère. Il s'appelle ...

2 Écoutez. Comment s'appellent-ils? Écrivez les noms. (9)

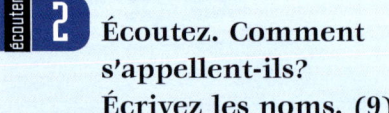

1 mon grand-père
2 ma grand-mère
3 ma mère
4 mon père
5 mon grand frère
6 mon petit frère
7 ma sœur
8 mon chien
9 mon chat

Expo-langue →→→ *Grammaire 2.3*

Remember: the French word for 'my' has to agree with the noun.

masculine	feminine	plural
mon frère	**ma** sœur	**mes** parents

3 Parlez de votre famille.

Exemple: Voici mes grands-parents. Mon grand-père s'appelle ...

grand-mère Francine = grand-père Jean-Paul

père Jacques = mère Sandrine

frère  Vincent — sœur  Anne-Laure — sœur  Chloé — frère  Louis

10 dix

Module 1

 4 Écoutez. Qui s'entend bien avec ses parents? Copiez et marquez E (s'entend bien) ou D (se dispute). (1–4)

	mère	père
1 Denis		
2 Manon		
3 Amélie		
4 Anne-Marie		

Je m'entends bien avec …
– I get on well with …
Je me dispute avec …
– I don't get on well with / I quarrel with …

 5 Lisez le texte et complétez les phrases.

*D'habitude, **je m'entends bien avec** ma petite sœur parce qu'on aime la même musique et on joue ensemble à l'ordinateur.*

***Je ne m'entends pas bien avec** mon grand frère parce qu'il n'aide pas à la maison. C'est toujours moi qui dois aider.*

***Je me dispute avec** ma mère parce qu'elle est trop sévère quand je ne range pas ma chambre. En revanche, **je m'entends bien avec** ma grand-mère. Je peux lui parler de tout.*

***Je me dispute toujours avec** ma grande sœur parce qu'elle est toujours dans la salle de bains quand je veux y aller.*

***Je ne m'entends pas bien avec** mon père parce qu'il est trop sévère. Il me critique tout le temps. En revanche, **je m'entends très bien avec** le chat! Il ne me critique pas, il faut seulement lui donner à manger!*

en revanche – on the other hand
je peux lui parler de tout – I can talk to him/her about everything
critiquer – to criticise
donner à manger – to feed (an animal)

1 Je me dispute avec ▬▬▬▬ parce qu'elle est trop sévère.
2 Je m'entends bien avec ▬▬▬▬ parce que je peux lui parler de tout.
3 Je ne m'entends pas bien avec ▬▬▬▬ parce qu'il n'aide pas à la maison.
4 Je me dispute avec ▬▬▬▬ parce qu'elle passe trop de temps dans la salle de bains.
5 Je ne m'entends pas bien avec ▬▬▬▬ parce qu'il me critique toujours.
6 Je m'entends bien avec ▬▬▬▬ parce qu'on joue ensemble.

6 Écrivez un paragraphe sur vous-même et votre famille.

- Comment s'appelle-t-il/elle?
- Vous vous entendez bien avec qui?
- Pourquoi?

onze 11

2 Mes parents
Saying what your parents do
Using masculine and feminine words for jobs

1 Trouvez la bonne image pour chaque emploi [*job*].

a  b  c 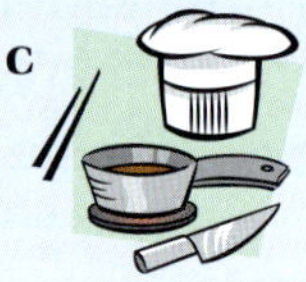  d 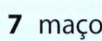 e

f  g   h  i  j

1 menuisier
2 comptable
3 secrétaire
4 ingénieur
5 serveur/euse
6 coiffeur/euse
7 maçon
8 sapeur-pompier
9 kinésithérapeute
10 cuisinier/ière

When dealing with words you don't know, look for clues:
- Try to match the words to the pictures.
- Does the word/part of the word resemble an English word?
  (**serveur**/**euse**, kinési**thérap**eute)
- Does the word/part of the word look like any French word you know?
  (**cuisin**ier – cuisine – *kitchen*; **compt**able – compter – *to count*)
- Try saying it aloud: does it sound like a word you know? (**ingénieur** – *engineer*)
- Do the ones you know first and see what's left. Still can't work it out? Look it up!

2 Trouvez la bonne définition.

a Elle apporte les repas aux clients.
b Elle travaille sur ordinateur.
c Il éteint les incendies.
d Il travaille dans une usine où on fabrique des moteurs.
e Il fait les comptes dans un bureau.
f Il construit des maisons.
g Elle fait des massages aux gens qui ont mal au dos.
h Il prépare les repas dans un grand restaurant.

1 maçon
2 secrétaire
3 cuisinier
4 serveuse
5 ingénieur
6 comptable
7 sapeur-pompier
8 kinésithérapeute

Expo-langue →→→→

Grammaire 1.4
Grammaire 1.1

When talking about what job someone does, the word for 'a' is omitted in French.
Mon père est ingénieur. = My father is **an** engineer.
Ma mère est employée de banque. = My mother is **a** bank employee.

Some jobs have a different feminine form:

	+ –e	–eur → –euse	–teur → –trice	–en → –enne	–er → –ère
masculine	étudiant	vendeur	moniteur	électricien	infirmier
feminine	étudiante	vendeuse	monitrice	électricienne	infirmière

Some don't change, e.g. **agent de police** (policeman/policewoman), **fonctionnaire** (civil servant). A few are always feminine, e.g. **nourrice** (childminder).

Module 1

 3 Que font leurs parents? Écoutez et notez en anglais. (1–5)

Exemple: 1 Aline: father = builder, mother = …

 4 À deux. Posez et répondez aux questions.

- Que fait le père/la mère de **Benoît**/d'**Aline**?
- Il/Elle est …

 5 Où travaillent-ils? Choisissez la bonne image.

Exemple: 1 père f

a b c d e f

1 Mon père est informaticien et travaille dans un bureau en ville.
2 Ma mère est vendeuse. Elle travaille dans une grande surface.
3 Mon père est plombier. Il travaille sur un chantier.
4 Ma mère travaille dans un hôpital. Elle est infirmière.
5 Mon père est mécanicien. Il travaille dans un garage, il répare des autos.
6 Ma mère est nourrice. Elle s'occupe de petits enfants. Elle travaille dans une école maternelle.

 6 Où travaillent-ils? Écoutez et notez la bonne lettre.

M. Duval   Mme Duval   M. et Mme Brunot   Mme Gilsou   M. Jeammet   Mlle Voyeux

a  b  c  d  e  f

7 À deux. Posez et répondez aux questions.

- Que fait ton père dans la vie?
- Où travaille-t-il?
- Que fait ta mère dans la vie?
- Où travaille-t-elle?

 8 Faites un résumé.

Mes parents
Mon (beau-)père est … Il travaille …
Ma (belle-)mère est … Elle travaille …

Ma (belle-)mère/ Elle	ne travaille pas *doesn't work* s'occupe des enfants *looks after the children* est malade *is ill*
Mon (beau-)père/ Il	est au chômage *is out of work* travaille à son compte *is self-employed* travaille à mi-temps *works part-time*

treize 13

3 Mes copains et mes copines
Talking about your friends
Adjective agreement

1 Lisez. Qui c'est? Trouvez la bonne image.

1 **Jenni** a les yeux bleus et les cheveux blonds et mi-longs. Elle est grande, sérieuse et un peu timide. Elle n'est pas bavarde!
2 **Julia** est assez grande. Elle a les cheveux courts et bruns et les yeux bleu-gris. Elle est paresseuse et drôle. Elle n'est pas sportive.
3 **Matthieu** a les yeux verts et les cheveux bruns bouclés. Il est de taille moyenne. Il porte des lunettes. Il est bavard et marrant. Il n'est pas bien organisé!
4 **Laurent** est petit. Il a les yeux bruns et les cheveux roux. Il est très sportif et joue au rugby et fait du karaté. Il n'est pas travailleur!

a  b  c  d

2 Écoutez et complétez le texte avec les mots qui manquent.

Lucas est assez (**1**) _____. Il a les yeux (**2**) _____ et les cheveux (**3**) _____. Il est (**4**) _____ et (**5**) _____ et il n'est pas (**6**) _____.

Ma copine Jennifer est assez (**7**) _____. Elle a les cheveux (**8**) _____ et les yeux (**9**) _____. Elle est (**10**) _____ et (**11**) _____ et elle n'est pas (**12**) _____.

Cathy est (**13**) _____. Elle est (**14**) _____ et (**15**) _____, mais elle n'est pas (**16**) _____.

Kévin est (**17**) _____. Il est (**18**) _____ et (**19**) _____, mais il est très (**20**) _____.

bavarde · bien organisée · bleus · blonds · bruns · drôle · de taille moyenne · généreuse · gentille · grand · grand · intelligent · marrante · paresseux · petite · sportif · sympa · sympa · timide · verts

Expo-langue →→→ 2.2

Adjectives agree with the noun they describe – this means they have a different form if the noun is feminine or plural.

When used with a *feminine noun*:
Most adjectives add –**e**.
grand → grand**e**   petit → petit**e**

Adjectives which already end in –**e** and –**a** stay the same.
drôle → drôle
timide → timide
sympa → sympa

Some adjectives change their ending.
sport**if** → sport**ive**
paress**eux** → paress**euse**

When used with a *plural noun*:
Most adjectives add –**s**.
vert → (les yeux) vert**s**
court → (les cheveux) court**s**

Module 1

parler 3 À deux. Posez et répondez aux questions.

- Il/Elle est comment?
- Il/Elle est …

bien organisé(e)
grand(e)
bavarde(e)
intelligent(e)
paresseux/euse

écrire 4 Faites la description de deux personnalités de votre choix.

Exemple: Brad Pitt est …

Il/Elle est	acteur/actrice de cinéma musicien/enne chanteur/euse joueur/euse de …
Il/Elle (n')est (pas)	(assez) grand(e)/petit(e)/de taille moyenne célèbre actif/ive sportif/ive gentil(le)

parler 5 À deux. Discutez de vos descriptions. D'accord ou pas?

- Il/Elle est petit(e).
- Oui, je suis d'accord, il/elle est petit(e). /
  Non, je ne suis pas d'accord, il/elle n'est pas petit(e).

écouter 6 Écoutez la description du voleur. Choisissez les quatre bonnes images.
Listen to the description of the thief. Choose the four correct pictures.

 a
b
c
d

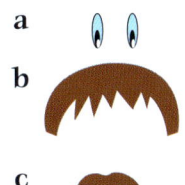 e
f
g
h

 i
j
k
l

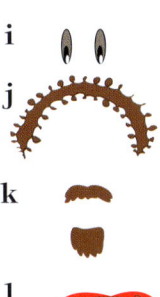

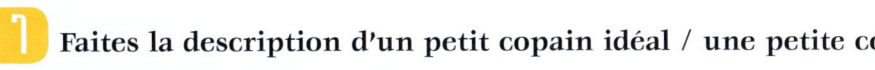

écrire 7 Faites la description d'un petit copain idéal / une petite copine idéale.

Mon petit copain idéal/Ma petite copine idéale est (grand(e)).
Il/Elle a les cheveux … et les yeux …
Il/Elle est (intelligent(e)) …
Il/Elle n'est pas …

quinze 15

4 La semaine dernière — Saying what you have done / The perfect tense

1 Écoutez Thierry et Pascaline. Où sont-ils allés? Quel jour? (1–2)

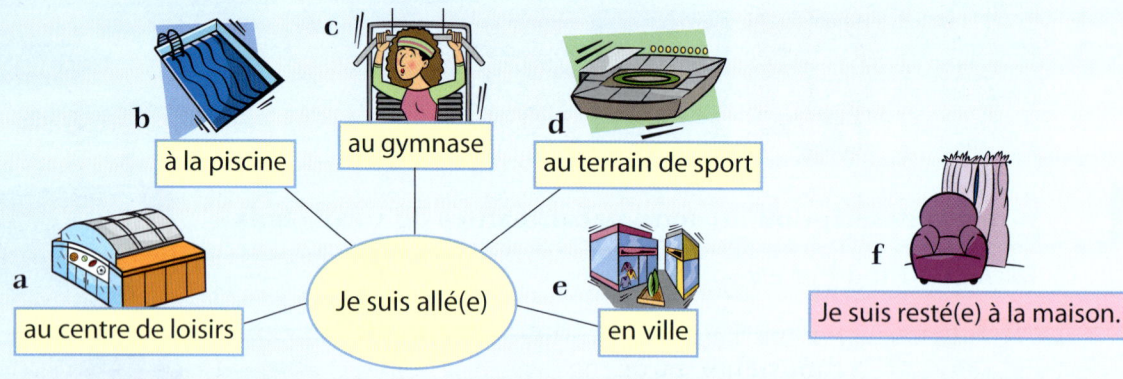

- a au centre de loisirs
- b à la piscine
- c au gymnase
- d au terrain de sport
- e en ville
- f Je suis resté(e) à la maison.

Je suis allé(e)

	lundi	mardi	mercredi	jeudi	vendredi	samedi	dimanche
Thierry						e	
Pascaline							

2 À deux. Où êtes-vous allés? Posez et répondez aux questions.

■ Où es-tu allé(e) (lundi)?

lundi	mardi	mercredi	jeudi	vendredi	samedi

3 Qu'est-ce que vous avez fait? Copiez et complétez l'agenda ci-dessous.

lundi Je suis allé(e) ... et j'ai ...
mardi
mercredi (matin) (après-midi)
jeudi
vendredi
samedi
dimanche

Expo-langue →→→→ *Grammaire 3.3*

You use **j'ai / je suis** + a past participle to talk about the past.

j'ai fait de la natation
de la musculation
de la danse
du théâtre
du judo
du shopping

j'ai joué au basket
au volley
au foot
au badminton

j'ai écouté de la musique
regardé la télé
joué à l'ordinateur
fait mes devoirs
envoyé des textos à mes amis

je suis allé(e) au gymnase
au centre de loisirs
au terrain de sport
à la piscine
en ville

je suis resté(e) à la maison

16 seize

Module 1

 4 Lisez l'e-mail de Thierry. Puis choisissez a, b ou c pour compléter chaque phrase.

Mercredi matin, je suis allé en ville. J'ai fait du shopping pour ma mère et j'ai acheté un DVD pour moi. Puis j'ai retrouvé ma copine à la pizzeria. Moi, j'ai mangé une pizza margarita et elle a mangé des spaghettis. L'après-midi, je suis allé au terrain de sport et j'ai joué au basket avec mes potes. C'était fatigant! Le soir, je suis resté à la maison. J'ai regardé le DVD et j'ai envoyé un texto à ma copine.
Thierry

j'ai retrouvé – I met (by arrangement)
mes potes – my mates

1 Mercredi matin, Thierry est allé **a** en ville **b** à la piscine **c** au cinéma.
2 Il a fait **a** de la natation **b** du shopping **c** du judo.
3 Il a rencontré **a** son ami **b** son amie **c** ses parents.
4 Il a mangé **a** des pâtes **b** une pizza **c** des spaghettis.
5 L'après-midi, il a joué **a** au foot **b** au basket **c** au volley.
6 Le soir, il a **a** regardé un film **b** joué à l'ordinateur **c** écouté de la musique.

 5 Écoutez. Qu'est-ce qu'ils ont fait? Copiez et remplissez la grille. (1–5)

	Où?	Qu'est-ce qu'ils ont fait?	C'était comment?
1			
2			
3			

C'était super.   ✔✔
C'était génial.   ✔
Bof, ce n'était pas mal.   –
C'était fatigant/ennuyeux. ✘
C'était nul.   ✘✘

6 Préparez une présentation. Où êtes-vous allé(e) et qu'est-ce que vous avez fait samedi dernier?

● Draw some symbols or make a list of key words to help you.

5 Mes loisirs — Talking about what you have done and are going to do *j'ai fait* and *je vais faire*

1 Écoutez et décidez. Qui parle? C'était comment? (1–8)

Delphine   Arthur   Sophie   Yannick   Chloé   Serge   Lucas   Amélie

a très bien   **b** bof   **c** fatigant   **d** ennuyeux   **e** nul   **f** génial

2 Qui écrit? Trouvez le bon prénom de l'exercice 1.

1 Peux-tu m'aider? Je n'ai pas eu le temps de finir mes devoirs ce soir parce que j'ai fait du karaté.

2 Peux-tu m'aider? Je n'ai pas eu le temps de finir mes devoirs ce soir parce que j'ai joué au squash.

3 Peux-tu m'aider? Je n'ai pas eu le temps de finir mes devoirs ce soir parce que j'ai fait de l'équitation.

4 Peux-tu m'aider? Je n'ai pas eu le temps de finir mes devoirs ce soir parce que j'ai fait du vélo.

5 Peux-tu m'aider? Je n'ai pas eu le temps de finir mes devoirs ce soir parce que je suis allé à la pêche.

6 Peux-tu m'aider? Je n'ai pas eu le temps de finir mes devoirs ce soir parce que je suis allée à la piscine.

3 À deux. Qu'avez-vous fait?

4 Lisez la grille et faites huit phrases.

Je suis allé(e)	en ville	et j'ai	fait …
	à la piscine		joué …
	au cinéma		acheté …
	au centre de sport		écouté …
			vu …

18 dix-huit

Module 1

 5 Lisez et trouvez les deux bonnes images pour chaque personne.

1
J'ai joué au squash et j'ai chaud maintenant. Je vais prendre une douche et puis je vais dîner.
Théo

2
Je vais laver mon vélo – il est couvert de boue – et puis je vais faire mes devoirs.
Yassim

3
Je vais mettre le nouveau pull et le pantalon que j'ai achetés et puis je vais envoyer un texto à mon copain.
Élodie

4
Je vais donner à manger au cheval – il doit avoir faim – et puis je vais jouer à l'ordinateur.
Gwenaëlle

5
Je vais me sécher les cheveux – ils sont tout trempés – et puis je vais boire quelque chose.
Cathy

6
Je vais faire cuire le poisson que j'ai attrapé – j'adore le poisson frais comme ça – et puis je vais regarder la télé.
Thomas

Expo-langue → 3.3

To say what you *have done*, you use the *perfect tense*:
  je suis allé(e)
  j'ai fait/joué

3.5

To say what you *are going to do*, you use the *near future tense*. This is formed using the present tense of *aller* + an infinitive.
  je vais faire/jouer/regarder

couvert de boue – covered in mud
trempé – wet/soaked
mettre – to put on

 6 Qui parle? Écoutez et mettez les noms de l'exercice 5 dans le bon ordre. (1–6)

 7 Écrivez des textos à vos copains/copines.

J'ai fait … et maintenant, je vais (faire) …
Je suis allé(e) … et maintenant, je vais (aller) …
J'ai joué … et maintenant, je vais (me doucher) … etc.

dix-neuf 19

Module 1

Ma passion

J'aime le sport et ma passion, c'est le squash.

Je joue au squash depuis trois ans. Mon père est membre du Club de Squash depuis plus de dix ans. D'abord, j'ai joué contre mon père, mais maintenant, je suis membre du club et je joue contre d'autres jeunes et je m'entraîne avec un moniteur. On joue deux ou trois fois par semaine et je vais au gymnase pour faire de la musculation deux fois par semaine.

un moniteur – coach
une équipe – team
gagner – to win

On joue un match le mercredi et le dimanche. Pour jouer au squash, il faut être en forme et il faut se concentrer. La semaine dernière, j'ai joué pour l'équipe junior B contre l'équipe A et j'ai gagné 11–4, 11–6, 11–3. La semaine prochaine, je vais jouer pour l'équipe A.

Pour le squash, il faut avoir une raquette et une balle en gomme. On porte un polo, un short et des baskets. Il faut payer pour être membre du club, mais pour les jeunes, il y a un prix réduit.

J'aime le squash parce que j'aime être actif, j'aime gagner et j'aime rencontrer les autres membres du club. Après un match, on se retrouve au bar. C'est génial. Si vous aimez un sport dynamique, je vous recommande d'essayer le squash!

Benoît

1 Trouvez dans le texte les phrases en bleu qui correspondent à ces phrases anglaises.
Exemple: 1 D'abord

1 At first
2 last week
3 you have to have
4 [I have been playing] for three years.
5 on Wednesdays and Sundays
6 next week
7 You have to be fit
8 twice a week

2 Trouvez dans le texte:
- an example of the perfect tense
- an example of the near future text

3 Répondez aux questions en anglais.
1 How long has Benoît been playing squash?
2 How often does he play?
3 When does he play matches?
4 What team did he play for last week and what team will he play for next week?
5 What do you need to play squash?
6 Why does he like playing squash?

4 Décrivez votre passe-temps préféré.

Boîte à outils

1 Decide on the content.
- Try to use some of the phrases from Exercise 1 on page 20.
- Refer to Units 4 and 5 for help with describing activities.

2 Structure your text carefully.
- Introduce your activity.
  Ma passion, c'est …
- Use the perfect tense to talk about when and how you started doing the activity.
  J'ai commencé à l'âge de … ans.
  Au début, j'ai joué …
- Use **depuis** to say how long you've been doing it.
  *Je joue (au tennis) **depuis** (cinq ans).*
- Remember to include at least one example of the perfect tense, e.g. say what you did last week – **J'ai fait/joué** … – and an example of the near future tense, e.g. say what you are going to do next week – **Je vais faire/jouer** …
- Remember to use **le** with the days of the week to say 'on Mondays', etc.
  *Je joue **le** mardi et **le** mercredi …*
  *Il y a un match **le** dimanche.*
- Useful phrases:
  il faut + infinitive – you need/you must
  Il faut être en forme.
  Il faut se concentrer.
  Il faut avoir une balle en gomme.
  Il faut payer pour être membre du club.

3 Check what you have written carefully. Check:
- spelling and accents
- adjective endings
- verb forms

Introduction
What activity are you going to write about?
How long you have been doing it?

Main section
When do you do it?
Where do you do it?
Who do you do it with?
What do you need to do it?

Conclusion
Why do you enjoy the activity?
Do you recommend it? Why?

Module 1 Mots

Moi / Me

Je me présente …	Let me introduce myself …	J'ai les yeux (bleus/ marron).	I've got (blue/brown) eyes.
Je m'appelle …	I'm called …	J'ai les cheveux (blonds/ bruns/noirs/roux).	I've got (blond/brown/ black/red) hair.
J'ai (quinze) ans.	I'm (fifteen) years old.	J'ai un frère/une sœur qui s'appelle …	I have a brother/sister who's called …
Mon anniversaire est le (10 mai).	My birthday is (10 May).	un demi-frère	a half brother
J'habite à (Édimbourg).	I live in (Edinburgh).	une demi-sœur	a half sister
Je suis …	I'm …	J'ai un (chien/chat).	I've got a (dog/cat).
(assez) grand(e)/petit(e)	(quite) tall/short	Je n'ai pas d'animal.	I don't have a pet.
de taille moyenne	of average height		

Les pays / Countries

J'/Il/Elle habite …	I/He/She lives …	en Irlande (f)	in Ireland
en Angleterre (f)	in England	en Suisse (f)	in Switzerland
en Écosse (f)	in Scotland	au Canada (m)	in Canada
en France (f)	in France	au pays de Galles (m)	in Wales

Les choses que j'aime faire / What I like doing

Aimes-tu … ?	Do you like … ?	Je n'aime pas (l'eau froide/ les chevaux).	I don't like (the cold water/horses).
faire du sport/du ski	doing sport/skiing	C'est …	It's …
faire de l'équitation/ de la natation	doing horse-riding/ swimming	génial/super	great
Je joue au foot/au tennis/ au volley.	I play football/ tennis/volleyball.	ennuyeux	boring
As-tu une passion?	What do you like most?	fatigant	tiring
		une fois/deux fois	once/twice
		souvent	often
Ma passion, c'est …	What I like most is …	d'habitude	usually
J'aime faire …	I like doing …	le (mercredi)	on (Wednesdays)

Ma famille / My family

Je m'entends avec …	I get on with …	parce que	because
Je ne m'entends pas bien avec …	I don't get on well with …	Il/Elle est (trop) sévère.	He/She is (too) strict.
Je me dispute avec …	I don't get on well / I quarrel with …	Il/Elle me critique tout le temps.	He/She criticises me all the time.
		On aime la même musique.	We like the same music.
mes parents (m)	my parents		
mon père	my father	On joue ensemble.	We play together.
mon grand-père	my grandfather	Je peux lui parler de tout.	I can talk to him/her about everything.
ma mère	my mother		
ma grand-mère	my grandmother		

Les métiers / Jobs

Il/Elle est …	He/She is a(n) …	informaticien(ne)	computer operator
coiffeur/euse	hairdresser	ingénieur	engineer
comptable	accountant	kinésithérapeute	physiotherapist
cuisinier/ière	cook	maçon	builder
infirmier/ière	nurse	mécanicien(ne)	mechanic

menuisier/ière	carpenter	dans une grande surface	in a hypermarket
nourrice	childminder	dans un hôpital	in a hospital
plombier	plumber	sur un chantier	on a worksite
sapeur-pompier	fireman		
secrétaire	secretary	Il/Elle ...	He/She ...
serveur/euse	waiter/waitress	est au chômage	is out of work
vendeur/euse	salesperson	est malade	is ill
		ne travaille pas	doesn't work
Il/Elle travaille ...	He/She works ...	s'occupe d'enfants	looks after the children
dans un bureau	in an office		
dans une école primaire	in a primary school	travaille à mi-temps	works part-time
dans un garage	in a garage	travaille à son compte	is self-employed
dans une école maternelle	in a nursery		

Mes amis — *My friends*

mon copain	my friend (m)	généreux/euse	generous
ma copine	my friend (f)	gentil(le)	nice
Il/Elle est comment?	What is he/she like?	intelligent(e)	clever
Il/Elle est ...	He/She is ...	marrant(e)	funny
Il/Elle n'est pas ...	He/She isn't ...	paresseux/euse	lazy
actif/ive	active	sportif/ive	sporty
bavard(e)	chatty	sympa	nice
bien organisé(e)	well organised	timide	shy
drôle	funny		

La semaine dernière — *Last week*

Je suis allé(e) ...	I went ...	du théâtre	drama
au centre de loisirs	to the leisure centre	de la natation	swimming
au cinéma	to the cinema	du judo	judo
au gymnase	to the gym	de la danse	dancing
au terrain de sport	to the sports ground	de la musculation	weights, working out
à la piscine	to the swimming pool	J'ai regardé la télé.	I watched TV.
en ville	in (the) town	Je suis resté(e) à la maison.	I stayed at home.
J'ai joué ...	I played ...	C'était super/génial.	It was great.
au basket	basketball	Bof, ce n'était pas mal.	It wasn't bad.
au badminton	badminton	C'était fatigant/ ennuyeux/nul.	It was tiring/boring/ rubbish.
J'ai fait ...	I did ...		
du shopping	some shopping		

Mes loisirs — *In my free time*

Je suis allé(e) à la pêche.	I went fishing.	envoyer un texto à mon copain	send a text to my friend
J'ai fait du vélo.	I went for a bike ride.		
Je vais ...	I'm going to ...	faire mes devoirs	do my homework
boire quelque chose	have something to drink	jouer à l'ordinateur	play on the computer
		prendre une douche	have a shower
dîner	have dinner	regarder la télé	watch TV
écouter de la musique	listen to music		

2 On sort?

Qu'est-ce qu'on passe?
Discussing TV and cinema
Using plural nouns with likes and dislikes

1 Écoutez. On parle de la télé ou du cinéma? Écrivez T (télé) ou C (cinéma). (1–5)

Exemple: 1 C

2 Écoutez encore une fois. Notez les deux bonnes lettres pour chaque dialogue.

Exemple: 1 d, …

a un film d'arts martiaux
b une série policière
c un jeu télévisé
d un dessin animé
e une émission de sport
f un film d'horreur
g un film de science-fiction
h une émission de télé-réalité
i une émission musicale
j une comédie

Expo-langue →→→→

To say what type of film or programme is on, use **un** or **une** + a singular noun:
Il y a **une** émission sportive. = There's a sports programme.

To say what type of films or programmes you like/dislike, use **les** + a plural noun:
J'adore **les** film**s** d'horreur. = I love horror films.
Je n'aime pas **les** jeu**x** télévisé**s**. = I don't like game shows.

Grammaire 1.3

3 Copiez et complétez les phrases.

1 Il y a une comédie. J'adore _____ comédies.
2 C'est un film d'action. J'aime bien _____ _____ d'action.
3 Il y a _____ série policière. Je déteste _____ _____ policières.
4 C'est _____ émission de télé-réalité. Je n'aime pas _____ _____ de télé-réalité.

Module 2

 4 À deux. Choisissez et faites deux dialogues. Puis changez les détails en bleu.
In pairs. Make up two dialogues, choosing from the options given. Then make your own dialogues, replacing the details in blue.

- ■ Tu veux **aller au cinéma** / **regarder la télé** ce soir?
- ● Ça dépend. Qu'est-ce qu'on passe?
- ■ Il y a **un film d'arts martiaux** / **une émission musicale**.
- ● Ah, non! Je n'aime pas **les films d'arts martiaux** / **les émissions musicales**!
- ■ Il y a aussi **une comédie** / **une série policière**. Ça va?
- ● Chouette! J'adore **les comédies** / **les séries policières**!

 5 Lisez les phrases et répondez aux questions en anglais.

Je regarde la télé tous les soirs. J'aime beaucoup les comédies comme Joey.
Vincent

Je ne regarde pas les informations. Je trouve ça ennuyeux.
Blanche

J'adore les émissions de télé-réalité comme La ferme célébrités.
Amir

Je regarde tout le temps les séries. J'adore ça!
Jade

Je vais au cinéma tous les week-ends avec mon frère.
Yanis

J'aime les films de science-fiction. Un de mes films préférés, c'est Star Wars: La revanche des Sith.
Farida

1 What is one of Farida's favourite films?
2 What sort of programmes does Jade watch all the time?
3 Who watches TV every evening?
4 What does Blanche think of TV news programmes?
5 How often does Yanis go to the cinema?
6 What sort of a programme is *La ferme célébrités*?

 6 Qu'est-ce que c'est en anglais? Regardez les phrases de l'exercice 5.

1 tous les soirs
2 comme
3 les informations
4 tout le temps
5 tous les week-ends
6 un de mes films préférés, c'est …

 7 Écrivez deux ou trois phrases sur la télé et le cinéma pour vous. Adaptez les phrases de l'exercice 5.
Write two or three sentences about TV and cinema for you. Adapt the sentences in Exercise 5.

J'aime les (films d'horreur). Un de mes films préférés, c'est (*Jeepers Creepers*).

vingt-cinq **25**

1 Ça te dit? Arranging to go out
Using question words

1 Reliez les invitations et les annonces.

1. *Tu veux aller à un concert?*
2. *Tu veux aller au théâtre?*
3. *Tu veux aller au cinéma?*
4. *Tu veux aller à un spectacle de danse?*

A

Harry Potter et la Coupe de feu
Film anglais, VO (sous-titré)
Séances tous les jours à 14h20, 18h20, 20h20
6,50€

B

Le carnaval des animaux
Spectacle de danse africaine
Billets: 10€, tarif réduit 7€
19h ven. et sam.

C

Fête de la musique
Concert gratuit avec: Moby, Yannick Noah, Shakira.
Le 21 juin, Château de Versailles
À partir de 14h

D

MACBETH
Pièce de théâtre de William Shakespeare
Du 10 au 15 juillet, à 19h30
Orchestre: 10€
Balcon: 12€

2 Relisez les annonces et trouvez le français.

Exemple: 1 VO (sous-titré)

1. Original language version (sub-titled)
2. Screenings every day
3. Dance show
4. Tickets
5. Reduced rate
6. Free concert
7. From 2 p.m.
8. Play (at the theatre)
9. Stalls seats
10. Circle seats

💡 Some French words are 'false friends', because they look like English words, but mean something different. For example, what do **séance** and **pièce** mean in English?

Module 2

 3 Écoutez. On parle de quelle annonce? Écrivez A, B, C ou D. (1–7)

Exemple: 1 B

> ### Expo-langue →→→→
> *Grammaire 4.2*
>
> You use the following question words in many different situations, so it is important to know them well:
> **à quelle heure?** = at what time? **quand?** = when?
> **combien?** = how much / how many? **où?** = where?

4 Écrivez une annonce comme celles de l'exercice 1. Inventez les détails.

 5 Écoutez, puis répétez le dialogue à deux.

> ■ Tu veux aller **au théâtre**?
> ● Oui, je veux bien. Ça commence à quelle heure?
> ■ Ça commence à **19h30**.
> ● Et ça coûte combien?
> ■ Ça coûte **10 euros dans l'orchestre et 12 euros au balcon**.
> ● On se retrouve où et à quelle heure?
> ■ **Chez moi** à **19h**.
> ● D'accord.

chez moi – at my house
chez toi – at your house
au cinéma/théâtre – at the cinema/theatre

6 À deux. Adaptez le dialogue de l'exercice 4. Utilisez les annonces A, B ou C, ou vos propres idées.

 7 Écoutez. On téléphone au cinéma ou au théâtre. Copiez et complétez la grille. (1–3)

	Heure	Prix €€
1	19h30	
2		15€
3		

8 On sort? Écrivez des textos.

1  2  3  4
18h30 20h15   19h45

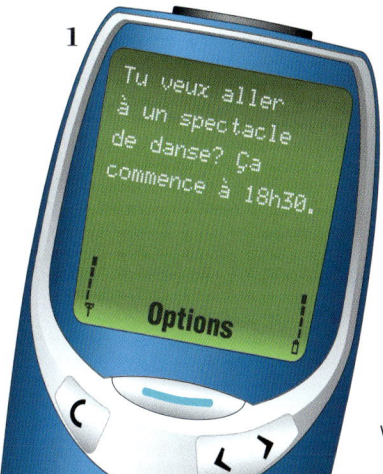

vingt-sept 27

2 Désolé, je ne peux pas — Explaining why you can't do something
Using modal verbs

1 Écoutez et mettez les images dans le bon ordre. (1–6)

Exemple: 1 e

a  Je dois aller voir ma grand-mère.
b Je dois promener le chien.
c  Je dois faire mes devoirs.
d  Je dois garder mon petit frère.
e  Je dois rentrer avant 22 heures.
f  Je dois ranger ma chambre.

2 Copiez et complétez les phrases.

1 Tu _____ aller au cinéma demain?
2 Désolé. Je ne _____ pas.
3 Je _____ faire mes devoirs.
4 _____ veux faire du bowling ce soir?
5 Je _____ bien. Mais _____ dois rentrer avant 22 heures.

Expo-langue →→→→ Grammaire 3.11

	devoir (to have to)	pouvoir (to be able to)	vouloir (to want to)
I	je dois	je peux	je veux
you	tu dois	tu peux	tu veux
we	on doit	on peut	on veut

Modal verbs are usually followed by the infinitive:
Tu **veux aller** en ville? = Do you want to go into town?
Je **dois ranger** ma chambre. = I have to tidy my bedroom.

But they are used on their own in these expressions:
Je **veux** bien. = I'd like to.   Je ne **peux** pas. = I can't.

3 À deux. Vous pouvez faire combien de questions correctes en une minute? Utilisez la grille.

Exemple: Tu veux jouer au foot demain matin?

Tu veux	aller	en ville	aujourd'hui?
		au cinéma	ce matin?
	faire	de la natation	cet après-midi?
		du bowling	ce soir?
	jouer	au foot	demain?
		au tennis	demain matin?
	venir	à ma fête	samedi?

4 Écoutez et répétez aussi vite que possible.

Je veux et je peux!
Tu veux et tu peux!
On veut et on peut!

To make the **u** sound in **tu**, say *oo*, but pull your top lip down!
To make the **eu** sound in **peux** and **veux**, say *er*, but pull your lip down again!

28 vingt-huit

Module 2

5 À deux. Faites des dialogues. Utilisez les mots et les images.

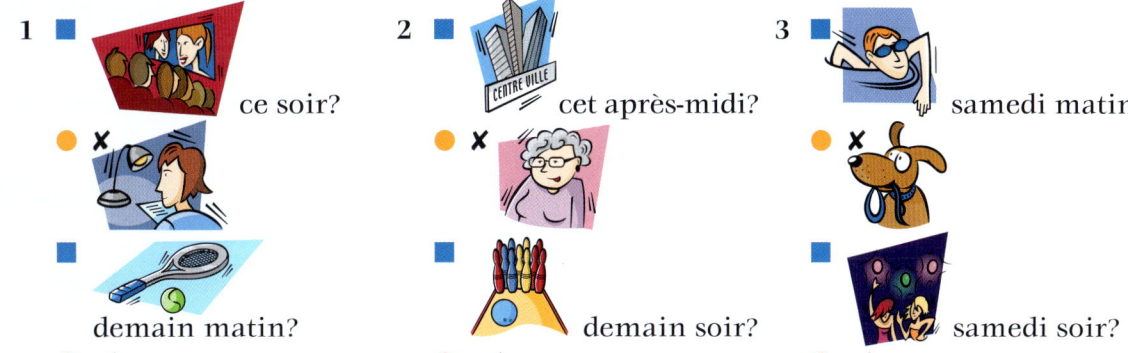

1 ce soir? / demain matin? ✓
2 cet après-midi? / demain soir? ✓
3 samedi matin? / samedi soir? ✓

Exemple: 1
- Tu veux aller au cinéma ce soir?
- Désolé(e), mais je ne peux pas. Je dois faire mes devoirs.
- Alors, tu veux jouer au tennis demain matin?
- Ah, oui, je veux bien. Merci.

6 Lisez les textes et répondez aux questions. C'est qui? Écrivez le bon prénom.

Qui …
1 doit faire du baby-sitting?
2 est malade?
3 doit s'occuper d'un animal?
4 ne peut pas faire de sport?
5 doit faire ses devoirs?
6 ne peut pas aller au cinéma?

Expo-langue →→→→ *Grammaire 1.6*

Remember: **on** means 'we', 'you' or 'people' in a general sense.
On ne peut pas aller au cinéma samedi.
= We can't go to the cinema on Saturday.
On ne doit pas manger en classe.
= You mustn't eat in class.
En France, **on** conduit à droite.
= In France, people drive on the right.

> Merci pour l'invitation à ta fête, mais je ne peux pas venir. J'ai trop de travail scolaire à faire. Désolé!
> *Hakim*

> Excuse-moi, mais je ne peux pas aller au centre sportif. On doit aller voir mon grand-père parce que c'est son anniversaire.
> *Clément*

> Je ne peux aller à Paris parce que mes parents sont en vacances et je dois donner à manger au chat. Désolée!
> *Marine*

> Je ne peux pas aller au concert avec toi. Papa dit que je dois garder ma petite sœur parce qu'il doit aller au travail. C'est nul!
> *Lola*

> Désolée, mais je ne peux pas sortir ce soir. J'ai mal à la tête et à la gorge, donc je dois rester au lit.
> *Pauline*

> Maman dit que je ne peux pas voir le film d'horreur parce que c'est trop violent. Mais on peut faire du bowling, si tu veux.
> *Luc*

 When tackling an exam-style task like this, don't expect to see the same words in the text as in the questions. Look for words which mean the same thing, e.g. **baby-sitting = garder mon petit frère**.

7 Écrivez deux ou trois mots d'excuse. Inventez les détails.

Je suis désolé(e), mais je ne peux pas aller/faire/jouer/venir …
ce soir / demain … parce que je dois / Papa/Maman dit que je dois …

vingt-neuf 29

3 C'est la fête! Describing special occasions
Using the perfect tense

1 Comment a-t-on fêté son anniversaire? Écoutez et trouvez la bonne image. (1–8)
How did they celebrate their birthdays? Listen and find the right picture.

Exemple: 1 b

a
J'ai fait une fête.

b
J'ai reçu beaucoup de cartes et de cadeaux.

c
J'ai ouvert mes cadeaux.

d
On a mangé du gâteau d'anniversaire.

e
On a bavardé.

f
On a dansé jusqu'à minuit.

g
Je suis allé(e) au cinéma avec mes copains/copines.

h
Je suis allé(e) dans un parc d'attractions.

Expo-langue →→→→

Grammaire 3.3

You use the perfect tense to talk about what you did.

- Most verbs use part of **avoir** (e.g. **j'ai**) + a past participle (e.g. **dansé, mangé**).
- Some verbs have irregular past participles (e.g. **faire → fait**).
- A few verbs use part of **être** (e.g. **je suis**) instead of **avoir** (e.g. **je suis allé(e)**).

j'ai (I)
on a (we)
- dansé (danced)
- reçu (got)
- fait (had/did/made)
- bavardé (chatted)
- invité (invited)
- ouvert (opened)
- mangé (ate)
- regardé (watched)

je suis (I)
- allé(e) (went)

2 Copiez et complétez l'e-mail.

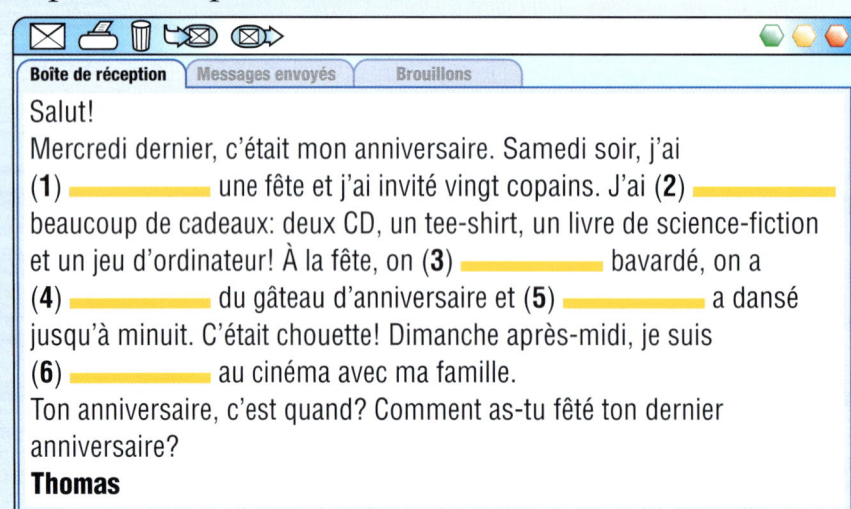

Salut!
Mercredi dernier, c'était mon anniversaire. Samedi soir, j'ai (1) _____ une fête et j'ai invité vingt copains. J'ai (2) _____ beaucoup de cadeaux: deux CD, un tee-shirt, un livre de science-fiction et un jeu d'ordinateur! À la fête, on (3) _____ bavardé, on a (4) _____ du gâteau d'anniversaire et (5) _____ a dansé jusqu'à minuit. C'était chouette! Dimanche après-midi, je suis (6) _____ au cinéma avec ma famille.
Ton anniversaire, c'est quand? Comment as-tu fêté ton dernier anniversaire?
Thomas

reçu
allé
on
regardé
a
mangé
fait
cartes

30 trente

Module 2

parler 3 À deux. Imaginez que vous êtes Romain ou Marine. Faites un dialogue.

■ Comment as-tu fêté ton dernier anniversaire?
● J'ai ouvert mes cadeaux et on a mangé … , puis je suis allé(e) …
Samedi, je suis allé(e) … Et toi?

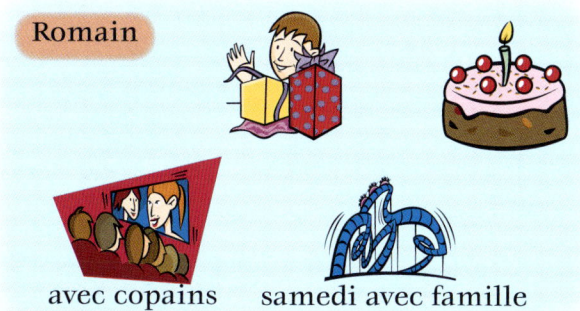

Romain — avec copains — samedi avec famille

Marine — samedi soir

écrire 4 Écrivez une réponse à Thomas (voir l'exercice 2).

Salut, Thomas!
Mon anniversaire, c'est le (huit décembre). Pour fêter mon dernier anniversaire, j'ai (fait une fête) / je suis allé(e) (au cinéma avec) …

lire 5 Lisez le texte et les phrases ci-dessous. Écrivez le numéro des trois phrases correctes.
Read this text and the sentences below. Write down the numbers of the three correct sentences.

du foie gras

une bûche de Noël

Noël, c'est ma fête préférée et l'année dernière, je suis allée avec mes parents chez ma grand-mère. Elle habite à Chamonix, à la montagne, donc il y a beaucoup de neige en hiver! La veille de Noël (c'est-à-dire, le 24 décembre), on a ouvert les cadeaux. J'ai reçu des baskets super de la part de mes parents! Puis le jour de Noël, on a fait un grand repas traditionnel: on a mangé du foie gras, de la dinde et comme dessert, une bûche de Noël. C'était délicieux! On a passé une semaine là-bas. Le 31 décembre, on a fait une grande fête et tout le monde a dansé jusqu'à dix heures du soir, puis on a regardé le feu d'artifice. Le jour de l'An (c'est-à-dire le premier janvier), on a fait du ski. J'adore ça! *Léa*

de la dinde

le feu d'artifice

1 Léa aime Noël.
2 Léa habite à Chamonix.
3 La veille de Noël, c'est le 24 décembre.
4 Léa a reçu des baskets de la part de sa grand-mère.
5 La bûche de Noël, c'est un dessert.
6 Le premier janvier, on a regardé le feu d'artifice.
7 Le jour de Noël, on a fait du ski.

In this type of exam question, you need to look very carefully at both the text *and* the sentences: e.g. **le premier janvier** and **le feu d'artifice** are both mentioned in the text – but is sentence **6** correct? Also, sometimes the same thing can be expressed in more than one way: e.g. does Léa writing **c'est ma fête préférée** in the text mean the same as sentence **1**?

trente et un 31

4 Ce n'était pas mal — Giving opinions about things you did / Using past tenses

1 Lisez les opinions de Pierre Positif et Nadine Négative. Qui parle? Cherchez dans la section Mots, si nécessaire.
Who's speaking? Read the opinions of Pierre Positif and Nadine Négative. Look in the Mots section if necessary.

Exemple: **a** Nadine

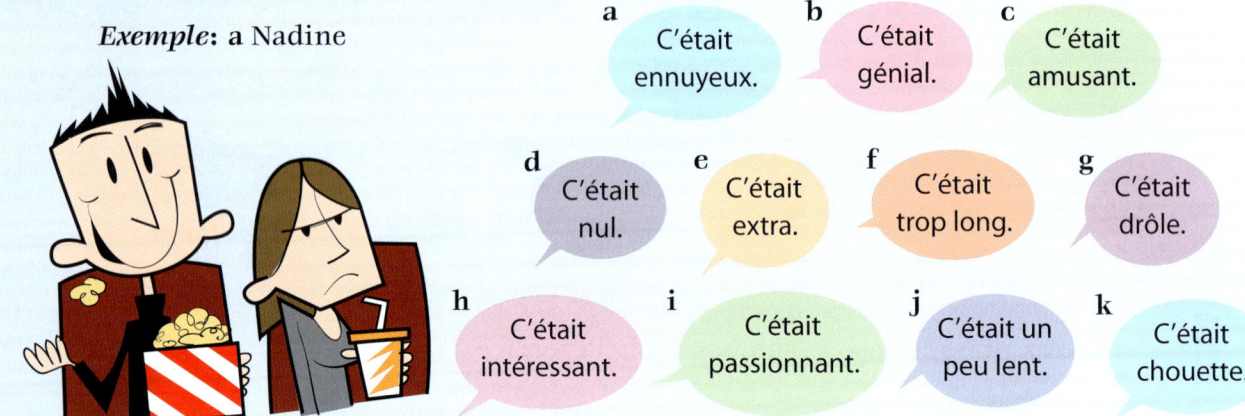

a C'était ennuyeux.
b C'était génial.
c C'était amusant.
d C'était nul.
e C'était extra.
f C'était trop long.
g C'était drôle.
h C'était intéressant.
i C'était passionnant.
j C'était un peu lent.
k C'était chouette.

2 Écoutez et vérifiez.

3 Écoutez et regardez les images. C'était comment? Notez les deux bonnes lettres de l'exercice 1 pour chaque image. (1–5)

Exemple: 1 e, g

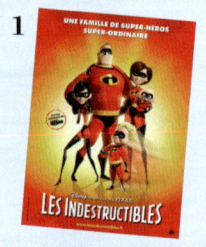
1 *Les Indestructibles*

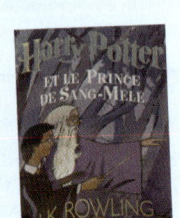
2 *Harry Potter et le Prince de Sang Mêlé*

3 *La Nouvelle Star*

4 *Astérix: Le ciel lui tombe sur la tête*

5 *King Kong*

Expo-langue →→→→

Grammaire 3.3

You use the perfect tense to say what you did in the past.
You form the perfect using **avoir**/**être** plus a past participle.

Some past participles are irregular:
lire (to read): J'ai **lu** un livre. = I read a book.
voir (to see): J'ai **vu** *King Kong*. = I saw *King Kong*.

Grammaire 3.4

To say what something was like in the past, you use
c'était or **ce n'était pas** + an adjective.
C'était drôle. = It was funny.
Ce n'était pas mal. = It wasn't bad.

4 À deux. Interviewez votre partenaire.

- ■ Qu'est-ce que tu as fait le week-end dernier?
- ● Je suis allé au cinéma. J'ai vu *Charlie et la chocolaterie*.
- ■ C'était comment?
- ● Ce n'était pas mal, c'était assez amusant. Et toi, qu'est-ce que tu as fait?
- ■ ...

> - Use **j'ai regardé** (I watched) for TV and **j'ai vu** (I saw) for cinema.
> - Use intensifiers to make what you say or write more interesting:
>   C'était **un peu** ennuyeux, mais **assez** amusant. = It was **a bit** boring, but **quite** funny.

Qu'est-ce que tu as fait	hier? samedi? le week-end dernier? pendant les vacances?
Je suis	allé(e) au cinéma.
	resté(e) à la maison.
J'ai	regardé (*Star Wars*) en DVD.
	lu (*Big Brother*) à la télé.
	vu un livre (d'horreur / de science-fiction / de Harry Potter, etc.).
	une comédie / un dessin animé /
	un film d'action / un film d'arts martiaux, etc.

Intensifiers
assez – quite
tout à fait – completely
très – very
trop – too
un peu – a bit

 5 Lisez l'e-mail et répondez aux questions en anglais.

1. What did Thomas do on Saturday morning?
2. What sort of films does he like?
3. What did he do on Saturday evening?
4. When did Thomas go to the cinema and who did he go with?
5. Name one good point and one bad point of *King Kong*, according to Thomas.

 6 Répondez à Thomas. Adaptez son e-mail, si vous voulez.

5 Le week-end prochain — Talking about the past, present and future / Using different tenses

1 Le week-end prochain. Écoutez et regardez les images. Qui parle? (1–6)

Damien · Marie · Farid · Justine · Pascal · Liane

Expo-langue →→→→   *Grammaire 3.5*

Remember: you use the *near future tense* (the present tense of **aller** (to go) + the infinitive of another verb) to talk about what you are going to do.

Je **vais acheter** un CD. = I am going to buy a CD.
Qu'est-ce que tu **vas faire?** = What are you going to do?
On **va jouer** au foot. = We're going to play football.

2 Trouvez et copiez les deux bonnes phrases pour chaque personne de l'exercice 1.

1 Je vais regarder un peu la télé.
2 Je vais écouter de la musique dans ma chambre.
3 On va faire les magasins.
4 Je vais lire un livre de Harry Potter.
5 Je vais jouer au foot avec mes copains.
6 On va aller voir mes grands-parents.
7 Je vais aller au cinéma avec mon petit copain.
8 Je vais jouer à l'ordinateur.
9 Je vais aller à une fête.
10 On va manger une pizza.
11 Je vais retrouver mes copines en ville.
12 Je vais acheter un CD.

3 Vidéoconférence. Préparez vos réponses à ces questions.
- Qu'est-ce que tu vas faire ce soir?
- Qu'est-ce que tu vas faire samedi prochain?
- Qu'est-ce que tu vas faire dimanche prochain?

Module 2

 4 Les phrases/questions sont au présent, au passé ou au futur?
Écrivez PR (présent), PA (passé) ou F (futur).

Exemple: 1 PA

1. J'ai regardé la télé.
2. Qu'est-ce que tu vas faire demain?
3. Je fais mes devoirs tous les soirs.
4. On va jouer au basket.
5. C'était assez intéressant.
6. J'ai vu un film de science-fiction.
7. D'habitude, j'écoute de la musique dans ma chambre.
8. Tu vas rester à la maison?
9. On est allés à un concert hier.
10. Le samedi, je retrouve mes copains en ville.

Expo-langue →→→→

Use the *perfect tense* to talk/write about the *past*:
j'**ai regardé**, je **suis allé(e)**, on **a fait**

Use the *near future tense* (**aller** + infinitive) to talk/write about the *future*:
je **vais regarder**, on **va aller**, tu **vas faire**

5 Écoutez. On parle du présent, du passé ou du futur? Écrivez PR, PA ou F. (1–3)

Time expressions	
Present	d'habitude – usually
	tous les jours/soirs/week-ends – every day/evening/weekend
Past	hier – yesterday
	samedi dernier – last Saturday
	le week-end dernier – last weekend
Future	demain – tomorrow
	samedi prochain – next Saturday
	le week-end prochain – next weekend

 6 À deux. Préparez vos réponses à ces questions. Puis posez et répondez aux questions.

- ■ Qu'est-ce que tu fais le week-end?
- ■ Qu'est-ce que tu as fait le week-end dernier?
- ■ Qu'est-ce que tu vas faire le week-end prochain?

- ● D'habitude, le week-end, je retrouve/joue/regarde/fais/vais …
- ● Le week-end dernier, j'ai retrouvé/joué/regardé/fait / je suis allé(e) …
- ● Le week-end prochain, je vais retrouver/jouer/faire/aller …

 7 Écrivez vos réponses aux questions de l'exercice 6.

trente-cinq 35

Module 2

Un de mes films préférés

Le week-end dernier, j'ai regardé un film en DVD avec ma famille et c'était extra. Le film s'appelle *Les désastreuses aventures des orphelins Baudelaire* (titre anglais: *A Series of Unfortunate Events*).

C'est un film réalisé par Brad Silberling. C'est une comédie, mais c'est aussi un film d'action et un film d'horreur.

Il s'agit de trois enfants: Violet, Klaus et Sunny Baudelaire qui sont orphelins. Ils habitent chez leur oncle, le mauvais comte Olaf (rôle interprété par Jim Carrey, la vedette du film). Le comte veut tuer les enfants pour hériter de leur fortune. Cependant tout finit bien et le comte Olaf est mis en prison.

À mon avis, ce film était tout à fait original, passionnant et amusant. J'ai surtout aimé Jim Carrey, qui est un de mes acteurs préférés. Dans ce film, il est très sinistre, mais très drôle aussi.

Le film est basé sur un livre de Lemony Snicket et le week-end prochain, je vais acheter le livre comme cadeau d'anniversaire pour ma sœur. Et bien sûr, je vais recommander ce film à tous mes copains parce que c'est génial.

Mathis

orphelins (m) – orphans
mauvais(e) – wicked
surtout – especially

1 Trouvez dans le texte les phrases en bleu qui correspondent à ces phrases anglaises.
1 directed by
2 I am going to recommend this film
3 the star of the film
4 wants to kill
5 everything ends happily
6 completely original
7 it's about three children
8 a part played by
9 based on a book
10 English title

2 Répondez aux questions en anglais.
1 When did Mathis watch this film and with whom?
2 Who directed the film?
3 What kind of film does Mathis say it is (*three types*)?
4 What does he say the film is about?
5 What is Mathis's opinion of the film? (*three things*)
6 Who is the star of the film and what part does he play?
7 What does Mathis think of this actor?
8 Who is he going to recommend the film to?

Module 2

3 Décrivez un film que vous avez vu ou un livre que vous avez lu.
Describe a film you have seen or a book you have read.

Boîte à outils

1 **Decide on the content.**
   - Try to use or adapt some of the phrases from Mathis's text, or from the module as a whole.
   - Make sure you refer to the past, the present and the future.

2 **Structure your film or book review carefully.**
   - Use time expressions to say when you saw or read it.
   samedi dernier / le week-end dernier / l'année dernière
   - Use the perfect tense to say what you did.
   j'ai regardé / j'ai vu / j'ai lu …
   - Use **c'était** + an adjective to say what it was like.

   - Use **il s'agit de …** to say what the film or book is about.
   - Use the present tense to describe the plot and characters. The more complicated you make it, the more mistakes you might make. So keep it simple.
   - If you have to look up new words in a dictionary, make sure you choose the correct French word. Look carefully at any example sentences given. Cross-check by looking the French word up at the other end of the dictionary. What English translations are given?
   - Use connectives to extend your sentences (e.g. **mais, après, ensuite, parce que**).

   - To give your opinion, use **À mon avis, ce film / ce livre était …**, followed by two or three adjectives.
   - Use intensifiers (e.g. **assez, un peu, tout à fait**) to enhance your adjectives.
   - Use the near future tense (**aller** + the infinitive) to say what you are going to do.
   je vais recommander / je vais acheter / je vais lire / je vais regarder

3 **Check what you have written carefully. Check:**
   - spelling and accents
   - gender and agreement (e.g. *un/une, le/la/l'/les* and adjective endings)
   - verb endings (e.g. *il **est**/ ils **sont**, il **habite**/ ils **habitent***)
   - tense formation (e.g. *je **suis** allé(e) / j'**ai** vu / je **vais** recommander*)

Introduction

What did you see or read (you can use the English title) and when?
What sort of film or book is it?
Who directed or wrote it?

Main paragraphs

What is the basic story of the book or film?
Who are the main characters?

Conclusion

What do you think of the film (or book) and the actors (or characters) and why?
Would you recommend the film or book?
What are you going to see, watch, read or buy next?

trente-sept 37

Module 2 Mots

Le cinéma / Cinema

une comédie	a comedy	un film policier	a police/detective film
un dessin animé	a cartoon	une histoire d'amour	a love story
un film d'action	an action film	en DVD	on DVD
un film d'arts martiaux	a martial arts film	un de mes films préférés	one of my favourite films
un film d'horreur	a horror film		
un film de science-fiction	a science-fiction film	J'adore (les films d'horreur).	I love (horror films).

La télé / TV

une émission de science-fiction	a science-fiction programme	les informations (les infos)	the news
une émission de sport	a sports programme	mon émission préférée	my favourite programme
une émission de télé-réalité	a reality TV programme	Qu'est-ce qu'on passe?	What's on?
une émission musicale	a music programme	Il y a (une émission musicale).	There's a music programme.
un jeu télévisé	a game show	Je regarde la télé …	I watch TV …
une série	a series / soap opera	tous les soirs/les week-ends	every evening/weekend
une série médicale/ policière	a medical / police drama		

Ça te dit? / Does that appeal to you?

Tu veux aller … ?	Do you want to go … ?	Ça coûte combien?	How much does it cost?
au cinéma/au théâtre	to the cinema/to the theatre	Ça coûte (10) euros.	It costs (10) euros.
à un concert/en ville	to a concert/into town	On se retrouve où?	Where shall we meet?
Je veux bien.	I'd really like to.	À quelle heure?	At what time?
Ça commence à quelle heure?	When does it start?	chez moi	at my house
Ça commence à (19h30).	It starts at (7.30).	chez toi	at your house
		D'accord.	OK.

Les invitations / Invitations

Tu veux … ?	Do you want … ?	aujourd'hui	today
aller en ville/au cinéma	to go into town/to the cinema	ce matin	this morning
		cet après-midi	this afternoon
faire du bowling/de la natation	to go bowling/ swimming	ce soir	this evening
		demain (matin/soir)	tomorrow (morning/evening)
jouer au tennis/au foot	to play tennis/football		
venir à ma fête	to come to my party	samedi (soir)	(on) Saturday (evening)

Les excuses / Excuses

(Je suis) désolé(e).	I'm sorry.	faire mes devoirs	do my homework
Excuse-moi.	I'm sorry.	garder mon petit frère/ ma petite sœur	look after my little brother/sister
Je ne peux pas.	I can't.		
Je ne peux pas venir à ta fête parce que …	I can't come to your party because …	promener le chien	walk the dog
		ranger ma chambre	tidy my bedroom
Je dois …	I have to …	rentrer avant 22h	come home before 10 p.m.
aller voir ma grand-mère	go and see my grandmother	rester à la maison/au lit	stay at home/in bed

38 trente-huit

Module 2

Les fêtes / *Special occasions*

Mon anniversaire, c'est le (3 mai).	*My birthday's on (3 May).*	On a dansé.	*We danced.*
J'ai fait une fête.	*I had a party.*	On a mangé du gâteau d'anniversaire.	*We ate birthday cake.*
J'ai reçu beaucoup de cartes.	*I received lots of cards.*	Je suis allé(e) …	*I went …*
J'ai ouvert mes cadeaux.	*I opened my presents.*	au cinéma/dans un parc d'attractions	*to the cinema/to a theme park*
On a bavardé.	*We chatted.*		

Les opinions / *Opinions*

C'était …	*It was…*	drôle	*funny*
assez	*quite*	marrant	*funny*
tout à fait	*completely*	ennuyeux	*boring*
très	*very*	intéressant	*interesting*
trop	*too*	lent	*slow*
un peu	*a bit*	long	*long*
amusant	*amusing/fun*	nul	*rubbish*
chouette	*great/fantastic*	passionnant	*exciting*
extra	*great/fantastic*	Ce n'était pas mal.	*It wasn't bad.*
génial	*great/fantastic*		

Le week-end dernier / *Last weekend*

Qu'est-ce que tu as fait … ?	*What did you do … ?*	J'ai regardé Shrek en DVD.	*I watched Shrek on DVD.*
hier	*yesterday*	J'ai vu un film d'action au cinéma.	*I watched an action film at the cinema.*
samedi dernier	*last Saturday*		
pendant les vacances	*during the holidays*	J'ai lu un livre de Lemony Snicket.	*I read a Lemony Snicket book.*
Je suis allé(e) au cinéma.	*I went to the cinema.*		
Je suis resté(e) à la maison.	*I stayed at home.*		

Le week-end prochain / *Next weekend*

Qu'est-ce que tu vas faire … ?	*What are you going to do … ?*	faire les magasins	*go shopping*
dimanche prochain	*next Sunday*	jouer à l'ordinateur/au foot	*play on the computer/football*
demain	*tomorrow*	lire un livre	*read a book*
Je vais/On va …	*I'm/We're going to …*	manger une pizza	*eat a pizza*
acheter un CD	*buy a CD*	regarder la télé	*watch TV*
aller au cinéma/à une fête	*go to the cinema/to a party*	rester à la maison	*stay at home*
aller voir mes grands-parents	*go and see my grandparents*	retrouver mes copains/copines	*meet up with my friends*
écouter de la musique	*listen to music*	voir un film	*see a film*

3 Là où j'habite

Ma maison Talking about where you live
The adjectives *petit* and *grand*

Déjà vu 1

1 Trouvez le bon titre pour chaque image.

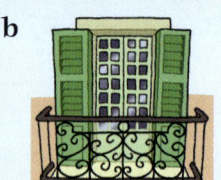

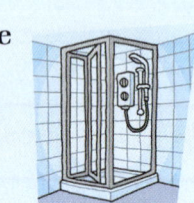

a b c d
e f g h
i j k l

- le salon
- la cuisine
- l'entrée
- la salle de bains
- la chambre de mes sœurs
- ma chambre
- les toilettes
- la douche
- le balcon
- le garage
- le jardin
- la cave

Déjà vu 1

2 Écoutez. Choisissez a, b ou c pour compléter chaque phrase.

		a	b	c
1	Arthur habite	une maison	un appartement	un bungalow.
2	Il habite	à la campagne	en ville	au bord de la mer.
3	L'appartement est	grand	très grand	petit.
4	L'entrée est	grande	petite	très petite.
5	Sa chambre est	grande	petite	très petite.
6	Il n'y a pas de	balcon	garage	cave.

When –**t** and –**d** are at the end of a word, they are not pronounced, but if the –**t** and –**d** are followed by –**e**, remember to pronounce them!

Expo-langue →→→→   *Grammaire 2.1   Grammaire 2.2*

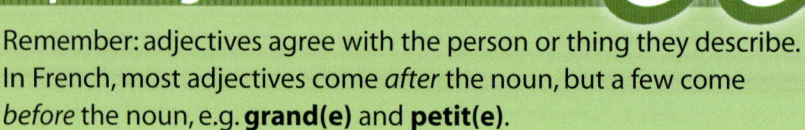

Remember: adjectives agree with the person or thing they describe. In French, most adjectives come *after* the noun, but a few come *before* the noun, e.g. **grand(e)** and **petit(e)**.

un **petit** appartement   une **petite** maison
un **grand** appartement   une **grande** maison

3 Écoutez. L'adjectif, c'est masculin (M) ou féminin (F)? (1–8)

If you can hear the –**t** or –**d**, the word is feminine!

40 quarante

Module 3

4 Voici la maison de Laurent. Écrivez une description. Utilisez les phrases dans la case.

premier étage

rez-de-chaussée

sous-sol

Il y a … pièces. – There are … rooms.
Il y a une (grande/petite) entrée. – There is a (big / small) hall.
Le salon/garage/balcon est (grand/petit). – The living room / garage / balcony is (big / small).
La cuisine / Ma chambre / La salle de bains est (grande/petite). – The kitchen / My room / The bathroom is (big / small).
Au rez-de-chaussée, il y a … – On the ground floor, there is …
Au premier étage, il y a … – On the first floor, there is …
Au sous-sol, il y a … – In the basement, there is …

5 C'est quelle maison? Reliez les petites annonces et les maisons.
Which house is it? Match the adverts and the houses.

1 À vendre: Vieux chalet en bois en montagne …

2 Occasion! Petit studio avec balcon dans un immeuble récent en banlieue

3 À ne pas manquer! Grande maison avec jardin en ville

a   b   c

la banlieue – suburbs

6 Vidéoconférence. Où habitez-vous? Préparez une présentation.

J'habite | une (grande/petite) maison.
         | un (grand/petit) appartement.
Il y a une (grande/petite) cuisine.
Il n'y a pas de (garage).
J'y habite depuis (deux ans / toujours).
Au rez-de-chaussée, il y a …
Au premier étage, il y a …

quarante et un 41

Ma chambre
Talking about your own room
Asking questions

Déjà vu 2

1 Écoutez. Qu'est-ce qu'ils ont dans leur chambre? Copiez et complétez la grille. (1–3)

a un lit
b une armoire
c un ordinateur
d un poste de télévision
e une commode
f un lecteur DVD
g une table

	a	b	c	d	e	f	g
Mathieu							
Alexandre							
Roméo							

2 Lisez les textes. C'est la chambre de qui?
Read the texts. Whose room is it?

Dans ma chambre j'ai un grand lit, une armoire et une commode pour mes vêtements, une table avec mon ordinateur et une chaise bien sûr, mais je n'ai pas de télé ou de lecteur DVD.
Constance

Je partage ma chambre avec mon frère. Nous avons deux lits superposés, une commode, une table, deux chaises et une étagère pour nos livres et nos DVD.
Patrice

l'étagère – bookshelf

Expo-langue →→→→

Grammaire 3.9

The easiest way to ask a question in French is to make your voice rise at the end of what you say: Tu ranges ta chambre? = Do you tidy your room?

There are three other ways of asking questions in French.

1 Start with **Est-ce que … ?**
   Est-ce que tu ranges ta chambre? = Do you tidy your room?

2 Invert the verb and the subject:
   Fais-tu tes devoirs dans ta chambre? = Do you do your homework in your room?
   As-tu un animal? = Have you got a pet?

3 Start with a question word:
   Comment? = How? **Quand?** = When? **Où?** = Where?
   Quel/Quelle? = Which? **Que?** = What? **Qui?** = Who?

42 quarante-deux

Module 3

3 Reliez la question à la bonne réponse.

1 À quelle heure te couches-tu?
2 As-tu ta propre chambre?
3 As-tu un poste de télévision dans ta chambre?
4 Comment est ta chambre?
5 Où ranges-tu tes affaires?
6 Qu'est-ce que tu as dans ta chambre?
7 Que fais-tu dans ta chambre?

a Non, je partage ma chambre avec mon frère et nous avons deux lits superposés.
b Elle est grande.
c J'ai une armoire, une table, deux chaises et une étagère.
d Je range mes vêtements dans l'armoire, mais mon frère ne range pas ses affaires.
e Je lis, j'écoute de la musique et je fais mes devoirs.
f Non, je n'ai pas de télé dans ma chambre.
g Je me couche vers neuf heures et demie.

> ma propre chambre – my own room

4 Écoutez et lisez. Copiez et complétez les phrases ci-dessous.

> Dans ma chambre il y a une grande armoire pour mes vêtements, un petit placard pour mes jeux, une grande table et une chaise confortable où je fais mes devoirs, une petite commode avec trois tiroirs où je range mes polos, mes pulls et mes chaussettes, et une étagère pour mes livres et ma collection de DVD. J'ai un ordinateur sur la table et une chaîne hi-fi sur le placard à côté de mon lit, mais je n'ai pas de télé. J'aime ma chambre parce qu'elle est grande et que j'ai beaucoup de posters sur les murs et parce que c'est la mienne. Gare à qui veut entrer quand je ne suis pas là!
> *Mélinda*

> le placard – cupboard
> le tiroir – drawer
> la mienne – mine
> gare à … ! – watch out … !

1 Elle range ses ▬▬▬ dans son armoire.
2 Elle met ses chaussettes dans sa ▬▬▬.
3 Son ordinateur est ▬▬▬.
4 Elle range ses DVD sur ▬▬▬.
5 Elle n'a pas de ▬▬▬.
6 Sa chambre est ▬▬▬.
7 Elle a des ▬▬▬ sur les murs.
8 Elle ▬▬▬ sa chambre.

5 À deux. Posez et répondez aux questions de l'exercice 3.

6 Décrivez votre chambre à votre correspondant(e) français(e).

J'ai ma propre chambre. / Je partage une chambre avec …
Ma chambre est (grande/petite).
Dans ma chambre, j'ai un lit, … Je n'ai pas …
Je range mes affaires (dans une commode).
D'habitude, je (fais mes devoirs/joue de la guitare/joue à la PlayStation) dans ma chambre.
Hier soir, j'ai (écouté de la musique/lu un livre/envoyé des textos).

1 Où j'habite Describing where you live
Using *depuis* to say how long

1 Écoutez. Où habitent-ils? Choisissez les deux bonnes images pour chaque personne. (1–5)

1 Constance 2 Paul 3 Didier 4 Arthur 5 Laure

Habitation …

a b c d e

Location

f g  h  i  j

2 Lisez et décidez. Qui écrit?

1 J'habite une belle maison en centre-ville. Elle est vieille et ma famille y habite depuis toujours.

2 J'habite un bel appartement dans un immeuble moderne en banlieue. Nous habitons au cinquième étage et j'ai une belle vue sur la ville de ma fenêtre. J'y habite depuis deux ans.

3 J'habite une vieille maison à la campagne. Elle est belle et nous avons un grand jardin. J'y habite depuis cinq ans.

4 J'habite une maison moderne en banlieue. Il y a un vieil immeuble juste en face de la maison, alors la vue n'est pas belle! J'y habite depuis un an.

Luc   Vincent    Sophie    Corinne

Expo-langue →→→→ *Grammaire 4.5*

To say how long you have done something, use **depuis** + the present tense.
J'y **habite depuis** deux ans. = I have lived there for two years.

44 quarante-quatre

Module 3

3 Où j'habite, c'est comment? Écoutez. Copiez et remplissez la grille. (1–5)

	maison (M) ou appartement (A)?	grand(e) (G) ou petit(e) (P)?	moderne (M) ou vieux/vieille? (V)	beau/belle (✔) ou pas beau/belle (✘)?
1				
2				

4 Où habitent-ils? Choisissez les bons mots pour compléter le texte.

1. J'habite une vieille (*maison/appartement*) en banlieue. Elle est (*grand/grande*), mais elle n'est pas (*beau/belle*).
2. J'habite un petit (*maison/appartement*) dans un (*maison/immeuble*) en banlieue.
3. J'habite une (*maison/appartement*) moderne en ville. Elle est (*petit/petite*) et (*beau/belle*).
4. J'habite un vieil (*maison/appartement*) à la campagne. Le jardin est (*grand/grande*) et (*beau/belle*).

Expo-langue →→→ *Grammaire 2.1*

The adjectives **beau** (beautiful/nice) and **vieux** (old) go *before* the noun:
un beau jardin.

masculine	feminine
beau	belle
vieux	vieille

But:
un bel/vieil appartement
un bel/vieil immeuble

5 Trouvez la bonne image.

a   b   c   d   e

1. Notre maison est près du collège. J'y vais à pied.
2. J'habite à vingt minutes du collège. J'y vais en car de ramassage.
3. J'habite assez loin du collège. J'y vais en bus.
4. J'habite dans un village. Maman m'amène au collège en voiture.
5. J'habite à dix minutes du collège. J'y vais en vélo.

6 Écrivez quatre phrases.

J'habite (un grand/petit/vieil/bel) appartement/
(une grande/petite/vieille/belle) maison.
La maison / L'appartement est en ville/banlieue …
Il/Elle est (près du collège / à deux minutes du collège).
J'y vais …

près de – near to
loin de – far from
à cinq minutes de
  – five minutes from
J'y vais …
  – I go (there) …
le car de ramassage
  – school bus
Maman/Papa m'amène
  – Mum/Dad takes me

7 Préparez une présentation: *Ma maison / Mon appartement*. Utilisez les exercices 4 et 6 pour vous aider et notez des mots/images comme aide-mémoire.

quarante-cinq 45

2 Ma ville — Talking about a town
Il y a … / Il n'y a pas de …

1 Écoutez et notez. Qu'est-ce qu'il y a dans ma ville? (1–5)

Exemple: 1 j, b, …

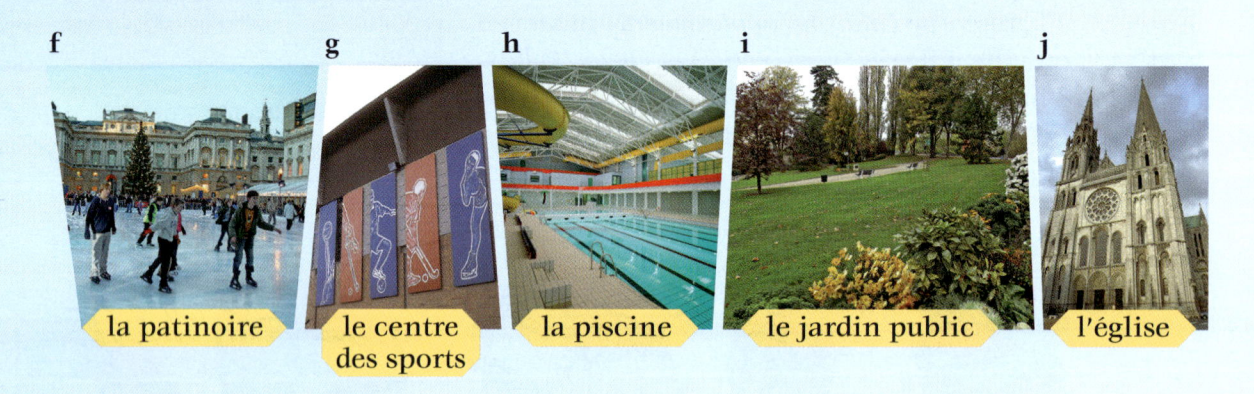

a le musée
b la gare
c la gare routière
d le stade
e la grande surface

f la patinoire
g le centre des sports
h la piscine
i le jardin public
j l'église

k le château
l le parc d'attractions
m le cinéma
n la place
o le marché

Expo-langue → → → → (Grammaire 3.12)

Il y a … = There is / There are …
Il n'y a pas de … = There isn't/aren't any …

2 À deux. Qu'est-ce qu'il y a dans votre ville et qu'est-ce qu'il n'y a pas?

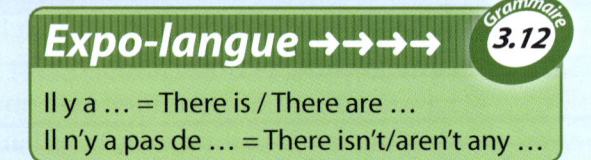

■ Il y a une église, il y a une bibliothèque et il y a …
Mais il n'y a pas de …

3 Faites la liste de ce qu'il y a dans votre ville et de ce qu'il n'y a pas.

Module 3

4 Écoutez et lisez. Qu'est-ce qu'il y a et qu'est-ce qu'il n'y a pas? Copiez et complétez la grille. (1–3)

	✔	✘
Damien	un jardin botanique, une vieille église, …	
Marjolaine		
Didier		

1
La ville où j'habite n'est pas très grande, mais elle est belle. C'est une ville fleurie. Il y a un jardin botanique avec des fleurs, des arbres et des plantes, une vieille église, un vieux château et un parc zoologique avec des animaux. C'est très joli, mais il y a des inconvénients. Par exemple, il n'y a pas de piscine découverte, de centre de sport ou de cinéma et c'est trop tranquille.
Damien

2
La ville où j'habite est une grande ville commerçante. Il y a beaucoup de magasins et de grandes surfaces. Dans le centre-ville, il y a une grande place où il y a un marché le samedi et le mercredi. C'est vivant, mais il n'y a pas de parc d'attractions ou de centre de loisirs pour les jeunes.
Marjolaine

3
Notre ville est petite. Il n'y a pas de gare ni de gare routière. Il y a la place du marché, l'église, un petit supermarché, un musée d'art, un théâtre et un cinéma, mais il n'y a pas de jardin public ni de centre des sports. C'est trop tranquille et pour les jeunes il n'y a pas beaucoup de choses à faire! Mais il y a des avantages.
Didier

> des espaces verts – green spaces / parks
> un avantage – advantage
> un inconvénient – disadvantage

5 Qui parle? Damien, Marjolaine ou Didier?

1. C'est bien si on aime faire du shopping.
2. C'est bien si on aime la culture.
3. C'est bien si on aime faire des promenades.

6 Quels sont les avantages et les inconvénients? Copiez et complétez la grille en anglais.

	Advantages	Disadvantages
Damien		
Marjolaine		
Didier		

7 Vidéoconférence. Préparez une présentation: *Ma ville.*

Chez nous, il y a …
Il n'y a pas de …
C'est tranquille/vivant/joli/intéressant/ennuyeux …

8 Décrivez votre ville à votre correspondant(e) français(e).

La ville où j'habite est … et …
Il y a … , mais il n'y a pas de …
C'est (assez vivant), mais …
Il y a des avantages. Par exemple, il y a … / c'est très …
Il y a des inconvénients. Par exemple, il y a … / il n'y a pas de … / ce n'est pas … / c'est trop …

quarante-sept 47

3 Mon quartier Talking about your area
Giving opinions using *trop de* / *assez de*

1 Écoutez et notez. Ils aiment ou ils n'aiment pas où ils habitent? (1–5)

✔✔ aime bien
✔ aime
– bof
✘ n'aime pas

Expo-langue

loin de/du/de la/de l'/des = far from
près de/du/de la/de l'/des = near to

trop de = too much/many (of)
assez de = enough (of)
pas assez de = not enough (of)

2 Écoutez encore une fois. Qu'est-ce qui ne va pas? Choisissez la bonne phrase.

C'est trop loin …
a du collège   b du centre-ville   c de ses amis   d du cinéma   e de la campagne

3 Lisez les textes et répondez aux questions.

Chez moi, c'est trop calme. Il n'y a pas assez de choses à faire pour les jeunes, mais c'est bien si on aime les animaux!
Julien

Où j'habite c'est génial, mais il y a beaucoup de monde et trop de circulation. Il n'y a pas assez d'espaces verts et c'est trop bruyant, mais on est près des commerces.
Sarah

Où j'habite ce n'est pas assez grand. Il n'y a pas assez de bus et je suis trop loin de mes copains, mais il n'y a pas beaucoup de pollution ou de bruit.
Didier

Chez moi, il y a toujours trop de bruit et de pollution parce que les véhicules circulent jour et nuit.
Umit

Autour de chez moi, il y a beaucoup de maisons. Le centre-ville est à 3km, mais il n'y a pas assez de transports publics. On est trop loin des commerces, mais il y a des espaces verts.
Clémence

bruyant – noisy

Qui habite …
1 en centre-ville?
2 à la campagne?
3 dans un village?
4 en banlieue?
5 près d'une autoroute?

Qui parle?
6 C'est trop bruyant d'habiter près du centre commercial.
7 C'est trop pollué à cause des poids lourds.
8 Ce n'est pas assez animé ici.
9 Je suis trop loin de mes amis.
10 On est trop loin des magasins.

4 C'est comment? Écrivez une phrase pour chaque image.

1   2   3   4   5   6   7

48 quarante-huit

Module 3

5 À deux. Posez et répondez aux questions.

- Où habites-tu?
- C'est comment?
- Tu aimes y habiter?
- Pourquoi?
- Quels sont les avantages?
- Quels sont les inconvénients?

6 Trouvez la bonne image pour chaque texte.

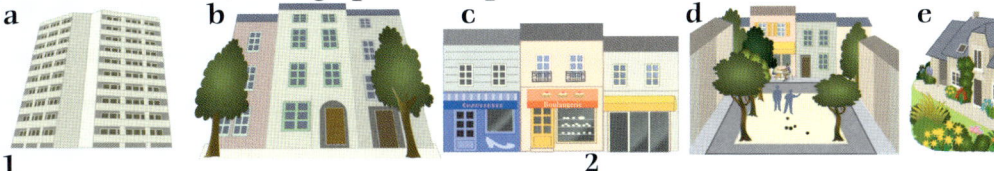

a b c d e

1
J'habite en centre-ville. Notre appartement est au-dessus de la boulangerie. Ça sent bon, mais c'est trop près des commerces, il y a trop de monde. C'est trop bruyant.
Luc

2
J'habite en banlieue. Il y a beaucoup de grands immeubles en béton et il n'y a pas assez d'espaces verts où on peut jouer. Pour aller en ville, il faut prendre le bus.
Constance

3
J'habite à la campagne. Notre maison est très vieille et nous avons un beau jardin avec des fleurs et des plantes, mais je suis trop loin de la ville et de tous mes copains. En plus, il n'y a pas de bus.
Thibault

4
J'habite dans une petite ville. Notre maison donne sur la place où je fais du vélo le soir et les adultes jouent à la pétanque. C'est très joli, mais en été il y a trop de touristes.
Carole

7 Répondez aux questions en anglais.

au-dessus de – above
trop de monde – too many people
le béton – concrete
la pétanque – bowls (French style)

Who …
1 lives in an old house?
2 lives above a shop?
3 lives in a house on the village square?
4 lives in a block of flats?
5 would like somewhere to play?
6 finds it too far from the town centre?
7 finds it too noisy?
8 finds it too busy in summer?

8 Écrivez un paragraphe sur votre maison et votre quartier.

J'habite (une grande maison / un petit appartement) (en ville/banlieue).
La maison (est près / est loin) (du centre / du collège / des commerces).
Chez nous, c'est (génial / trop calme / très bruyant).
Il y a (beaucoup/trop) de (circulation/bruit).
Il n'y a pas assez (de commerces / d'espaces verts).
C'est trop loin (de la gare / du cinéma / de mes copains).

quarante-neuf 49

4 Ma ville préférée Talking about towns in France and the UK
Using *on peut* + infinitive

1 Écoutez. C'est quel genre de ville?

1 Boulogne-sur-Mer
2 Le Havre
3 Annecy
4 Strasbourg
5 Nice
6 Lyon
7 Marseille
8 Carcassonne

- une ville historique
- un port de pêche 
- une ville touristique
- une ville commerçante 
- un port de commerce 
- une station balnéaire 
- une ville industrielle 

2 À deux. Trouvez des exemples près de chez vous.

■ (Blackpool) est une station balnéaire.
● (Manchester) est …

3 Qu'est-ce qu'on peut y faire? Lisez le texte et choisissez a, b ou c pour compléter chaque phrase.

Annecy est une très belle ville située au bord d'un grand lac et près de la frontière suisse. C'est une ville historique et touristique. Le paysage est magnifique.

En été, on peut faire des sports comme:
- la planche
- la voile
- le canoë-kayak
- l'escalade
- le VTT

En hiver, on peut faire:
- du ski
- du snowboard
- de la luge

Pour ceux qui n'aiment pas le sport, on peut:
- lécher les vitrines dans les centres commerciaux
- visiter le château
- visiter la vieille ville et les musées
- se reposer au bord du lac où il y a de grands espaces verts

En plus, on peut:
- se balader dans les montagnes qui entourent le lac
- visiter la région

lécher les vitrines – to window shop (lit.: to lick the shop windows)

1 Annecy est   a une ville touristique   b une ville industrielle   c un port de pêche.
2 Elle se trouve au bord de/d'   a la mer   b un lac   c une rivière.
3 Elle est entourée   a d'une forêt   b de grandes villes   c de montagnes.
4 La ville est   a moderne   b vieille   c fortifiée.
5 En été, on peut faire   a de la planche   b du ski   c du patin à glace.
6 En hiver, on peut faire   a de la natation   b de la luge   c du surf.
7 On peut   a visiter la citadelle   b aller à la plage   c faire du shopping.

Module 3

> **Expo-langue** →→→→
> *Grammaire 3.11*
> You use **on peut** + the infinitive to say what you can do.
> **On peut faire** du patin à glace. = You can do/go ice skating.

4 À deux. Qu'est-ce qu'on peut faire? Posez et répondez aux questions.

- À Annecy, est-ce qu'on peut (jouer au tennis)?
- Oui, on peut jouer au tennis.

5 Écrivez un paragraphe: *Ma ville préférée.*

Ma ville préférée est …
C'est une (grande/petite) ville (historique/moderne).
Il y a une cathédrale / un musée / un château …
On peut:
- faire le tour de la ville
- visiter les monuments / le château / les sites touristiques
- faire du shopping / du sport
- jouer au tennis
- aller à la piscine / au cinéma

6 À deux. Jeu de mémoire. Ajoutez une autre activité à chaque fois.

- Je suis allé(e) à Annecy et j'ai visité le château.
- Je suis allé(e) à Annecy, j'ai visité le château et j'ai nagé dans le lac.
- Je suis allé(e) à Annecy, j'ai visité le château, j'ai nagé dans le lac et …

7 Imaginez que vous avez passé une semaine à Annecy avec votre famille. Qu'est-ce que vous avez fait?

L'année dernière, je suis allé(e) à Annecy. Il faisait beau et j'ai (fait … / joué … / nagé), etc.

cinquante et un 51

Module 3

Bergerac

Bergerac est une belle ville historique et touristique. Située sur les bords de la rivière la Dordogne, la ville se trouve dans le sud-ouest de la France dans une région qui s'appelle le Périgord.

Comment venir
Par avion de Londres ou Birmingham
Par autoroute A10 Paris–Bordeaux, RD936 Bordeaux–Bergerac

Les hébergements
hôtels, chambres d'hôte, auberges, campings

À voir
Il y a plus de 100 sites touristiques: des châteaux, des musées, des grottes et des circuits touristiques.

Sports et loisirs
On peut faire:
* du canoë-kayak
* de la natation
* des randonnées
* du VTT
* du cheval

> J'aime Bergerac parce que c'est très joli ici et il y a beaucoup de choses à faire et à voir. Hier, je suis allée en ville avec maman et j'ai fait du shopping. J'ai acheté un short et un tee-shirt. Aujourd'hui, on fait du canoë sur la rivière et puis ce soir, on fait un barbecue. Demain matin, je vais faire une balade en vélo avec mon frère et l'après-midi, on va nager dans la rivière. Le soir, on va dîner au restaurant. C'est cool!

les loisirs – leisure-time activities

1 **Trouvez dans le texte les phrases en bleu qui correspondent à ces phrases anglaises.**
   1 situated
   2 B&Bs
   3 places of interest
   4 caves
   5 by plane
   6 region
   7 river
   8 hikes
   9 campsites
   10 motorway

2 **Relisez le texte et répondez aux questions en anglais.**
   1 On which river is Bergerac situated?
   2 How can you get there? (*two ways*)
   3 Where can you stay? (*two types of accommodation*)
   4 What sports can you do? (*four sports*)

Module 3

3 Faites une publicité [*advert*] pour votre ville/région.

Boîte à outils

1 **Research the information you need.**
   - Go to the information office and see what literature they have on your area. They may even have some in French!
   - Look at some sites on the web. Type in the name of the town or region in a search engine like Google and see what comes up.

2 **Decide on the content.**
   - For this, you'll need to use a different style of writing – it will be more formal than other things you have written. You need to think in particular about how to make it interesting and informative – your aim is to make people want to visit your area. Compare a few sites or brochures and choose the style you want to copy.
   - Try to use or adapt some of the phrases from the text on p. 52. Look at the type of language used there, e.g.
     La ville se trouve ...
     Il y a (plus de) ...
     On peut faire ...
   - Be selective. Remember, you don't have to cover everything, so pick out the most interesting things about your area.

3 **Structure your text carefully.**
   - Use the headings from the Bergerac text (**Comment venir**, etc.).

   Introduction
   Situation: Where is it?

   Main section
   How do you get to the area (forms of transport)?
   Where can you stay?
   What is there to see?
   What is there to do?

   Conclusion
   Add an excerpt from a visitor's diary saying
   • why he/she likes the town/area
   • what he/she has done
   • what he/she is doing today
   • what he/she is going to do

   - Refer to Unit 3 for help with talking about the type of place it is and where it is situated.

   - This is your chance to show off your mastery of the other tenses (see the speech bubble on p. 52).
     *Je **suis** allé(e) ... et j'**ai** fait ...*
     *C'**était** ...*
     *Je **vais** ... et je **fais** ...*
     *Je **vais** aller à ... et je **vais** faire ...*

4 **Check what you have written carefully. Check:**
   - spelling and accents
   - gender and agreement: *une belle ville, un vieux château*
   - verb endings for the different persons: *je/tu/on*, etc.
   - tense formation (e.g. *j'ai commencé / je vais recommander*)

cinquante-trois 53

Module 3 Mots

Ma maison — *My house*

le balcon	*balcony*	la salle de bains	*bathroom*
le garage	*garage*	les toilettes (f)	*toilet*
le jardin	*garden*	l'entrée (f)	*entrance/hall*
le salon	*sitting room*	au rez-de-chaussée	*on the ground floor*
la cave	*cellar*	au (premier) étage	*on the (first) floor*
la chambre (de mes sœurs)	*(my sisters') bedroom*	au sous-sol	*in the basement*
		Il y a …	*There is …*
la cuisine	*kitchen*	grand(e)	*big*
la douche	*shower*	petit(e)	*little*

Ma chambre — *My bedroom*

J'ai ma propre chambre.	*I have my own bedroom.*	une table	*a table*
Je partage une chambre avec …	*I share a room with …*	Je n'ai pas de télé.	*I don't have a TV.*
		je range mes vêtements/ affaires	*I put away my clothes/things*
Dans ma chambre, j'ai …	*In my room I have …*	dans une commode	*in a chest of drawers*
un lit	*a bed*	D'habitude, …	*Usually …*
deux lits superposés	*bunkbeds*	je lis dans ma chambre	*I read in my room*
un ordinateur	*a computer*	je fais mes devoirs	*I do my homework*
un placard	*a cupboard*	Je me couche vers (21h30).	*I go to bed around (9.30).*
un poste de télévision	*a television set*		
un lecteur DVD	*a DVD player*	Hier soir, j'ai écouté de la musique.	*Last night I listened to music.*
une armoire	*a wardrobe*		
une étagère	*a bookshelf*		

Où j'habite — *Where I live*

J'habite …	*I live in …*	au bord de la mer	*at the seaside*
Il/Elle habite …	*He/She lives in …*	J'y habite depuis (trois) ans.	*I've lived there for (three) years.*
un appartement	*a flat*		
un chalet	*a chalet*		
un immeuble	*a block of flats*	Il/Elle est …	*It is …*
une ferme	*a farm*	près du collège	*near school*
une maison	*a house*	loin du collège	*far from school*
vieux/vieille (vieil)	*old*	à deux minutes du collège	*two minutes from school*
beau/belle (bel)	*beautiful, lovely*		
moderne	*modern*	J'y vais …	*I go there …*
		en bus	*by bus*
en ville	*in town*	en car de ramassage	*by school bus*
en centre-ville	*in the town centre*	en vélo	*by bike*
en banlieue	*in the suburbs*	en voiture	*by car*
dans un village	*in a village*	à pied	*on foot*
à la campagne	*in the country*		

Ma ville — My town

Qu'est-ce qu'il y a?	What is there?
Chez nous, il y a …	Where I live, there's/there are …
le centre de loisirs	leisure centre
le centre de sport	sports centre
le château	castle
le cinéma	cinema
le jardin public	park
le marché	market
le musée	museum
le parc d'attractions	theme park
le stade	stadium
la grande surface	hypermarket
la gare	(train) station
la gare routière	bus station
la patinoire	ice rink
la piscine (découverte)	(open-air) swimming pool
la place	square
l'église (f)	church
l'espace vert (m)	green space, park
Il n'y a pas de (cinémas).	There aren't any (cinemas).
Il y a des avantages (m).	There are advantages.
Il y a des inconvénients (m).	There are disadvantages.
C'est …	It's …
ennuyeux	boring
intéressant	interesting
joli	pretty
(trop) bruyant	(too) noisy
(très) vivant	(very) lively

Mon quartier — My area

Il y a trop de pollution.	There's too much pollution.
Il y a beaucoup de circulation.	There's a lot of traffic.
Il n'y a pas de transports publics.	There's not any public transport.
Il n'y a pas assez de bus/d'espaces verts.	There are not enough buses/green spaces.
C'est trop bruyant/calme.	It's too noisy/quiet.
C'est trop loin …	It's too far …
de mes amis	from my friends
du centre-ville	from the town centre
du collège	from school
de la gare	from the station
des commerces (m)	from the shops
C'est trop près …	It's too near …
de l'autoroute (f)	to the motorway

Les genres de ville — Types of towns

une ville commerçante	a commercial town
une ville historique	a historic town
une ville industrielle	an industrial town
une ville touristique	a tourist town
une station balnéaire	a seaside resort
un port de commerce	a commercial port
un port de pêche	a fishing port

En ville — In town

On peut …	You can …
aller à la piscine/au cinéma	go to the swimming pool/to the cinema
jouer au tennis	play tennis
faire du shopping	go shopping
faire du ski/du parapente	go skiing/paragliding
faire du sport/du vélo	do sport/go mountain-biking
faire de la natation	go swimming
faire de l'escalade/de l'équitation	go rock-climbing/horse-riding
visiter la cathédrale/les sites touristiques	visit the cathedral/places of interest
Je suis allé(e) à Annecy.	I went to Annecy.
J'ai visité le château.	I visited the castle.
J'ai nagé dans le lac.	I swam in the lake.
J'ai fait le tour de la ville.	I did a tour of the town.
J'ai joué au tennis.	I played tennis.

4 Allons-y!

C'est où? Finding the way
Asking where places are using *où est?* and *où sont?*

Déjà vu 1

1 Reliez les mots et les images.
Match the words and the pictures.

Exemple: 1 e

1 la piscine **2** les toilettes **3** le stade
4 le parc **5** la patinoire **6** les magasins
7 le centre commercial **8** l'église **9** la bibliothèque
10 le musée **11** l'hôpital **12** la gare

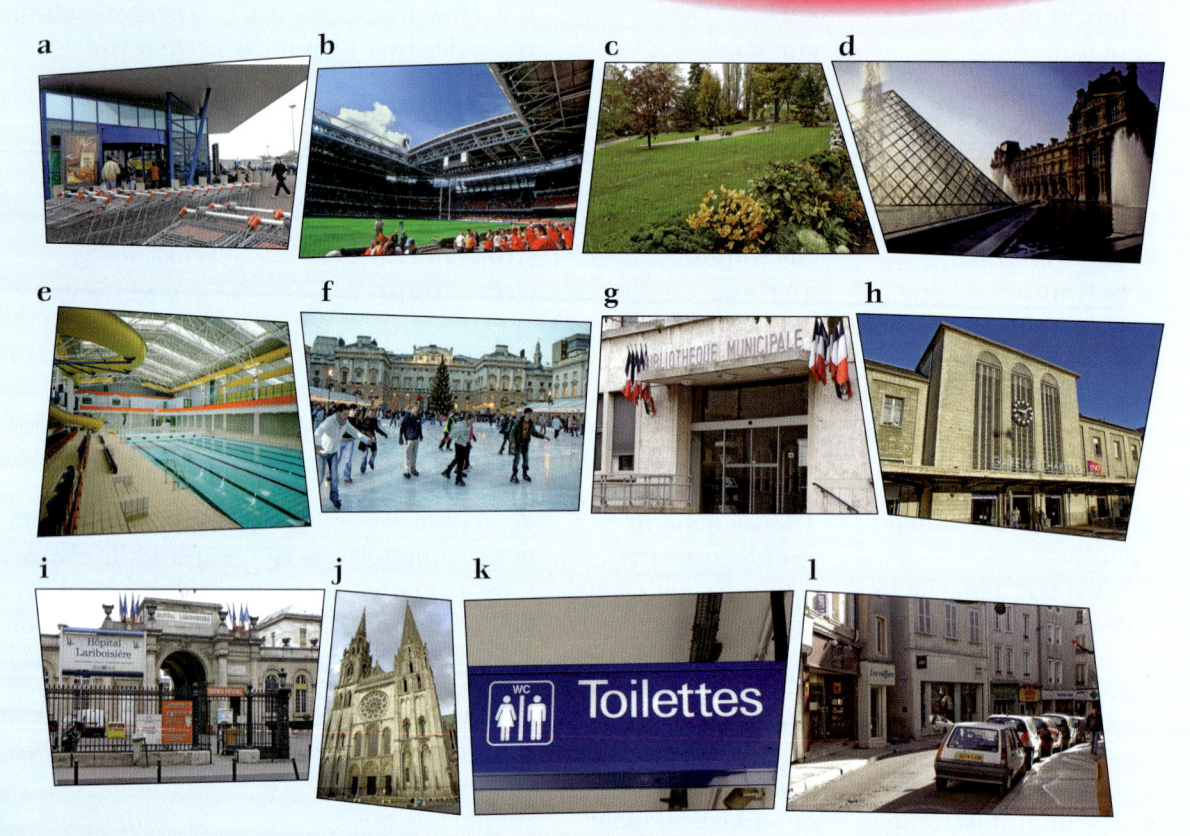

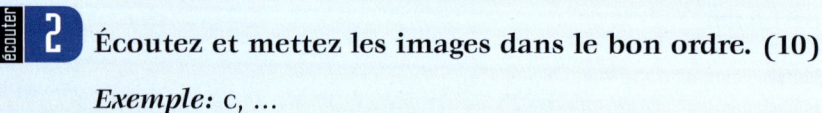

a b c d

e f g h

i j k l

2 Écoutez et mettez les images dans le bon ordre. (10)

Exemple: c, …

3 À deux. Testez votre partenaire! Une personne couvre les mots de l'exercice 1. L'autre pose des questions.
In pairs. Test your partner! One person covers the words in Exercise 1. The other asks questions.

- h, qu'est-ce que c'est?
- Le gare.
- Oui, mais c'est **la** gare. f, qu'est-ce que c'est?

Make sure your partner uses the correct definite article (**le**, **la**, **l'** or **les**) with the noun!

Je ne sais pas. – I don't know.

Module 4

4 Écoutez les directions et regardez le plan. On va où? (1–4)
Listen to the directions and look at the map. Where are they going?

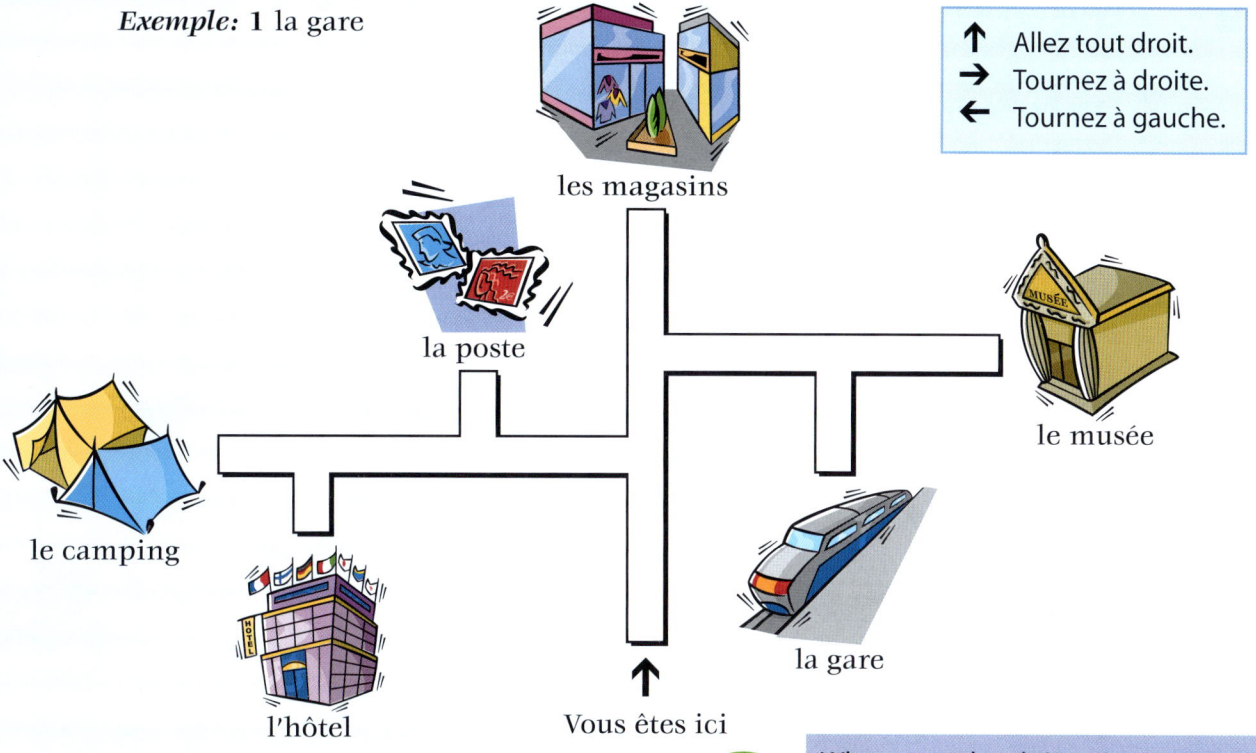

Exemple: **1** la gare

↑ Allez tout droit.
→ Tournez à droite.
← Tournez à gauche.

les magasins
la poste
le musée
le camping
la gare
l'hôtel
Vous êtes ici

Expo-langue →→→→
3.9

Où **est** …? = Where **is** …?   Où **sont** …? = Where **are** …?
Où est le centre commercial? = Where is the shopping centre?
Où sont les toilettes? = Where are the toilets?

When a word ends in **–t** in French, the **–t** is silent:
Allez tout droi**t**.

But if there is an **–e** after the **–t**, you pronounce the **–t**:
Tournez à droi**te**.

5 À deux. Faites un dialogue. Changez les détails en bleu.

■ Pardon. Où **est la poste**, s'il vous plaît?
● **Allez tout droit, tournez à gauche, puis tournez à droite.**
■ Pouvez-vous répéter, s'il vous plaît?
● **Allez tout droit, tournez à gauche, puis tournez à droite.**
■ Merci beaucoup.
● De rien.

6 Utilisez le plan de l'exercice 4 pour répondre aux questions. Écrivez les directions.

Exemple: **1** Allez tout droit, tournez à droite, puis tournez encore à droite.

1 Où est la gare, s'il vous plaît?
2 Où est l'hôtel, s'il vous plaît?
3 Où est le camping, s'il vous plaît?
4 Où sont les magasins, s'il vous plaît?

tournez **encore** à droite – turn right **again**

cinquante-sept 57

On fait les magasins! Shopping for food
Using *du, de la, de l'* and *des*

1 Regardez les listes d'achats et trouvez les cinq bonnes images pour chaque liste.
Look at the shopping lists and find the five correct pictures for each list.

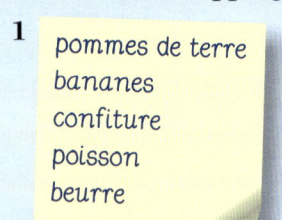

1
- pommes de terre
- bananes
- confiture
- poisson
- beurre

2
- tomates
- pain
- fromage
- raisins
- eau minérale

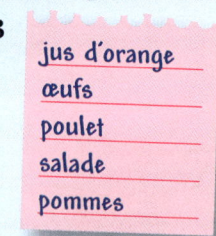

3
- jus d'orange
- œufs
- poulet
- salade
- pommes

4
- petits pois
- jambon
- fraises
- chips
- yaourt

Exemple: 1 1, …

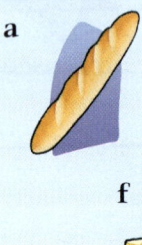

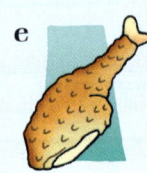

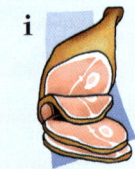

2 Écoutez. On parle de quelle liste? (1–4)

Expo-langue →→→→

Grammaire 1.5

To say 'some' in French, you use **du**, **de la**, **de l'** or **des**.

masculine singular	feminine singular	in front of a vowel sound	plural
du fromage = some cheese	**de la** confiture = some jam	**de l'**eau minérale = some mineral water	**des** chips = some crisps

But after containers or quantities, you just use **de**:
un paquet **de** chips = a packet of crisps
un kilo **de** pommes = a kilo of apples

3 Qu'est-ce que vous voudriez acheter (a) pour un pique-nique et (b) pour le dîner? Écrivez deux phrases.

What would you like to buy (a) for a picnic and (b) for dinner? Write two sentences.

Pour un pique-nique je voudrais acheter du pain, des chips, …
Pour le dîner …

4 Reliez les deux parties des phrases. Il y a plusieurs possibilités.

Match the two parts of the phrases. There are several possibilities.

Exemple: 1 h

une tranche – a slice

1 un kilo de …   a jambon
2 500 grammes de …   b raisins
3 250 grammes de …   c lait
4 un paquet de …   d petits pois
5 quatre tranches de … e fraises
6 une boîte de …   f chips
7 une bouteille de …   g jus d'orange
8 un litre de …   h pommes de terre

5 Écoutez. Qu'est-ce qu'on achète? C'est combien? Copiez et complétez la grille. (1–4)

	achat	quantité	prix
1	pommes	1 kilo	…… €
	……	……	
2			
3			
4			

6 À deux. Faites le jeu de rôle.

You are shopping for food in France. Your partner will play the part of the shop assistant and will speak first.

A
- Bonjour, monsieur/mademoiselle. Je peux vous aider?
- Oui, monsieur/mademoiselle. Combien en voulez-vous?
- Très bien, monsieur/mademoiselle. Et avec ça?
- Voilà, monsieur/mademoiselle. C'est tout?
- Trois euros cinquante, s'il vous plaît.

B
- Say you would like some grapes.
- Say 500 grams.
- Say you would like a bottle of mineral water.
- Ask how much it costs.

1 Tout près d'ici Describing the location of a place
Using prepositions

1 Écoutez et trouvez la bonne image. (1–7)

Exemple: 1 c

a À l'arrêt d'autobus
b Dans le parc
c Devant le cinéma
d Derrière la boîte
e En face de la gare routière
f À côté du commissariat de police
g Entre l'hôtel de ville et le syndicat d'initiative

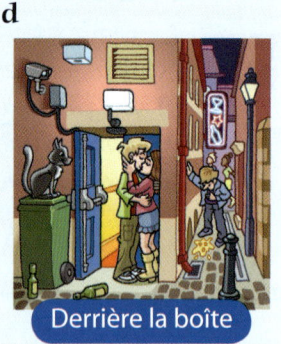

2 Lisez le texte et répondez aux questions en anglais.

Liam
L'arrêt d'autobus est en face de l'appartement.
Descends du bus devant l'hôtel de ville.
Le centre commercial est dans la rue St Jacques.
Le cinéma est derrière la gare routière.
Les toilettes sont à côté du syndicat d'initiative.
On se retrouve à 17h, au café de la Coupole.
C'est entre la poste et le musée.
Sébastien

Expo-langue →→→→   4.1

You use prepositions to say where things are.
Some prepositions are single words (**dans**, **devant**, **derrière**, **entre**).
Others are followed by **du**, **de la**, **de l'** or **des**.
en face **du** cinéma = opposite the cinema
à côté **de la** piscine = next to the swimming pool

au, **à la**, **à l'** and **aux** mean 'at the'.
au stade = at the stadium
à l'arrêt d'autobus = at the bus stop

1 Where is the bus stop?
2 In front of which building should Liam get off the bus?
3 In which street is the shopping centre?
4 Which building is behind the bus station?
5 What is next to the tourist information office?
6 Where are Liam and Sébastien meeting?
7 Where is it?

Module 4

3 À deux. Posez des questions et répondez. Utilisez le texte de l'exercice 2.
- Où est le cinéma, s'il vous plaît?
- Derrière la gare routière.

Où **est** …? – Where **is** …?
Où **sont** …? – Where **are** …?

4 Écoutez et notez les deux bonnes images pour chaque dialogue. (1–4)

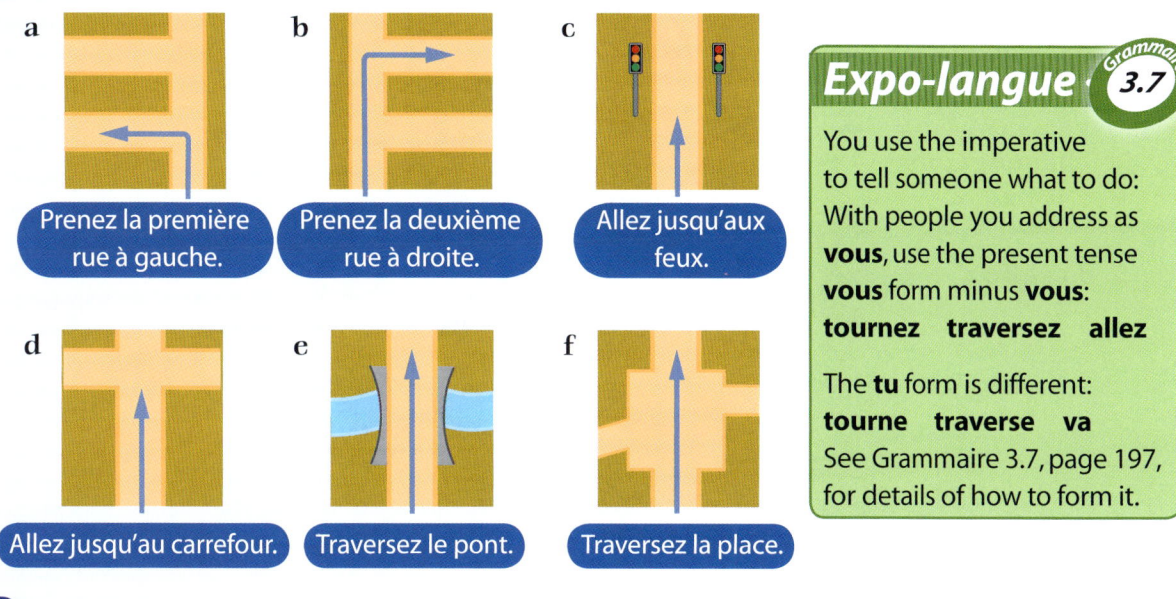

a Prenez la première rue à gauche.
b Prenez la deuxième rue à droite.
c Allez jusqu'aux feux.
d Allez jusqu'au carrefour.
e Traversez le pont.
f Traversez la place.

Expo-langue 3.7

You use the imperative to tell someone what to do:
With people you address as **vous**, use the present tense **vous** form minus **vous**:
tournez traversez allez

The **tu** form is different:
tourne traverse va
See Grammaire 3.7, page 197, for details of how to form it.

5 Écoutez encore une fois. Est-ce que c'est loin (L) ou près (P)?

6 À deux. Utilisez les images pour faire des dialogues.

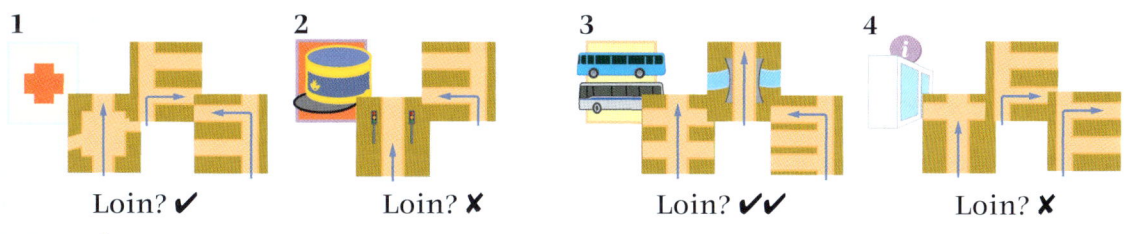

1 Loin? ✔
2 Loin? ✘
3 Loin? ✔✔
4 Loin? ✘

Exemple: 1
- Pardon. Où est l'hôpital, s'il vous plaît?
- Traversez la place, puis prenez la première rue à droite et la deuxième rue à gauche.
- C'est loin?
- Oui, c'est assez loin.
- Merci.
- De rien.

C'est loin? – Is it far?
Oui, c'est (assez/très) loin. – Yes, it's (quite/very) far.
Non, ce n'est pas loin. – No, it's not far.
Non, c'est tout près. – No, it's very near.

7 Écrivez des directions pour un visiteur. Utilisez les images de l'exercice 6.

Exemple:
1 L'hôpital: Traversez la place, puis prenez la première rue à droite et la deuxième rue à gauche. C'est assez loin.

soixante et un

2 On prépare une fête
Talking about shops and shopping
Using *il faut* to say what you need

1 Regardez l'image. Trouvez le bon mot pour chaque numéro.

une baguette

de la bière

des champignons

du cidre

des framboises

des haricots verts

de l'huile d'olive

de la moutarde

du pâté

des pâtes

du riz

des saucisses

du saucisson

> To work out the meaning of new words:
> - look for near-cognates of English words (e.g. **cidre**, **riz**)
> - look for parts of words you know (e.g. **haricots** *verts*)
> - be careful with words which are similar (e.g. **pâté/pâtes**; **saucisses/saucisson**).

2 Écoutez et vérifiez.

3 Écoutez. Qu'est-ce qu'il faut acheter pour la fête sur la plage? Écrivez les bons numéros.

Exemple: 2, …

Expo-langue →→→→
Grammaire 3.12

You use **il faut** to say that you need something …
Il faut **de la bière**. = We need **beer**.

… or that you need to do something:
Il faut **acheter** des pâtes. = We need **to buy** pasta.

4 À deux. Imaginez que vous préparez une fête. Qu'est-ce qu'il faut acheter?

- Qu'est-ce qu'il faut acheter pour la fête?
- Il faut acheter du pâté.
- Il faut aussi acheter …

62 soixante-deux

Module 4

5 Écoutez et lisez le texte. Puis reliez les magasins et les images.

Exemple: **1** c

> En France, il y a beaucoup de magasins spécialisés. Pour acheter de la viande (par exemple, du poulet, du bœuf ou du bifteck), il faut aller à la boucherie. Mais pour acheter du porc, du jambon, des saucisses et du saucisson, il faut aller à la charcuterie. Pour acheter du pain, il faut aller à la boulangerie. Pour des gâteaux, il faut aller à la pâtisserie. Et pour des bonbons et du chocolat, il faut aller à la confiserie. Puis, pour acheter du café, du sucre, de la confiture, etc., il faut aller à l'épicerie. Pour les médicaments (par exemple, de l'aspirine), il faut aller à la pharmacie. Et pour des fruits et des légumes, comme des pêches, des poires, des carottes et du chou-fleur, il faut aller au marché. Mais, bien sûr, si on veut acheter tout ça en même temps, il faut aller au supermarché!

en même temps – at the same time

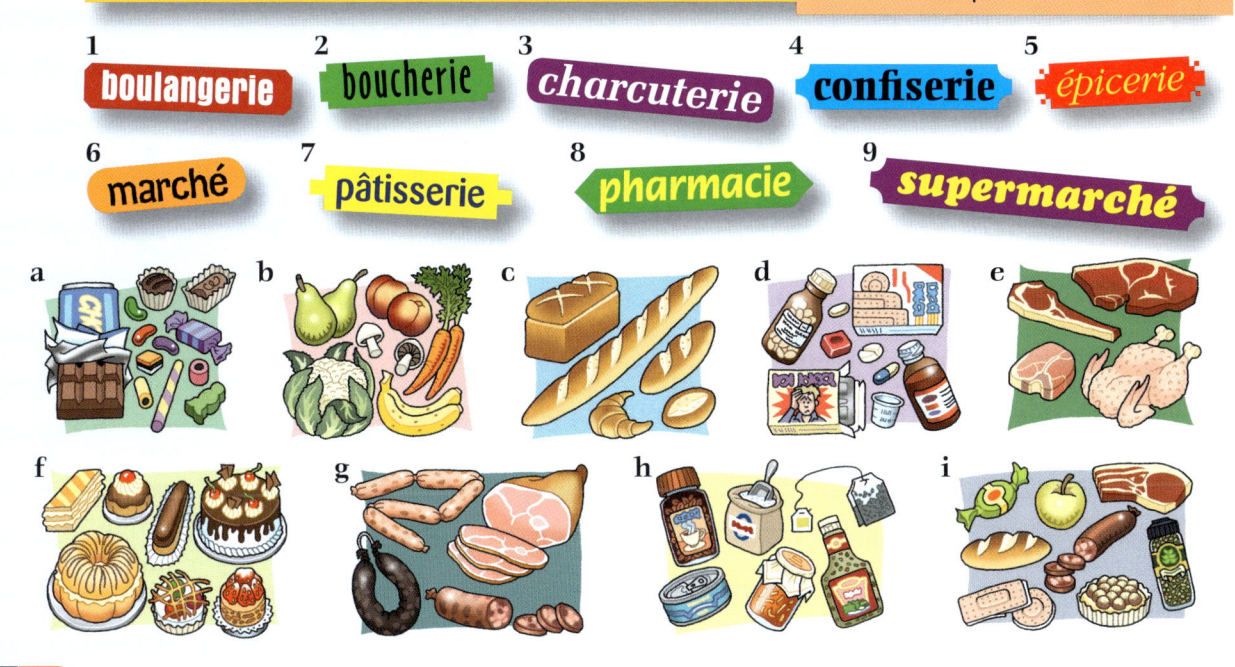

1 boulangerie 2 boucherie 3 charcuterie 4 confiserie 5 épicerie
6 marché 7 pâtisserie 8 pharmacie 9 supermarché

6 Relisez le texte. Trouvez le français.

1 meat **2** beef **3** steak **4** pork **5** sweets **6** sugar
7 aspirin **8** peaches **9** pears **10** cauliflower

7 Imaginez qu'il n'y a pas de supermarché! Où faut-il aller pour acheter ces choses? Écrivez des phrases.
Imagine that there's no supermarket! Where do you have to go to buy these things? Write sentences.

Exemple: Pour acheter du chou-fleur, il faut aller au marché.

soixante-trois

3 Bon voyage! Making travel arrangements
The 24-hour clock

1 Écoutez et regardez les images. Qui parle? (1–6)

Exemple: 1 David

un aller simple   un aller-retour

Paris — Chloé
Bordeaux — Karim
Marseille — Julie
Lyon — David
Strasbourg — Nabila
Rouen — Louis

2 À deux. Demandez ces billets de train.

Exemple: Un aller simple pour Nice, s'il vous plaît.

→ Nice   ↔ Paris   ↔ Calais   → Toulouse

3 Lisez et complétez le dialogue.

Exemple: 1 aller-retour

■ Bonjour, monsieur/mademoiselle. Je peux vous aider?
● Un (1) _____ pour Bordeaux, s'il vous plaît.
■ Première ou deuxième classe?
● (2) _____ classe, s'il vous plaît.
■ (3) _____ ou non-fumeurs?
● Non-fumeurs, s'il vous plaît. C'est combien?
■ (4) _____ euros cinquante, s'il vous plaît.
● Voilà.
■ (5) _____, monsieur/mademoiselle. Au revoir.

quinze
train
fumeurs
merci
aller-retour
c'est
deuxième

4 Écoutez et vérifiez.

5 À deux. Changez les détails soulignés dans le dialogue de l'exercice 3. Utilisez ces détails:

→ Paris
2ème classe
🚬 8,20€

↔ Strasbourg
1ère classe
🚭 13€

64 soixante-quatre

Module 4

6 Reliez la question à la bonne réponse.

1. Le prochain train pour Lyon part à quelle heure?
2. Il arrive à quelle heure?
3. Est-ce qu'il faut changer?
4. Le train part de quel quai?

a. Non, c'est un train direct.
b. Un aller-retour, s'il vous plaît.
c. Il arrive à 20h15.
d. Du quai numéro 5.
e. Deuxième classe.
f. Il part à 18h30.

Expo-langue →→→→

Grammaire 5.4

Travel times are always given in the 24-hour clock. The hours from midnight to midday are numbered 0–12. The hours from 1 p.m. to 11 p.m. are numbered 13–23.

So 13h45 = 1.45 p.m.   18h30 = 6.30 p.m.   20h15 = 8.15 p.m.

7 Écoutez. Copiez et complétez la grille. (1–3)

	Départ	Arrivée	Changer? ✔ ✘	Quai numéro
1	11h10	13h	✘	
2	12h15		✔	
3		21h10		1

8 À deux. Faites le jeu de rôle.

You are at a railway station in France. Your partner will play the part of the station employee and will speak first.

A
- Je peux vous aider, mademoiselle/monsieur?
- À 16 heures, mademoiselle/monsieur.
- Il arrive à 17 heures 30.
- Oui, il faut changer à Rouen.
- Du quai numéro 2, mademoiselle/monsieur.

B
- Ask when the next train leaves for Paris.
- Ask when it arrives.
- Ask whether you have to change.
- Ask which platform the train leaves from.

9 À deux. Faites un autre dialogue, en utilisant les détails sur la page web. Adaptez le dialogue de l'exercice 8.

Trains | Billets | Hôtels | Voitures

Destination	Départ	Arrivée		Quai
Calais	15h00	16h30	(changer à Rouen)	3
Rouen	17h20	19h00	(direct)	4

soixante-cinq 65

4 Ça me va? Talking about buying clothes
Describing clothes using colour adjectives

1 Écoutez. Qu'est-ce qu'on achète? Notez les bonnes lettres. (1–5)

a un jean b un pull c un tee-shirt d un pantalon e un sweat f une chemise

g une jupe h une veste i une robe j des gants (m) k des baskets (f) l des chaussures (f)

Expo-langue →→→→

Grammaire 2.1, 2.2

Most colour adjectives change their ending according to whether the noun they describe is masculine or feminine, singular or plural. The adjectives go *after* the noun.

un pull **bleu**   une chemise **grise**   des gants **verts**   des baskets **noires**

un pull (masculine singular)	**une** chemise (feminine singular)	**des** gants (masculine plural)	**des** baskets (feminine plural)
rouge	rouge	rouges	rouges
jaune	jaune	jaunes	jaunes
bleu	bleue	bleus	bleues
noir	noire	noirs	noires
vert	verte	verts	vertes
gris	grise	gris	grises
blanc	blanche	blancs	blanches

NB **marron** does not change its ending:
une chemise **marron**   des gants **marron**

The endings on colour adjectives are usually silent. But adding an –e after a –t or an –s means you pronounce the –t or –s. Which colours does this affect? And what is the difference in sound between **blanc** and **blanche**?

2 À deux. Dites à votre partenaire quels vêtements vous voudriez. Mentionnez aussi la couleur.

Exemple: Je voudrais un jean noir, une chemise bleue et des baskets blanches.

3 Écoutez. Quel est le problème? (1–5)

a trop grand(e)
b trop petit(e)
c trop long(ue)
d trop court(e)
e trop cher (chère)

soixante-six

Module 4

4 Lisez l'annonce. Puis notez le bon prix pour chaque image.

Exemple: **a** 8,10€

Soldes d'été!

Rabais de 15% sur:

Pour femmes
Blouson en cuir marron 50€
Manteau blanc 30,50€
Chaussettes vertes en laine 8,10€
Chapeau bleu 15,80€

Pour hommes
Imperméable gris 35,70€
Ceinture en cuir noire 12€
Cravate rayée bleue et jaune 10,60€
Maillot de bain rouge 9,70€

Casquette jaune (homme/femme) 7,90€

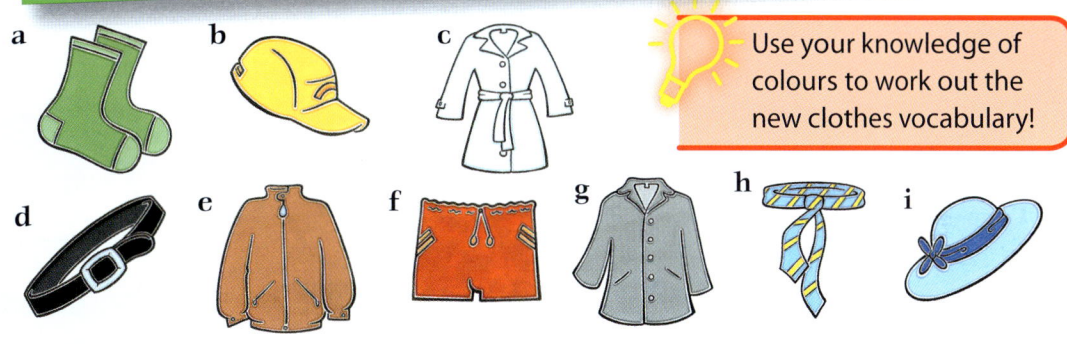

Use your knowledge of colours to work out the new clothes vocabulary!

a b c d e f g h i

5 À deux. Faites le jeu de rôle.

You are shopping for a T-shirt in France. Your partner will play the part of the shop assistant and will speak first.

'What size?' is **quelle taille?** for clothes, but **quelle pointure?** for shoes. You can either give the size in numbers or use:
petit(e)(s) = small   **moyen(s)/moyenne(s)** = medium   **grand(e)(s)** = large

A
- Bonjour, monsieur/mademoiselle. Je peux vous aider?
- Oui, monsieur/mademoiselle. Quelle taille?
- Voilà, monsieur/mademoiselle. Ça va?
- Voilà un tee-shirt plus grand, monsieur/mademoiselle.
- 10,50€, monsieur/mademoiselle.

B
- Say you would like a black T-shirt.
- Say medium.
- Say it's too small.
- Ask how much it costs.

6 Imaginez que vous êtes allé(e) faire les soldes hier. Qu'est-ce que vous avez acheté? Écrivez un texto à un copain / une copine.

Imagine you went to the sales yesterday. What did you buy? Write a text message to a friend.

> Je suis allé(e) faire les soldes hier! J'ai acheté une casquette bleue à 5,30€, des baskets rouges et blanches à …

soixante-sept

5 Je vais acheter un cadeau! Talking about buying presents
Referring to future and past events

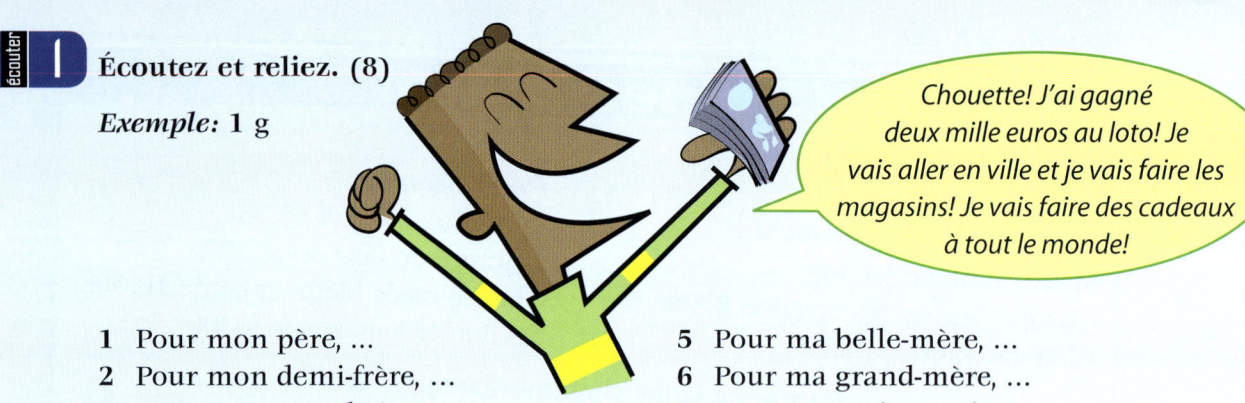

1 Écoutez et reliez. (8)

Exemple: 1 g

Chouette! J'ai gagné deux mille euros au loto! Je vais aller en ville et je vais faire les magasins! Je vais faire des cadeaux à tout le monde!

1 Pour mon père, …
2 Pour mon demi-frère, …
3 Pour mon grand-père, …
4 Pour mon meilleur copain, …
5 Pour ma belle-mère, …
6 Pour ma grand-mère, …
7 Pour ma petite copine, …
8 Pour moi, …

… je vais acheter …

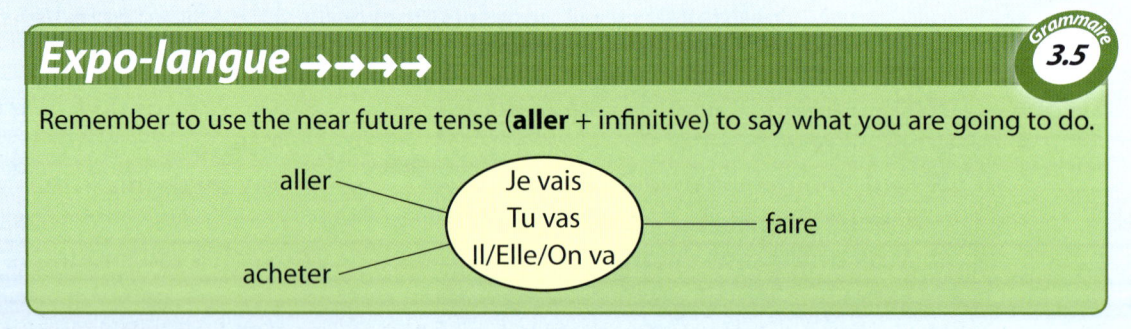

a un appareil-photo numérique
b un baladeur mp3
c une Xbox
d un portefeuille en cuir
e une bouteille de parfum
f une énorme boîte de chocolats
g une montre
h des boucles d'oreille

Expo-langue →→→→ 3.5

Remember to use the near future tense (**aller** + infinitive) to say what you are going to do.

aller ─┐
       ├─ Je vais
       ├─ Tu vas   ─── faire
       ├─ Il/Elle/On va
acheter ┘

2 À deux. Imaginez que vous avez gagné de l'argent! Racontez à votre partenaire ce que vous allez acheter et pour qui.
Imagine you've won some money! Tell your partner what you are going to buy and who for.

■ Qu'est-ce que tu vas acheter?
● Pour ma sœur, je vais acheter …

Module 4

3 Vous êtes en vacances à Paris, mais vous avez seulement dix euros. Qu'est-ce que vous allez acheter comme cadeaux? Écrivez un paragraphe.
You are on holiday in Paris, but you only have ten euros.
What presents are you going to buy? Write a paragraph.

- un tee-shirt 4,20€
- un stylo 0,50€
- un sac 3,50€
- un paquet de bonbons 0,65€
- un paquet de crayons 1,95€
- un porte-monnaie 1,75€
- une gomme 0,30€
- une trousse 2,80€
- une casquette 3,00€

Exemple: Pour mon petit copain, je vais acheter un paquet de bonbons et pour ma meilleure copine …

> Make what you write more interesting by giving reasons for some of the presents:
> … parce qu'il/elle adore Paris / les casquettes / manger du chocolat / dessiner, etc.

4 Lisez les textes et répondez aux questions.

Ma grand-mère est à l'hôpital, donc je suis allée en ville jeudi pour lui acheter un cadeau. J'ai vu une belle montre, mais elle était trop chère, donc je lui ai acheté un livre et des fleurs.
Lola

Lundi, c'était mon anniversaire. J'ai reçu de l'argent de mes parents, donc je suis allé dans les magasins. J'ai regardé un peu dans les magasins de vêtements, mais finalement j'ai décidé d'acheter un baladeur mp3 parce que j'adore écouter du rap.
Tariq

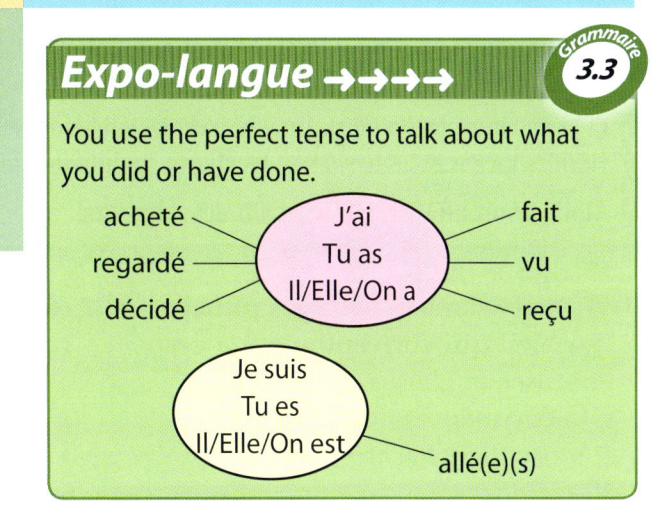

J'ai fait les magasins samedi matin. Je déteste ça, mais j'avais besoin de matériel scolaire. J'ai acheté des stylos, une calculatrice, un cahier et une règle. J'ai acheté un pantalon et des chaussettes en soldes aussi.
Clément

Expo-langue →→→→ *Grammaire 3.3*

You use the perfect tense to talk about what you did or have done.

- J'ai / Tu as / Il/Elle/On a — acheté, regardé, décidé, fait, vu, reçu
- Je suis / Tu es / Il/Elle/On est — allé(e)(s)

Qui …
1 a acheté des choses pour le collège?
2 a acheté des cadeaux?
3 a fait les soldes ce week-end?
4 aime la musique?
5 a acheté des vêtements?
6 n'aime pas faire les magasins?

5 À deux. Jeu de mémoire. Imaginez que vous avez fait les magasins. Qu'est-ce que vous avez acheté? Il faut exagérer!

■ Le week-end dernier, je suis allé(e) en ville et j'ai acheté une montre.
● Le week-end dernier, je suis allé(e) en ville et j'ai acheté une montre et …

6 Racontez un après-midi dans les magasins. C'était quand? Qu'est-ce que vous avez acheté? Pourquoi? Adaptez les textes de l'exercice 4.

J'ai fait les magasins samedi après-midi. Je suis allé(e) …
J'ai regardé dans … J'ai vu … J'ai acheté … parce que …

soixante-neuf 69

Module 4

Une publicité

Centre commercial du Paradis

Bienvenue au centre commercial du Paradis!
Inauguré en janvier 2006, le Paradis est grand, tout à fait moderne et pratique.
On vous propose, sur quatre étages:
- cinq **grands magasins**
- trois supermarchés
- douze magasins de vêtements
- quatre magasins de musique
- trois magasins de sport
- **plusieurs** boulangeries, pâtisseries, boucheries, charcuteries et pharmacies.

Ouvert tous les jours (sauf le dimanche) de 8h à 19h30, le Paradis est **l'endroit idéal** pour faire tous vos achats. Et après les courses, **si vous avez faim ou soif**, vous pouvez manger et boire dans **plus de vingt cafés** ou restaurants.

Le parking est tout près et pas cher! Il y a de la place pour cinq cents voitures, à un tarif de 50 centimes par heure.

Au Paradis, on s'occupe aussi de vos petits! Tous les week-ends et **pendant les grandes vacances**, on organise des activités pour les enfants. L'année dernière, par exemple, on a joué au foot, on a fait de la danse, on a dessiné et on a chanté.

Et la semaine prochaine au Paradis, c'est les soldes d'été! **Il y aura de grandes réductions sur** tout pour vos grandes vacances: les tee-shirts, les shorts, les lunettes de soleil, la crème solaire, les barbecues…

Alors, **venez au** Paradis! Le paradis des acheteurs!

1 Trouvez dans le texte les phrases en bleu qui correspondent à ces phrases anglaises.
1 department stores
2 more than 20 cafés
3 the ideal spot
4 come to
5 during the summer holidays
6 opened in January 2006
7 there will be big reductions on
8 welcome to
9 open every day (except Sunday)
10 if you are hungry or thirsty
11 several
12 we offer you, on four floors

2 Complétez les phrases en anglais.
1 Le Paradis shopping centre was opened in ▭.
2 It is big, completely ▭ and ▭.
3 It has five ▭ and twelve ▭.
4 Parking is ▭ and not ▭.
5 There is room for five hundred ▭ at a rate of ▭ per hour.
6 Every weekend they organise activities for ▭.
7 Last year they played ▭, did ▭, drew pictures and sang.
8 Next week at Le Paradis, it's the summer ▭.
9 There will be big reductions on everything for your ▭.
10 There will be reductions on T-shirts, ▭, sunglasses, sun-cream and ▭.

Contrôle continu

70 soixante-dix

Module 4

3 Écrivez une pub pour un centre commercial ou un centre de loisirs, réel ou imaginaire.
Write an advert for a shopping centre or a leisure centre, real or imaginary.

Boîte à outils

1 **Decide on the content.**
   - You could make this a leaflet or an advert in a newspaper or on a website.
   - Try to use or adapt some of the phrases from the text on p. 70.
   - Make it read like an advertisement. Use short paragraphs, bullet points and exclamations. Look at the style of the text opposite to see how to do this.
   - Write mostly in the present tense, but find a way of also referring to the past and to the future. How does the advert opposite do this?

2 **Structure your advert carefully and include the following:**
   - What is the place called? If it is imaginary, try to come up with a suitable French name.
   - Here are a few other adjectives you could use to describe the place:
     énorme – enormous
     bien situé – conveniently situated
     chic – stylish
     bien conçu – well designed
     impressionnant – impressive
   - To make lists of facilities more interesting, use numbers or expressions like **beaucoup de** (a lot of), **plusieurs** (several) and **plus de** (more than).
   - To say what you can do there, use **on peut** + an infinitive.
     On peut faire tous les sports / *jouer* au basket / *manger* dans un restaurant.
   - To say why it's the best, you could use a superlative.
     C'est le meilleur centre commercial de la région.
     C'est le plus grand centre de loisirs de France.
   - Use the perfect tense to refer to a past event.
     *On **a organisé** … / Freddy Flintoff **a visité** …*
   - Use the near future tense (**aller** + the infinitive) to refer to a future event.
     On va ouvrir … / On va organiser …
   - You can also use **il y aura** to say what there will be.
     Il y aura un festival de …

Introduction
Present your shopping/leisure centre.
Say when the place was opened.
Say what it is like.

Main section
Describe what facilities the place has to offer.
Say on which days and at what times it is open.
Say how much it costs (e.g. to go in or to park).
Mention any special features (e.g. places to eat or drink).
Say why it's the best place to go.
Mention a past event at the centre (e.g. an activity weekend, a visit by a celebrity).
Give details of a future special event (e.g. a new shop or sports facility that's opening soon).

Conclusion
End on an upbeat note, with a punchy line.

   - Use an imperative to encourage people to come to your centre.
     Visitez …! Venez à …!

Module 4 Mots

Directions 1 | Directions 1
Où est … ?	Where is … ?	Où sont … ?	Where are … ?
le centre commercial	shopping centre	les toilettes (f)	toilets
le camping	campsite	les magasins (m)	shops
la bibliothèque	library	tournez à droite	turn right
la poste	post office	tournez à gauche	turn left
l'hôpital (m)	hospital	tournez encore	turn again
l'hôtel (m)	hotel	allez tout droit	go straight on

La liste des achats 1 | Shopping list 1
du beurre	butter	de l'eau (f) minérale	mineral water
du fromage	cheese	des bananes (f)	bananas
du jambon	ham	des chips (f)	crisps
du jus d'orange	orange juice	des fraises (f)	strawberries
du pain	bread	des œufs (m)	eggs
du poisson	fish	des petits pois (m)	peas
du poulet	chicken	des pommes de terre (f)	potatoes
du yaourt	yogurt	des pommes (f)	apples
de la confiture	jam	des raisins (m)	grapes
de la salade	salad	des tomates (f)	tomatoes

Faire des achats | Going shopping
Je voudrais …	I'd like …	une boîte	a tin
un kilo	a kilo	une bouteille	a bottle
cinq cents grammes	500 grams/half a kilo	deux tranches	two slices
deux cent cinquante grammes	250 grams	un litre	a litre
		C'est combien?	How much is it?
un paquet	a packet	C'est tout.	That's everything.

Les situations | Locations
à l'arrêt de bus	at the bus stop	à côté du commissariat	beside the police station
dans le parc	in the park		
devant le cinéma	in front of the cinema	entre l'hôtel de ville et	between the town hall
derrière la boîte	behind the night-club	le syndicat d'initiative	and the tourist office
en face de la gare routière	opposite the bus station		

Directions 2 | Directions 2
prenez …	take …	jusqu'aux feux	to/as far as the lights
la première rue à droite	the first road on the right	traversez …	cross …
		le pont	the bridge
la deuxième rue à gauche	the second road on the left	la place	the square
		C'est loin?	Is it far?
allez …	go …	Oui, c'est (assez/très) loin.	Yes, it's (quite/very) far.
jusqu'au carrefour	to/as far as the crossroads	Non, ce n'est pas loin.	No, it's not very far.
		Non, c'est tout près.	No, it's very near.

La liste des achats 2 | Shopping list 2
Il faut …	We need …	du cidre	cider
Il faut acheter …	We need to buy …	du pâté	paté

du riz	rice	des champignons (m)	mushrooms
du saucisson	salami-style sausage	des framboises (f)	raspberries
du sucre	sugar	des haricots (m) verts	green beans
de la bière	beer	des gâteaux (m)	cakes
de la moutarde	mustard	des pâtes (f)	pasta
de la viande	meat	des poires (f)	pears
de l'aspirine (f)	aspirin	des saucisses (f)	sausages
de l'huile (f) d'olive	olive oil	un chou-fleur	a cauliflower
des bonbons (m)	sweets	une baguette	baguette

Les magasins / Shops

la boucherie	butcher's shop	la charcuterie	pork butcher's/ delicatessen
le marché	market		
le supermarché	supermarket	la confiserie	sweetshop
la boulangerie	baker's shop	la pâtisserie	cake shop
		l'épicerie (f)	grocer's shop

Bon voyage! / Have a good journey!

un aller-retour	return ticket	Il part à quelle heure?	When does it leave?
un aller simple	single ticket	Il arrive à quelle heure?	When does it arrive?
première classe	first class	Est-ce qu'il faut changer?	Do you have to change?
deuxième classe	second class		
fumeurs/non-fumeurs	smoking/non-smoking	Le train part de quel quai?	Which platform does the train leave from?
le prochain train	the next train		

Les vêtements / Clothes

Je voudrais …	I'd like …	des baskets (f)	trainers
un jean	jeans	des chaussures (f)	shoes
un pantalon	trousers	des gants (m)	gloves
un pull	jumper	trop …	too
un sweat	sweatshirt	grand(e)	big
un tee-shirt	T-shirt	petit(e)	small
une chemise	shirt	court(e)	short
une jupe	skirt	long(ue)	long
une robe	dress	cher/chère	expensive
une veste	jacket		

Les couleurs / Colours

rouge	red	noir(e)	black	blanc(he)	white
jaune	yellow	vert(e)	green		
bleu(e)	blue	gris(e)	grey		

Des cadeaux / Presents

Pour (ma sœur), je vais acheter …	For (my sister), I'm going to buy …	une bouteille de parfum	a bottle of perfume
un appareil-photo numérique	a digital camera	une énorme boîte de chocolats	a huge box of chocolates
		une montre	a watch
un baladeur mp3	an mp3 player	un porte-monnaie	a purse
une Xbox	an X box	des boucles d'oreille	earrings
un portefeuille en cuir	a leather wallet	des fleurs	flowers

5 Au collège

L'emploi du temps
Talking about school subjects
Telling the time

Déjà vu

1 Trouvez le bon symbole pour chaque matière.
Find the right symbol for each subject.

a b c d e f g
h i j k l m

1 l'allemand
2 l'anglais
3 le dessin
4 l'espagnol
5 le français
6 la géographie
7 l'histoire
8 l'informatique
9 les maths
10 la musique
11 les sciences
12 le sport (EPS)
13 la technologie

2 Que font-ils aujourd'hui? Écoutez et mettez les images de l'exercice 1 dans le bon ordre. (1–2)
What do they have today? Put the pictures from exercise 1 in the right order.

Exemple: **1** l, f, …

3 Que fait Nathan aujourd'hui? Mettez les livres dans le bon ordre.

> Ce matin, j'ai un cours de maths suivi d'un cours d'anglais. Puis c'est la récré et après la récré, j'ai un cours de français et un cours de sciences. Ensuite, c'est la pause de midi. Je déjeune à la cantine. Cet après midi, j'ai un cours de techno, un cours d'espagnol et finalement un cours de sport.

suivi(e) de – followed by

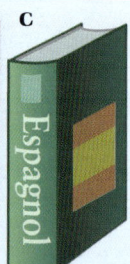

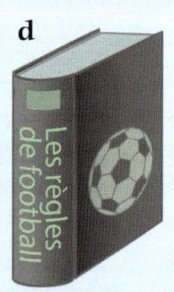

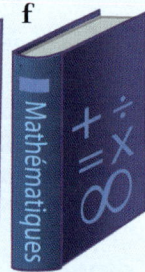

a Technologie b Anglais c Espagnol d Les règles de football e Français f Mathématiques g Sciences

4 Que faites-vous aujourd'hui? Utilisez ces expressions.
What do you have today? Include these expressions in your writing.

ce matin – this morning
suivi(e) de – followed by
cet après-midi – this afternoon
puis – then
après – after
ensuite – next

soixante-quatorze

Module 5

5 Quelle heure est-il? Choisissez la bonne montre.
What time is it? Choose the right watch.

a b c d e

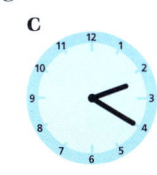

Il est …
1 huit heures moins le quart.
2 neuf heures et demie.
3 dix heures et quart.
4 midi moins dix.
5 deux heures vingt.

Expo-langue →→→→ 5.4

Telling the time
huit **heures** = eight **o'clock**
huit heures **et quart** = **quarter past** eight
huit heures **et demie** = **half past** eight
neuf heures **moins le quart** = **quarter to** nine
midi = midday

The 24-hour clock
8h15   huit heures quinze
13h40 treize heures quarante
14h50 quatorze heures cinquante

6 À deux. Quelle heure est-il? Posez et répondez aux questions.
In pairs. What time is it? Ask and answer questions.

Exemple: 1 ■ Quelle heure est-il?
   ● Il est neuf heures et quart.

1 9:15
2 10:30
3 11:45
4 12:15
5 2:30
6 15:45
7 4:25
8 5:50
9 18:55
10 9:25

7 Écoutez. Quand est-ce qu'on fait du sport? (1–5)
When do they have PE?

Exemple: 1 le mercredi à 11h10 et …

8 Préparez une présentation: *Mon emploi du temps.*
Prepare a presentation: My timetable.

Le lundi matin, j'ai un cours de … à … et puis …
Ensuite, c'est la récré … et puis j'ai un cours de …
L'après-midi, je fais …

soixante-quinze 75

1 C'est comment? Giving opinions about school subjects
Using the verbs *adorer, aimer, détester*

1 Quelles sont leurs matières préférées? Écoutez et notez les lettres. (1–5)

Exemple: 1 b

a   b   c   d   e

> Remember to use **le, la, l'** or **les** in front of school subjects.

2 Regardez les images. Qui parle?

1 ✓   2 ✗   3 ✓   4 ✓   5 ✗
6 ✗   7 ✓   8 ✗   9 ✓   10 ✗

> Ma matière préférée, c'est le sport parce que le prof est sympa. Je n'aime pas le français parce que c'est ennuyeux.
> *Natacha*

> Je préfère les maths parce que c'est intéressant, mais je déteste la musique parce que je ne sais pas chanter.
> *Philémon*

> J'aime la techno parce que c'est très utile. Je n'aime pas l'histoire parce qu'on a trop de devoirs.
> *Léonore*

> J'aime l'informatique parce que c'est intéressant, mais je n'aime pas les maths parce que c'est trop difficile.
> *Élise*

> J'aime le dessin parce que je suis fort en dessin, mais je n'aime pas les sciences parce que je suis faible en sciences.
> *Martin*

3 Écoutez. Comment trouvent-ils les matières et pourquoi? Copiez et complétez la grille. (1–3)

✓	bien
–	pas mal / bof
✗	nul

a C'est intéressant.
b C'est ennuyeux.
c C'est facile.
d C'est trop difficile.
e C'est très utile.

f On a trop de devoirs.
g Le prof est trop sévère.
h Le prof est sympa.
i Je suis fort(e).
j Je suis faible.

	maths	sport	anglais	sciences
1	–	f		
2				
3				

76 soixante-seize

Module 5

4 Faites la liste de vos matières et donnez votre opinion.

Exemple: Je n'aime pas les maths parce que c'est trop difficile.

Use intensifiers when expressing your opinions.	
assez – quite	**trop** – too
très – very	**un peu** – a bit

Expo-langue

Verbs which convey opinion
adorer → j'adore
aimer → j'aime
　　　　　je n'aime pas
détester → je déteste
préférer → je préfère

5 À deux. Posez et répondez aux questions.

- Aimes-tu les maths / l'anglais / le français / la musique / le sport, etc.?
- Oui, j'aime … / Non, je n'aime pas …
- Pourquoi?
- Parce que c'est … / le prof est … / on a … / je suis …

6 C'est quel prof? Reliez les textes et les images.

1. Mme Amblard est prof de sciences. Elle est petite et très sévère. Elle nous donne trop de devoirs.
2. Mme Récamier est prof d'anglais. Elle n'est pas très sympa. Elle parle trop vite et elle s'impatiente si on ne comprend pas.
3. M. Thomazeau est prof d'informatique. Ses cours sont toujours intéressants.
4. M. Vialliet est prof de maths. Ses cours sont ennuyeux. Il n'est pas très sympa.

a　　　　　　　　　　　　　b

c 　　　　　　　　　　　　　d

7 Votre corres vous a écrit. Écrivez-lui une réponse.

Ma matière préférée c'est … parce que …
J'aime aussi … parce que …
Je n'aime pas … parce que …
Mon prof de … est …

Qu'est-ce que tu aimes comme matières et qu'est-ce que tu n'aimes pas et pourquoi? Et tes profs?

soixante-dix-sept 77

2 Ma journée
Talking about your daily routine
Using reflexive verbs to say what you do

1 Une journée scolaire. Lisez les textes et trouvez la bonne réponse.

Le matin, je me réveille à six heures, puis je me lève, je me douche et je m'habille. Ensuite je prends mon petit déj, je finis mes devoirs et je sors de la maison à sept heures et quart pour prendre le car de ramassage.
Damien

Mon père me réveille à six heures et demie et je me lève à sept heures. Ensuite, je me douche, je m'habille, je mange un bol de céréales et papa m'amène au collège à huit heures moins vingt. Je suis toujours pressée le matin.
Mélinda

Mon réveil sonne à sept heures moins le quart et je me lève à sept heures. Puis je me lave, je m'habille et je prends mon petit déj avant de partir à huit heures moins dix. Je vais au collège à pied.
Ambre

Je me lève à sept heures, je me précipite dans la salle de bains, je me lave la figure, je saisis une tartine et sors en courant pour prendre le bus. Je suis toujours en retard le matin!
Félix

1 Mélinda se lève à (*7h/6h30*).
2 Félix mange (*des céréales/du pain*).
3 Damien sort à (*6h45/7h15*).
4 Mélinda (*se lève/se couche*) à 7h.
5 Félix va au collège (*en bus/en vélo*).
6 Ambre habite (*près du/loin du*) collège.

> Je suis pressé(e) – I'm in a hurry
> une tartine – a slice of bread and butter with (e.g.) jam
> en retard – late

2 À deux. Que faites-vous le matin?

Exemple: Je me réveille à sept heures moins le quart ... et ... puis ...
Ensuite ...

Expo-langue →→→→ *Grammaire 3.10*

Reflexive verbs always have a reflexive pronoun before the verb.

se lever – to get up
je **me** lève = I get up (lit: I get myself up)
tu **te** lèves = you get up
il/elle **se** lève = he/she gets up

More reflexive verbs:
se coucher = to go to bed
s'habiller = to get dressed
se laver = to get washed
se précipiter = to rush

3 Écoutez. Ils se lèvent et se couchent à quelle heure? Copiez et complétez la grille. (1–5)

	se lève		se couche	
	journée scolaire	week-end	journée scolaire	week-end
1	6h30			
2				

4 Comment vont-ils au collège? Trouvez la bonne image.

a b c d e

1 Le collège est à deux minutes de chez moi. J'y vais à pied.

2 Le collège est près du bureau de mon père. Il m'amène au collège en voiture.

3 J'habite en banlieue et le collège est en ville. J'y vais en bus.

4 C'est loin de chez moi. J'y vais en car de ramassage.

5 Je n'aime pas prendre le bus. Je vais au collège en vélo, sauf quand il pleut!

sauf – except

5 À deux. Posez et répondez aux questions.

- Tu te lèves à quelle heure pour aller au collège?
- Et le week-end?
- Et tu te couches à quelle heure en semaine?
- Et le week-end?
- Comment vas-tu au collège?

6 Une journée scolaire. Écrivez une réponse à Arthur.

Cher corres,

D'habitude, je me réveille à six heures et demie. Puis je me lève, je me douche et je mets mon jean et mon sweat. Ensuite, je prends mon petit déj et je sors de la maison à sept heures et demie. Je vais au collège en vélo.

Je rentre à seize heures trente, je fais mes devoirs et je me couche à neuf heures et demie. Et toi, que fais-tu? Décris-moi ta journée!

Arthur

Use Arthur's letter as a model and try to include **et**, **puis** and **ensuite**.

3 Je porte un uniforme — Talking about your school uniform / Using colour adjectives

1 Qui est-ce? Reliez les descriptions et les images.

a b c d e

1 Aujourd'hui, je porte un jean bleu, un polo rouge et un sweat bleu marine.
2 Je porte un pantalon noir, un tee-shirt également noir et un sweat bleu.
3 Je porte une jupe bordeaux, une chemise rose et un collant noir.
4 Je porte un pantalon vert, un tee-shirt beige et une veste rouge.
5 Mon pantalon est gris, ma chemise est blanche, ma cravate est à rayures, rouges et noires, et ma veste est noire.

2 Écoutez. Qui parle? (1–5)

Exemple: 1 e

3 À deux. Décrivez (a) ce que vous portez au collège, (b) ce que vous portez d'habitude le week-end et (c) ce que vous portez pour le sport.

un chandail – cardigan
un collant – tights
un jean – jeans
un maillot – (football) shirt
un pantalon – trousers
un polo – polo shirt
un pull – jumper
un short – shorts
un sweat – sweatshirt
un tee-shirt – T-shirt
une chemise – shirt
une cravate – tie
une jupe – skirt
une robe – dress
une veste – jacket

des baskets (f) – trainers
des chaussures (f) – shoes
des chaussettes (f) – socks

Expo-langue →→→→ *Grammaire 2.2*

Remember: colour adjectives come after the noun they describe and agree with it.

singular		plural	
masculine	feminine	masculine	feminine
noir	noire	noirs	noires
rouge	rouge	rouges	rouges
blanc	blanche	blancs	blanches

Some colour adjectives don't change:
- when the colour is made up of two parts:
  bleu marine, bleu clair, bleu foncé, etc.
- when the colour is derived from a noun:
  beige = beige, bordeaux = maroon, corail = coral,
  lilas = lilac, marron = brown, orange = orange

Module 5

4 À deux. Regardez les images et décrivez ce qu'ils portent.

il porte – he is wearing
elle porte – she is wearing

5 Est-ce qu'ils portent un uniforme au collège? Écoutez et notez des détails en anglais. (1–4)

	He/she wears …
1	
2	
3	
4	

tu plaisantes!
tu blagues!   you're joking!
tu rigoles!

6 Qu'est-ce qu'on porte pour aller au collège en Grande-Bretagne et en France? Écrivez un paragraphe.

- En Grande-Bretagne, pour aller au collège, je porte …
- En France, pour aller au collège …

quatre-vingt-un 81

4 Qu'est-ce que tu vas faire? Talking about your plans
je vais, je veux and je voudrais + infinitive

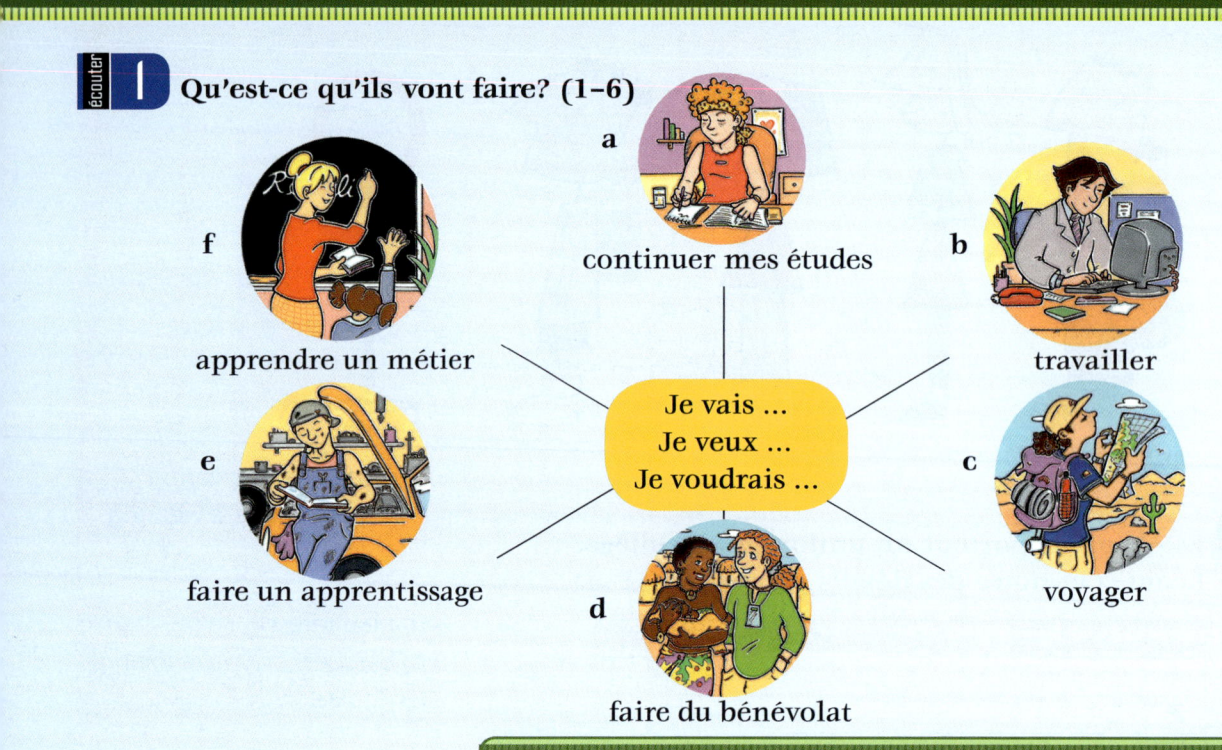

1 Qu'est-ce qu'ils vont faire? (1–6)

a continuer mes études
b travailler
c voyager
d faire du bénévolat
e faire un apprentissage
f apprendre un métier

Je vais …
Je veux …
Je voudrais …

Expo-langue →→→→

To talk about your plans, you can use **je vais**, **je veux** or **je voudrais** + an infinitive:
Je vais quitter le collège. = I'm going to leave school.
Je veux faire un apprentissage. = I want to do an apprenticeship.
Je voudrais aller à l'étranger. = I'd like to go abroad.

2 Reliez les phrases.

1 Je voudrais aider les gens malades.
2 Je voudrais être cultivateur et travailler en plein air.
3 Je voudrais travailler avec les mains. Je suis manuel.
4 J'aime travailler en équipe.
5 Je veux travailler avec les petits enfants.
6 J'aime travailler avec mes mains et les machines.

a Je veux être réceptionniste dans un hôtel.
b Je veux être menuisier.
c Je veux être garagiste.
d Je veux travailler dans une école maternelle.
e Je veux travailler dans un hôpital.
f Je veux être vigneron et faire du vin.

en équipe – in a team

3 Écoutez. Que disent-ils? Copiez et complétez les phrases.

1 Je voudrais _____ en Afrique.
2 Je veux _____ pour devenir mécanicien.
3 Je vais _____ dans l'informatique.
4 Je voudrais _____, par exemple menuisier.
5 Je veux _____.
6 Je voudrais _____ au lycée.

82 quatre-vingt-deux

Module 5

4 Lisez le texte et répondez aux questions.

Ton avenir

Qu'est-ce que tu vas faire après le collège?

Raoul: Si j'ai de bonnes notes, je vais continuer mes études. Je voudrais aller au lycée.

Séverine: Moi, si je réussis mes examens, je voudrais trouver un emploi pour gagner de l'argent. Si je ne réussis pas les examens, je vais les repasser l'année prochaine.

Moi, je vais quitter le collège à seize ans pour faire un apprentissage. Je voudrais apprendre un métier.

Qu'est-ce que tu vas faire plus tard dans la vie?

Je ne sais pas exactement ce que je vais faire après le collège, mais si c'est possible, je voudrais travailler à l'étranger – aux États-Unis, par exemple – ou bien faire du bénévolat en Afrique.

Je vais travailler dans l'informatique. Je voudrais avoir un magasin d'informatique ou un service de réparation d'ordinateurs, par exemple.

Je voudrais travailler dans une agence de voyages.

Et ta vie personnelle?

Marine: Je vais rencontrer la femme de mes rêves, me marier et avoir deux ou trois enfants!

Je vais être très riche et très heureuse, bien sûr, et je voudrais habiter au bord de la mer!

Je ne veux pas me marier tout de suite. Je voudrais voyager un peu avant d'avoir une famille.

Qui veut ...
1 apprendre un métier?
2 continuer ses études?
3 faire du bénévolat?
4 avoir des enfants?
5 avoir beaucoup d'argent?
6 voyager?

5 Préparez une présentation: *Parler de l'avenir.*

Je vais ...
Je veux ...
Je voudrais ...

6 Votre corres pose la question: «Quels sont tes projets d'avenir?» Écrivez une réponse. Utilisez les phrases des exercices 1–4. Mentionnez votre vie personnelle.
Your penfriend asks you about your plans for the future. Write a reply. Use phrases from Exercises 1–4. Mention your personal life.

L'année prochaine, je vais ...
Je voudrais travailler ...
Je veux être ...
Je vais continuer ...
Plus tard, je veux ... Je voudrais ...

quatre-vingt-trois **83**

5 Qu'est-ce que j'ai perdu? Reporting a loss
Describing things you have lost

1 Lisez l'histoire de Denis Distrait. Où a-t-il laissé ses affaires?
Read the story about Denis Distrait. Where has he left his things?

Exemple: 1 f

1 mon forfait
2 mon porte-monnaie
3 mes affaires de gym
4 mes stylos
5 mon portable
6 mes clés

a à la maison
b dans le jardin
c à la boulangerie
d à l'arrêt de bus
e dans la rue
f dans le bus

Je me réveille à 7h15. Mes parents sont sortis.

Je mets mon jean et mon pull. Je prends mon cartable et mon sac avec mes affaires de gym et je sors en courant.

J'ai juste le temps d'acheter un croissant.

Je trébuche et mes affaires tombent par terre.

Mes stylos roulent sous une voiture.

Je ramasse mes autres affaires et je monte dans le bus.

Je descends au collège.

Je n'ai pas fait mes devoirs. Il y avait un match important de foot à la télé hier soir!

trébucher – to trip
ramasser – to pick up
le forfait – bus pass
le portable – mobile phone
le cartable – school bag
le sac à dos – backpack

2 Les choses perdues. Écoutez. Copiez et complétez la grille. (1–5)

	quoi?	couleur?	où?
1	sac à dos		
2			
3			
4			
5			

84 quatre-vingt-quatre

Module 5

3 C'est à qui? Reliez l'objet à la bonne personne.

1 2 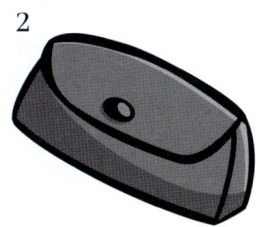 3  4

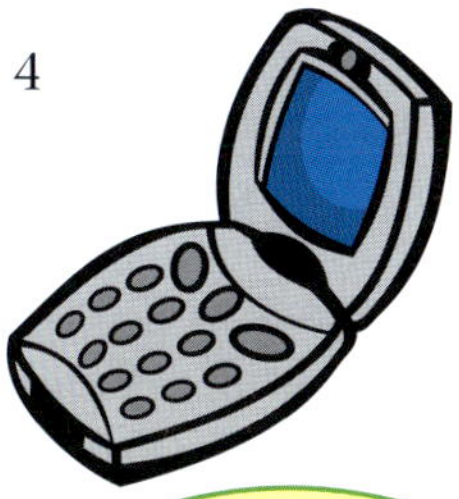

Noémie: J'ai perdu mon porte-monnaie. Il est noir et mon nom est marqué à l'intérieur.

Justin: Je ne trouve pas mon sac. Il est bleu et il y a mes affaires de gym dedans.

Sara: Je ne trouve pas mon portable. Il est gris. Je l'ai laissé dans ma poche ce matin, mais maintenant il n'y est plus.

Stéfan: J'ai laissé mon anorak dans le car de ramassage. Il est rouge et noir avec le motif North Face en noir et mon nom est écrit à l'intérieur.

4 Imaginez que vous avez perdu vos affaires. Écrivez des petites annonces.

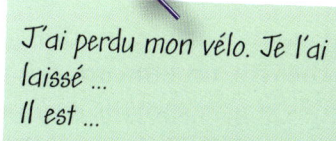

> J'ai perdu mon vélo. Je l'ai laissé …
> Il est …
>
> Qui a trouvé mon forfait de bus? Elle était dans …

5 À deux. Vous avez laissé votre sac dans le bus. Appelez le bureau des objets trouvés.

- ■ Ici, le bureau des objets trouvés. Bonjour. (monsieur/madame). Je peux vous aider?
- ● J'ai perdu mon sac.
- ■ C'est quelle sorte de sac?
- ● a   b 
- ■ Où l'avez-vous perdu?
- ● a   b 
- ■ À quelle heure?
- ● a 8h15   b 8h20
- ■ Qu'est-ce qu'il y avait à l'intérieur du sac?
- ● a   b 
- ■ Est-ce que votre nom est marqué dessus?
- ● …
- ■ Quel est votre nom et votre adresse?
- ● …
- ■ Pouvez-vous me donner votre numéro de téléphone?
- ● …
- ■ Bien, si on le trouve, je vous passerai un coup de fil.
- ● …

quatre-vingt-cinq

Module 5

Le collège Louis Pasteur

Notre collège a été fondé en 1978 et a pris le nom de l'homme qui a découvert la pénicilline.

C'est un collège mixte et il y a environ 1200 élèves et 60 profs. Le directeur s'appelle M. Dupont et la conseillère principale d'éducation est Mme Brunot. En plus, il y a les professeurs, le bibliothécaire, qui s'occupe du CDI (Centre de Documentation et d'Information), et l'infirmière.

Les cours débutent à 8h du matin et finissent à 16h ou 17h. La récré dure 15 minutes et la pause déjeuner dure une heure et demie.

Un cours dure 55 minutes. Nous n'avons pas de cours le mercredi, mais en revanche, nous avons cours le samedi matin.

Chaque année, le collège organise une pièce de théâtre, un concert, des sorties pédagogiques, des stages sportifs et un échange scolaire avec un collège dans un autre pays. Notre collège est jumelé avec un collège de l'Île de la Réunion et un collège des États-Unis.

Cette année, je vais à Paris avec ma classe. On va visiter le musée du Louvre et la cité des sciences et de l'industrie. L'année dernière, j'ai fait un stage de ski dans les Alpes. C'était super. J'adore le ski. L'année prochaine, je voudrais aller à la Réunion.

Isabelle

une pièce de théâtre – a play

1 Trouvez dans le texte les phrases en bleu qui correspondent à ces phrases anglaises.
   1 each year
   2 the headmaster
   3 educational visits
   4 was founded
   5 a school exchange
   6 on the other hand
   7 took the name
   8 twinned

2 Choisissez la bonne réponse a ou b pour compléter chaque phrase.
   1 Louis Pasteur était   a écrivain   b chercheur scientifique.
   2 La pause de midi dure   a une heure et demie   b deux heures.
   3 On ne va pas au collège   a le samedi   b le mercredi.
   4 Isabelle   a a visité le Louvre   b a fait un stage de ski.
   5 L'année prochaine, elle voudrait   a jouer dans une pièce de théâtre   b aller à la Réunion.

86 quatre-vingt-six

3 Décrivez votre collège.

Boîte à outils

1. **Decide on the content.**
   - You are 'advertising' your school, so don't just give a list of your subjects!
   - What is interesting or special about your school?

2. **Structure your text carefully.**
   - Useful phrases:
     Le collège s'appelle Newtown High School, d'après la ville.
     C'est un collège mixte qui est spécialisé dans l'apprentissage du sport et de la musique.

   - Useful phrases:
     Il y a environ … élèves et … profs.
     Les cours débutent à … et finissent à …
     La récré/La pause déjeuner dure …
     On étudie l'espagnol, le français, …
     [for other subjects, see Mots p. 88]
     Il y a …
     Nous avons …
     des clubs/des activités sportives/musicales
     des échanges linguistiques/culturels
     des stages de sport
     des pièces de théâtre réalisées par des élèves …

   - To describe your uniform, see pp. 80–81.

   - Use time expressions to structure this:
     ***L'année dernière**, j'ai fait /
     je suis allé(e) …*
     ***Cette année**, … je fais / je vais …*
     ***L'année prochaine**, je vais faire /
     je vais aller …*

Introduction
Give the name of the school (including any details on how it got its name) and what sort of school it is.

Main section
Say how many pupils and staff there are.
Give details of the length of the school day and the lessons.
Describe the uniform, if you have one, including details of the colours.
Mention any special features, such as clubs, events or connections with schools abroad.

Conclusion
Talk about the past and the future, mentioning something that you did last year, something that you are doing this year and something that you are going to do next year so that you can demonstrate your ability to use the different tenses.

3. **Check what you have written carefully. Check:**
   - you have included all the points
   - spelling, accents and adjective endings
   - you have used the correct verb endings
   - you have used all three tenses in the final paragraph

Module 5 Mots

Les matières / Subjects

le dessin	art/drawing	l'anglais (m)	English
le français	French	l'espagnol (m)	Spanish
le sport (EPS)	PE	l'histoire (f)	history
la géographie	geography	l'informatique (f)	IT
la musique	music	les maths (pl)	maths
la technologie	technology	les sciences (pl)	science
l'allemand (m)	German		

Ma journée scolaire / My school day

J'ai eu un cours de (français).	I had a (French) class.	ensuite	then
la récré(ation)	break	Quelle heure est-il ?	What time is it ?
le lundi matin	on Monday morning	Il est …	It's …
ce matin	this morning	trois heures et quart	quarter past three
suivi(e) par	followed by	quatre heures et demie	half past four
cet après-midi	this afternoon	cinq heures moins le quart	quarter to five
puis	then	midi	12 o'clock/midday
après	after		

Mon opinion / My opinion

Aimes-tu … ?	Do you like … ?	Je suis fort(e) en …	I'm good at …
j'adore	I love	Je suis faible en …	I'm not very good at …
j'aime (bien)	I like … (a lot)		
je n'aime pas	I don't like	On a trop de devoirs.	We have too much homework.
je préfère	I prefer		
je déteste	I hate	Le prof est (très sévère).	The teacher is (very strict).
c'est (très/trop) …	it's (very/too) …		
difficile	difficult	Ma matière préférée c'est …	My favourite subject is …
ennuyeux	boring		
facile	easy		
intéressant	interesting		
utile	useful		

Ma journée / My day

je me réveille	I wake up	je sors	I leave
je me lève	I get up	je rentre	I come back
je me douche	I have a shower	à sept heures	at seven o'clock
je m'habille	I get dressed	Je vais au collège …	I go to school …
je me lave	I get washed	en bus	by bus
je me précipite	I rush	en car de ramassage	by school bus
je me couche	I go to bed	en vélo	by bike
je prends mon petit déjeuner	I have breakfast	en voiture	by car
		à pied	on foot
je finis mes devoirs	I finish my homework		

L'uniforme / Uniform

un chandail	cardigan	un tee-shirt	T-shirt
un collant	tights	une chemise	shirt
un jean	jeans	une cravate	tie
un maillot (de foot)	(football) shirt	une jupe	skirt
un pantalon	trousers	une robe	dress
un polo	polo shirt	une veste	jacket
un pull	jumper	des baskets (f)	trainers
un short	shorts	des chaussures (f)	shoes
un sweat	sweatshirt	des chaussettes (f)	socks

Les couleurs / Colours

blanc(he)	white	rouge	red
bleu(e)	blue	vert(e)	green
bordeaux	maroon		
gris(e)	grey	bleu clair	pale blue
noir(e)	black	bleu foncé	dark blue
rose	pink	bleu marine	navy blue

Plus tard, … / In the future …

Je vais …	I'm going …	être garagiste	to own a garage
Je veux …	I want …	faire un apprentissage	to do an apprenticeship
Je voudrais …	I'd like …		
apprendre un métier	to learn a profession	faire du bénévolat	to do voluntary work
avoir des enfants	to have children	travailler	to work
avoir beaucoup d'argent	to have lots of money	voyager	to travel
avoir un magasin	to have a shop	l'année prochaine	next year
continuer mes études (f)	to carry on studying		

Les objets perdus / Lost property

J'ai perdu …	I've lost …	mon porte-monnaie	my wallet/purse
mes affaires (f)	my things	mon sac	my bag
mes affaires (f) de gym	my PE kit	mon sac à dos	my backpack
mon cartable	my schoolbag/satchel	ma trousse	my pencil case
		mon vélo	my bike
mon forfait	my (bus) pass	mes clés (f)	my keys
mon portable	my mobile	mes stylos (m)	my pens

6 Il faut bosser!

L'argent, l'argent
Discussing jobs and money
Talking about how often things happen

Déjà vu

1 Qu'est-ce qu'ils font pour aider à la maison? Trouvez la bonne phrase pour chaque image. Puis écoutez pour vérifier. (1–8)
What do they do to help at home? Listen and find the right sentence for each picture.

1 Omar
2 Camille
3 Romain
4 Yanis
5 Shazia
6 Mathilde
7 Gabriel
8 Lisa

Je fais la vaisselle.
Je garde ma petite sœur.
Je lave la voiture.
Je passe l'aspirateur.
Je range ma chambre.
Je sors la poubelle.
Je vide le lave-vaisselle.
Je mets la table.

2 Écoutez encore une fois. On fait ça quand? Notez la bonne lettre. (1–8)

Exemple: 1 h

a tous les jours – every day
b tous les soirs – every evening
c tous les week-ends – every weekend
d tous les samedis matins – every Saturday morning
e tous les matins – every morning
f toutes les semaines – every week
g une fois par semaine – once a week
h de temps en temps – from time to time

3 Faites un sondage sur les tâches ménagères. Demandez à au moins cinq personnes.
Do a survey on household chores. Ask at least five people.

	fais vaisselle	garde sœur/ frère	lave voiture	passe aspirateur	range chambre	sors poubelle	vide lave-vaisselle	mets table
1	✓				✓			
2								
3								
4								
5								

■ Qu'est-ce que tu fais pour aider à la maison?
● Je fais la vaisselle tous les matins et je range ma chambre une fois par semaine.

Module 6

4 Lisez cet article sur l'argent de poche. Mettez les personnes dans l'ordre. Commencez par celle qui en reçoit le plus.
Read this article about pocket money. Put the people in order. Start with the one who gets the most.

Tu reçois combien d'argent de poche?

Je ne reçois pas d'argent de poche.
Natacha

Mon père me donne dix euros par semaine.
Benoît

Ma mère me donne quinze euros toutes les deux semaines.
Lucie

Mes parents me donnent trente-cinq euros par mois.
Thierry

Je reçois cinq euros par semaine comme argent de poche.
Alima

5 L'argent de poche. Écoutez. Copiez et complétez la grille en anglais. (1–5)

	amount of pocket money	buys ... (or saves)
1	5€ per week	f, ...
2		

je reçois – I get
il/elle me donne – he/she gives me
ils me donnent – they give me
par mois – per month
par semaine – per week

a des bonbons ou des chocolats
b des magazines
c des cadeaux
d du maquillage
e du matériel scolaire
f des CD ou des DVD
g des jeux de console
h des baskets
i Je fais des économies.

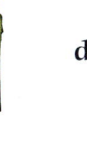

6 Regardez les images. Imaginez que vous êtes Sayed ou Chloé. Écrivez des phrases.

Pour aider à la maison, je mets la table tous les soirs et je ...
Je reçois ... comme agent de poche. Avec mon argent, j'achète ... et ...

Sayed 20€ par mois

Chloé 10€ par semaine

quatre-vingt-onze 91

1 Avez-vous un petit job?
Talking about part-time jobs
Predicting when listening

1 Écoutez. Trouvez la bonne image. (1–8)

Exemple: **1** d

a Je fais du baby-sitting.
b Mon petit boulot, c'est dans un supermarché.
c Je livre des journaux.
d J'ai un petit job dans un fast-food.
e Je travaille dans une épicerie.
f J'ai un petit boulot dans un salon de coiffure.
g Je travaille dans un centre de loisirs.
h J'ai un petit job dans une ferme.

2 Lisez et répondez aux questions en anglais.

Who …
1 starts at 4 p.m. and finishes at 6 p.m?
2 earns 13,50€?
3 works every Saturday?
4 earns 5€ an hour?
5 works every weekend?
6 works from 9 a.m. until midday?
7 works seven hours a week?

Abdul: Je travaille tous les samedis. Je gagne vingt euros.

Nathalie: Je travaille sept heures par semaine. Je gagne cinq euros par heure.

Luc: Je travaille de neuf heures à midi. Je gagne treize euros cinquante.

Sophie: Je travaille tous les week-ends. Je gagne quatre euros par heure.

Benjamin: Je commence à seize heures et je finis à dix-huit heures. Je gagne douze euros.

3 Écrivez des phrases pour Marine, Hugo et Yasmina.

Exemple: **1** Marine: Je travaille cinq heures par semaine. Je gagne …

1 Marine
 5h. par s.
 15€

2 Hugo 
 6€ par h.

3 Yasmina
 t. l. mercredis
 18€

92 quatre-vingt-douze

Module 6

4 Écoutez. Copiez et complétez la grille en français. (1–4)

	job	jours/horaire	salaire
1	supermarché	samedis 9h–13h	4€ par heure
2		vendredi 19h–22h30	
3			4,50€ par heure
4	livre des journaux		

> It is often helpful to try to predict what you might hear. What words might you expect to hear for each of the gaps in the grid above?

5 Écoutez encore une fois. Notez les opinions. C'est positif (P)? Négatif (N)? Ou tous les deux (D)?

6 À deux. Faites des dialogues en utilisant les détails ci-dessous.

- ■ As-tu un petit job?
- ● Oui, je travaille dans un salon de coiffure.
- ■ Tu travailles quand?
- ● Je travaille tous les … , de … à …
- ■ Tu gagnes combien?
- ● Je gagne … C'est …

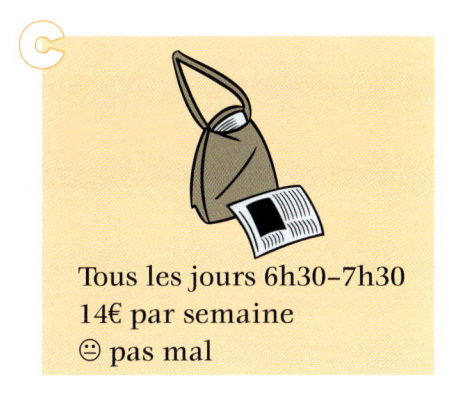

A
Samedi 9h–12h
18€
☺ chouette

B
Dimanche 10h–14h30
4,50€ par heure
☹ nul

C
Tous les jours 6h30–7h30
14€ par semaine
😐 pas mal

7 Si vous avez un petit job, décrivez-le. Sinon, utilisez les détails de l'exercice 6. Écrivez un paragraphe.

If you have a part-time job, describe it. If not, use the details from Exercise 6. Write a paragraph.

Exemple:
J'ai un petit job/boulot dans un café. Je travaille tous les samedis, de 14 heures à 17 heures 30. Pour ça, je gagne sept livres par heure. Ce n'est pas mal, mais c'est un peu ennuyeux.

`livres (f) – pounds`

quatre-vingt-treize 93

2 Au boulot! Discussing different jobs
Saying what you would like to do using *je voudrais*

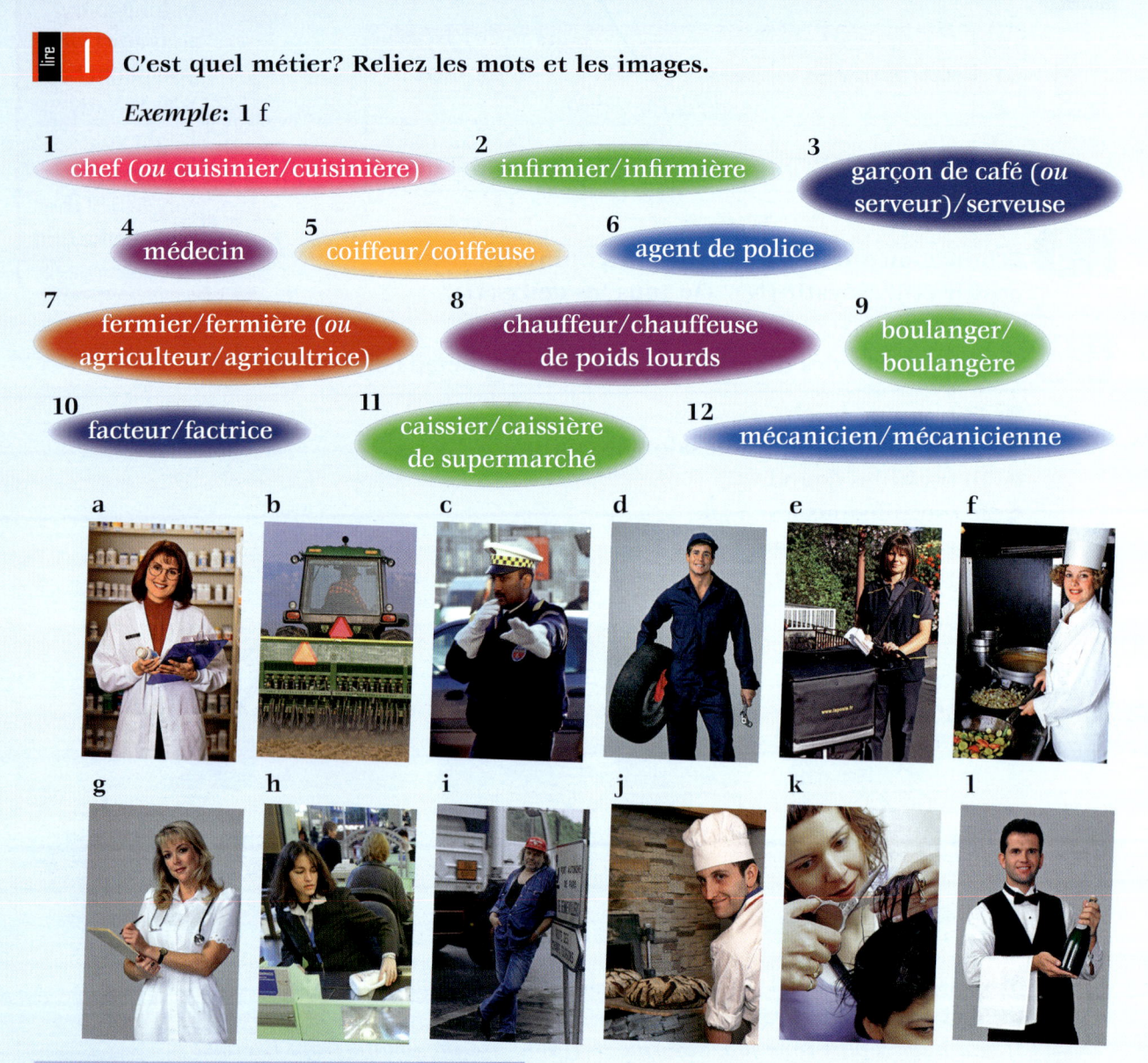

1 C'est quel métier? Reliez les mots et les images.

Exemple: 1 f

1. chef (*ou* cuisinier/cuisinière)
2. infirmier/infirmière
3. garçon de café (*ou* serveur)/serveuse
4. médecin
5. coiffeur/coiffeuse
6. agent de police
7. fermier/fermière (*ou* agriculteur/agricultrice)
8. chauffeur/chauffeuse de poids lourds
9. boulanger/boulangère
10. facteur/factrice
11. caissier/caissière de supermarché
12. mécanicien/mécanicienne

The different endings on the masculine and feminine versions of some jobs affect their pronunciation. What is the difference in sound between **–eur** (as in **coiffeur**) and **–euse** (as in **coiffeuse**)? What about between **–ier** (**fermier**) and **–ière** (**fermière**)?

You should be able to work out most of these words without using a dictionary. Look for:
- (near-)cognates: **mécanicien**, **fermier**.
- words which remind you of other words you know: **boulanger/boulangerie**, **coiffeur/salon de coiffure**.

2 Écoutez. On parle de quel(s) métier(s)? Parfois, il y a deux métiers possibles. (1–8)
Which job are they talking about? Sometimes there are two possible jobs.

Exemple: 1 coiffeuse

94 quatre-vingt-quatorze

Module 6

3. Lisez les phrases et trouvez des métiers possibles pour chaque personne. Il y a plusieurs possibilités.

les gens (m) – people

Exemple: Blanche: mécanicienne ou …

- **Blanche**: Je voudrais faire un métier manuel.
- **Mohammed**: Je voudrais travailler avec des animaux.
- **Julie**: Je ne voudrais pas travailler dans un bureau.
- **Sébastien**: Je voudrais travailler en équipe.
- **Nabila**: Je voudrais aider les gens malades.
- **Élodie**: Je voudrais avoir beaucoup de contact avec les gens.
- **Pauline**: Je voudrais gagner beaucoup d'argent.
- **Ahmed**: Je ne voudrais pas travailler le soir ou le week-end.

Expo-langue →→→→   Grammaire 3.6

As well as using **je voudrais** with a noun (e.g. **Je voudrais un kilo de pommes**), you can use it with the infinitive of another verb to say what you would like or not like to do.
Je voudrais **gagner** beaucoup d'argent. = I'd like to earn lots of money.
Je ne voudrais pas **travailler** le week-end. = I wouldn't like to work weekends.

4. Quel est l'avantage et l'inconvénient de chaque métier? Écoutez et notez les deux bonnes lettres. (1–6)

Exemple: 1 j, …

1 caissière de supermarché
2 chauffeur de poids lourds
3 médecin
4 coiffeur
5 factrice
6 agent de police

a C'est bien payé.	**g** On voyage beaucoup.
b C'est fatigant.	**h** On doit travailler le samedi.
c C'est intéressant et varié.	**i** On travaille en plein air.
d C'est monotone.	**j** On a beaucoup de contact avec les gens.
e C'est créatif.	**k** Les horaires sont longs.
f C'est stressant.	**l** Ce n'est pas bien payé.

5. Vidéoconférence. Préparez vos réponses à ces questions.

- Quel métier voudrais-tu faire? Pourquoi?
- Quel métier ne voudrais-tu pas faire? Pourquoi?

Exemple: Je voudrais travailler comme fermier/fermière parce que j'aime les animaux et on travaille en plein air.
Je ne voudrais pas travailler comme serveur/serveuse parce que ce n'est pas très bien payé et on doit travailler le soir ou le week-end.

6. Choisissez deux ou trois métiers et expliquez pourquoi vous voudriez / ne voudriez pas faire ces métiers. Écrivez un paragraphe.

quatre-vingt-quinze

3 C'est de la part de qui? Making telephone calls
Using polite language

1 Lisez les phrases utilisées pour parler au téléphone. Reliez le français et l'anglais.

Exemple: 1 e

1 C'est de la part de qui?
2 Peut-il me rappeler demain, s'il vous plaît?
3 Il n'est pas là en ce moment.
4 Quel est votre numéro de téléphone?
5 Ça s'écrit comment, s'il vous plaît?
6 Je voudrais parler à Monsieur Lepage, s'il vous plaît.
7 Vous voulez laisser un message?
8 Allô. Ici Cécile Moreau.

a How do you spell that, please?
b Do you want to leave a message?
c I'd like to speak to Mr Lepage, please.
d Can he call me back tomorrow, please?
e Who's calling?
f Hello, Cécile Moreau speaking.
g He's not here at the moment.
h What's your telephone number?

2 Écoutez. Vous entendez les phrases de l'exercice 1 dans quel ordre?
Listen. In what order do you hear the sentences from Exercise 1?

Exemple: 8, …

Expo-langue →→→→
1.6

When you are talking to an adult you don't know very well, you should use the polite words for 'you' (**vous**) and 'your' (**votre**). French people also use the words **monsieur/madame/mademoiselle** to be polite.

3 Écoutez encore une fois. Vous entendez combien d'exemples de *vous*, *votre*, *monsieur* ou *madame*?
*Listen again. How many examples of **vous**, **votre**, **monsieur** or **madame** do you hear?*

Here is a rough guide to pronouncing the letters of the alphabet in French:

A	AH	F	EFF	K	KAH	O	OH	S	ESS	W	DOOBL-VAY
B	BAY	G	DJAY	L	ELL	P	PAY	T	TAY	X	EEX
C	SAY	H	ASH	M	EM	Q	COO	U	OO	Y	EE-GREK
D	DAY	I	EE	N	EN	R	ERR	V	VAY	Z	ZED
E	EUH	J	DJEE								

96 quatre-vingt-seize

Module 6

4 À deux. Faites le jeu de rôle.

You are making a telephone call to France about a holiday job.
Your partner will play the receptionist and will speak first.

A
- Allô. Ici, Pascal(e) Dubois.
- Je suis désolé(e), monsieur/mademoiselle. Elle n'est pas là en ce moment. C'est de la part de qui?
- Quel est votre numéro de téléphone, s'il vous plaît?
- Et quel est votre message?
- Bien sûr, monsieur/mademoiselle. Merci. Au revoir.

B
- Say you would like to speak to Madame Renault.
- Say your name and spell your surname.
- Say your telephone number.
- Ask if she can call you back tomorrow.

In French, telephone numbers are normally given as groups of numbers, e.g. 020 8759 3146 would be given as:
le 0   20   87   59   31   46
le zéro vingt quatre-vingt-sept cinquante-neuf trente et un quarante-six.
See page 201 for help with numbers.

5 Lisez l'annonce et notez la lettre du mot qui manque.

Exemple: 1 j

Animateurs en club de vacances (Guadeloupe)
À temps partiel (après-midi ou matin) ou à temps complet
Goût pour le sport essentiel
Langue étrangère appréciée (anglais ou espagnol)

a natation   b Monsieur   c anglais
d travaille   e vacances   f faire
g magasin   h football   i parle
j Madame

Manchester, le 23 janvier

(1) _____/Monsieur

J'ai vu votre annonce dans le journal et je voudrais poser ma candidature pour le poste d'animateur en club de (2) _____ (à temps complet) en Guadeloupe.
J'ai déjà travaillé dans un centre de loisirs. J'aime (3) _____ du sport. Je fais de la (4) _____ et je joue au (5) _____ et au tennis. Je suis britannique, donc je parle (6) _____, et je (7) _____ bien français aussi.
Veuillez trouver ci-joint mon CV.
Je vous prie d'agréer, Madame ou (8) _____, l'expression de mes salutations sincères.

Shane Cassidy

6 Choisissez une des annonces. Écrivez une lettre pour poser votre candidature. Adaptez la lettre de l'exercice 5.

Choose one of the adverts. Write a letter applying for the job. Adapt the letter from Exercise 5.

Madame/Monsieur,
J'ai vu votre annonce dans le journal et je voudrais poser ma candidature pour le poste de …

Opérateurs d'attractions
Disneyland© Resort Paris
Goût pour le sport et langue étrangère appréciée

Hôtel Mirabeau, Nice, recherche:
- Chef qualifié(e) (temps complet)
- Serveurs/euses (temps partiel)

quatre-vingt-dix-sept 97

4 Les stages en entreprise
Talking about work experience
Saying what you had to do

1 Écoutez et lisez. Qui parle? (1–6)

Exemple: 1 Ryan

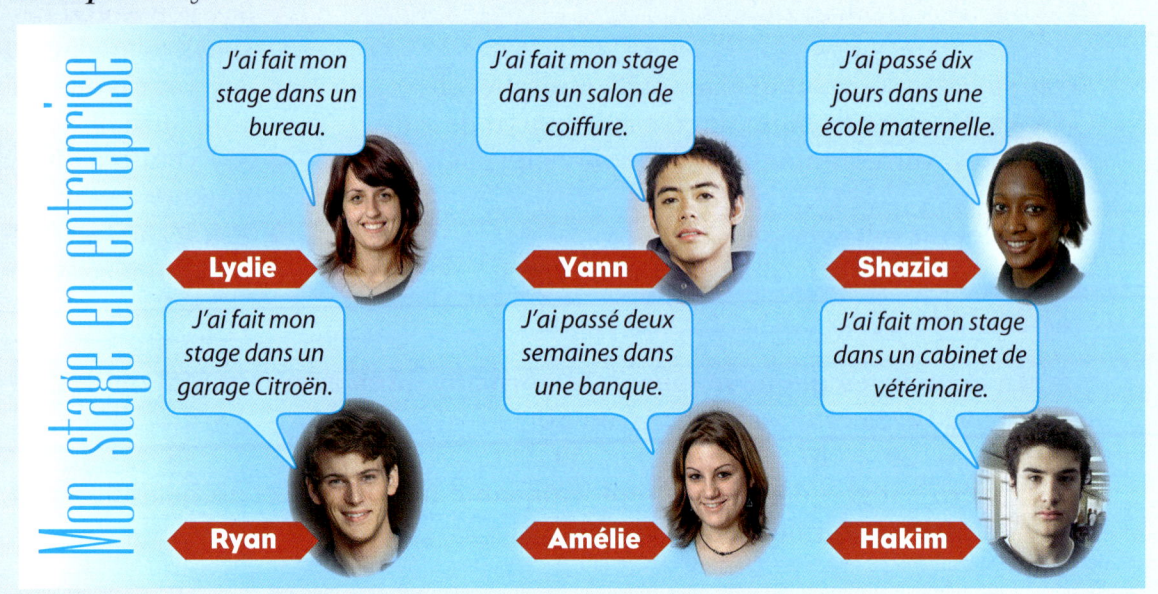

Mon stage en entreprise

Lydie: J'ai fait mon stage dans un bureau.

Yann: J'ai fait mon stage dans un salon de coiffure.

Shazia: J'ai passé dix jours dans une école maternelle.

Ryan: J'ai fait mon stage dans un garage Citroën.

Amélie: J'ai passé deux semaines dans une banque.

Hakim: J'ai fait mon stage dans un cabinet de vétérinaire.

2 Trouvez la bonne image pour chaque personne de l'exercice 1.

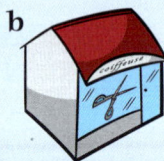

Expo-langue →→→→ *Grammaire 3.3*

To say where you did your work experience, or how long you spent there, you use the perfect tense:
J'**ai fait** mon stage en entreprise dans un bureau. = I did my work experience in an office.
J'**ai passé** deux semaines dans un garage Renault. = I spent two weeks in a Renault garage.

3 Regardez les images et écrivez des phrases.

Exemples: 1 J'ai fait mon stage en entreprise dans un magasin de vêtements.
2 J'ai passé …

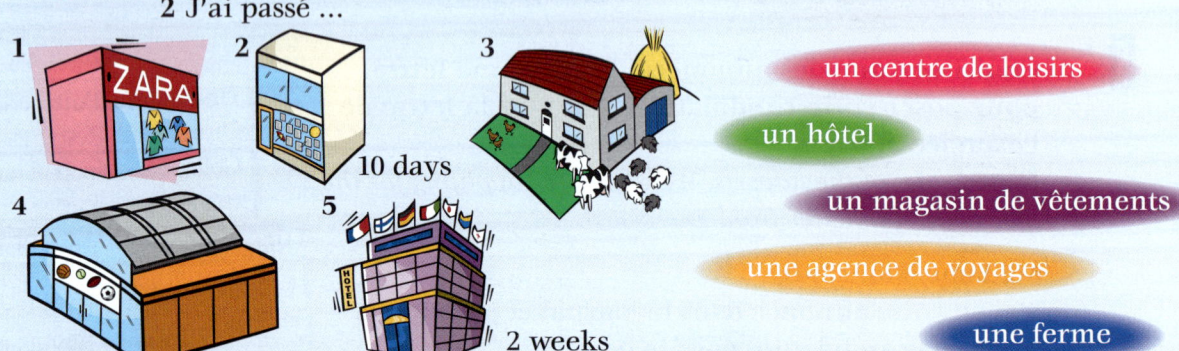

1 (ZARA)
2 (10 days)
3
4
5 (2 weeks)

un centre de loisirs
un hôtel
un magasin de vêtements
une agence de voyages
une ferme

Module 6

4 Lisez les phrases et devinez qui parle (de l'exercice 1).

1. Je devais jouer avec les enfants.
2. Je devais aider les mécaniciens.
3. Je devais travailler sur ordinateur et compter l'argent.
4. Je devais faire le café aux clients et aux coiffeuses et je devais passer l'aspirateur.
5. Je devais répondre au téléphone et noter les rendez-vous pour les animaux.
6. Je devais faire des photocopies et classer des fiches.

Expo-langue →→→→

Grammaire 3.4

To say what you had to do, you use the imperfect tense of **devoir** + an infinitive:

Je **devais**   **classer** des fiches / **aider** les mécaniciens / **noter les** rendez-vous.
I had to   do the filing / help the mechanics / make appointments.

5 Écoutez et vérifiez. Notez l'opinion aussi. C'était positif (P), négatif (N) ou tous les deux (D)? (1–6)

6 À deux. Faites des dialogues en utilisant les détails en anglais. Inventez les opinions.

Exemple: **A**
- Où as-tu fait ton stage en entreprise?
- J'ai fait mon stage en entreprise dans un salon de coiffure.
- Qu'est-ce que tu devais faire?
- Je devais aider les coiffeuses et passer l'aspirateur.
- C'était comment?
- C'était chouette.

A Hairdresser's
Help hairdressers
Do vacuuming

B Office
Answer phone
Do photocopying

C Vet's
Do filing
Make appointments

D Renault garage
Help mechanics
Make coffee for mechanics

Use the language you know to adapt the phrases from Exercise 4, e.g. Make the **customers'** coffee. → Make the **mechanics'** coffee.

C'était chouette / génial / intéressant / ennuyeux / nul.
– It was great / fantastic / interesting / boring / awful.
Ce n'était pas mal. – It wasn't bad.

Module 6

Mon stage en entreprise

Contrôle continu

J'ai fait mon stage en entreprise en troisième, au mois de mai. Je m'intéresse beaucoup aux voitures, donc j'ai fait mon stage dans un garage Toyota dans ma ville. Le stage a duré deux semaines et c'était génial.

Je devais me lever tous les jours à sept heures et quitter la maison à huit heures. Les horaires de travail étaient de neuf heures à dix-sept heures trente, avec une heure pour le déjeuner.

La plupart du temps, le travail était intéressant et assez varié. J'ai aidé les mécaniciens et une fois, j'ai changé les pneus d'une voiture de rallye! De plus, à la fin de la journée, je devais passer l'aspirateur et quelquefois, je devais faire le café de mes collègues aussi.

Je m'entendais bien avec mes collègues au garage. Les mécaniciens étaient sympas et marrants. Mon patron, le propriétaire du garage, était un peu sévère, mais il était content de mon travail.

C'était une expérience positive pour moi et après mes examens GCSE, je vais faire un apprentissage de mécanicien parce que plus tard je voudrais travailler comme mécanicien.

Lucas

> changer les pneus (m) – change tyres
> content(e) – happy

Contrôle continu

1 Trouvez dans le texte les phrases en bleu qui correspondent à ces phrases anglaises.
1 leave the house
2 an apprenticeship
3 my boss, the garage owner
4 later / in the future
5 the work experience lasted two weeks
6 I had to get up every day
7 I got on well with my colleagues
8 in the month of May
9 a bit strict
10 in Year 10

2 Relisez le texte. Complétez les phrases en anglais.
1 Lucas did his work experience when he was in Year ▭.
2 He did his work experience in a Toyota garage because ▭.
3 His work experience lasted ▭ and in his opinion, it was ▭.
4 He had to get up every day at ▭ and ▭ at 8 o'clock.
5 He had to work from 9 o'clock until ▭, with an hour for ▭.
6 He had to help ▭ and once ▭. He also had to do ▭ and make his colleagues' ▭.
7 Lucas got on well with his colleagues. The mechanics were friendly and ▭.
8 His boss was a bit ▭, but happy with Lucas's work.
9 After his GCSEs, Lucas is going to ▭.
10 In the future, he would like to ▭.

100 cent

Module 6

3 Décrivez votre stage en entreprise.

Boîte à outils

1 **Decide on the content.**
   - Show that you can use appropriate tenses to talk about the present, past and future.
   - Use or adapt phrases from Lucas's text and from Unit 4.
   - If you need to look up new words in a dictionary, make sure you choose the right word. Check it at the French–English end of the dictionary.

2 **Structure your text carefully.**
   - Use the perfect tense to say when/where/how long.
     J'ai fait mon stage en entreprise en troisième [Year 10]/*en Seconde* [Year 11].
     J'ai passé dix jours dans un garage./Mon stage **a duré** deux semaines.
   - Use the present tense to give your reasons.
     Je m'intéresse à la cuisine / aux voitures.
     I am interested in cooking / cars.
     J'aime les voitures / faire la cuisine.
     I like cars / cooking.
   - Use **je devais** + infinitive to say what you had to do.
     Je devais …
     me lever à … / **quitter** la maison à …
     faire le café / **répondre** au téléphone / **aider** les mécaniciens / **passer** l'aspirateur, etc.
   - Use **je (ne) m'entendais (pas) bien avec** … to say how you got on with your colleagues.
   - Use **était/étaient** to describe what they were like.
     Mon patron **était** sympa.
     Mes collègues **étaient** marrants.
   - Use **C'était** … to give your opinion of the work experience.
     C'était une expérience positive / intéressante / un peu ennuyeux.
   - Use the near future tense to talk about your future plans.
     Après mes examens/L'année prochaine, …
     je **vais quitter** le collège
     je **vais continuer** mes études
     je **vais faire** un apprentissage
   - Use **je voudrais** to say what you would like to do in the future.
     Je voudrais être mécanicien/coiffeuse.

3 **Check what you have written carefully. In particular, check:**
   - use of different tenses
   - spelling and accents
   - agreement of adjectives (e.g. *mes collègues étaient marrants*)

Introduction

When did you do your work experience?
Where did you do it?
How long did you spend there / did it last?
Why did you choose to do your work experience there?

Main paragraphs

What was your daily routine?
What types of job did you have to do?
How did you get on with the other staff?
What were they like?

Conclusion

What did you think of your work experience?
What would you like to do in the future?

cent un 101

Module 6 Mots

Les tâches ménagères / Household chores

Je fais la vaisselle.	I do the washing-up.	Je range ma chambre.	I tidy my bedroom.
Je garde mon petit frère / ma petite sœur.	I look after my little brother/sister.	Je sors la poubelle.	I take the dustbin out.
Je lave la voiture.	I wash the car.	Je vide le lave-vaisselle.	I empty the dishwasher.
Je passe l'aspirateur.	I do the vacuuming.	Je mets la table.	I lay the table.

La fréquence / How often

tous les jours	every day	tous les samedis matins	every Saturday morning
tous les matins	every morning	toutes les semaines	every week
tous les soirs	every evening	une fois par semaine	once a week
tous les week-ends	every weekend	de temps en temps	from time to time

L'argent de poche / Pocket money

Pour aider à la maison, …	To help at home, …	du matériel scolaire	school equipment
ma mère/mon père me donne …	my mother/my father gives me …	des baskets (f)	trainers
		des bonbons (m)	sweets
mes parents me donnent …	my parents give me …	des CD (m)	CDs
je reçois …	I get …	des chocolats (m)	chocolates
comme argent de poche	as pocket money	des cadeaux (m)	presents
par semaine	per week	des DVD (m)	DVDs
par mois	per month	des jeux de console (m)	console games
Avec mon argent, j'achète …	With my money, I buy …	des magazines (m)	magazines
		Je fais des économies.	I save.
du maquillage	makeup		

As-tu un petit job? / Do you have a part-time job?

J'ai un petit job/boulot.	I've got a part-time job.	Je livre des journaux.	I deliver newspapers.
Je travaille dans …	I work in …	Je travaille …	I work …
un fast-food	a fast-food restaurant	tous les (samedis)	every (Saturday)
un centre de loisirs	a leisure centre	de (9h) à (17h30)	from (9) until (5.30)
un supermarché	a supermarket	sept heures par semaine	seven hours a week
un salon de coiffure	a hairdresser's	Je gagne (5 euros/livres) de l'heure.	I earn (5 euros/pounds) an hour.
une épicerie	a grocer's shop		
une ferme	a farm	C'est chouette/nul/pas mal.	It's great/rubbish/not bad.
Je fais du baby-sitting.	I do babysitting.		

Les métiers / Jobs/Professions

l'agent de police (m/f)	policeman/policewoman	le coiffeur / la coiffeuse	hairdresser
		le cuisinier / la cuisinière	cook (e.g. in a canteen)
l'agriculteur / l'agricultrice	farmer	le facteur / la factrice	postman / postwoman
le fermier / la fermière	farmer	le garçon de café	waiter
le boulanger / la boulangère	baker	l'infirmier / l'infirmière	nurse
le caissier / la caissière	cashier / checkout person	le mécanicien / la mécanicienne	mechanic
le chauffeur / la chauffeuse de poids lourds	lorry driver	le médecin / la femme médecin	doctor
le / la chef	chef (in a restaurant)	le serveur / la serveuse	waiter / waitress

Module 6

L'avenir — The future

Je voudrais …	I would like …
Je ne voudrais pas….	I wouldn't like …
aider les gens malades	to help sick people
avoir beaucoup de contact avec les gens	to have a lot of contact with people
faire un métier manuel	to do a manual job
gagner beaucoup d'argent	to earn a lot of money
travailler …	to work …
comme (fermier)	as (a farmer)
dans un bureau	in an office
en équipe	in a team
le soir / le week-end	in the evenings / at weekends

Les avantages et les inconvénients — Advantages and disadvantages

C'est / Ce n'est pas bien payé. — *It's / It's not well paid.*
C'est créatif/fatigant/monotone/stressant/varié. — *It's creative/tiring/monotonous/stressful/varied.*
Les horaires sont longs. — *The hours are long.*
On a beaucoup de contact avec les gens. — *You have a lot of contact with people.*
On voyage beaucoup. — *You travel a lot.*
On travaille en plein air. — *You work in the open air.*
On doit travailler le samedi. — *You have to work on Saturdays.*

Au téléphone — On the telephone

Je voudrais parler à … — *I'd like to speak to…*
Peut-il/elle me rappeler demain? — *Can he/she call me back tomorrow?*

Je voudrais poser ma candidature … — I'd like to apply …

Monsieur/Madame	Dear Sir or Madam
J'ai vu votre annonce dans le journal …	I saw your advert in the newspaper …
le poste	job
à temps partiel	part-time
à temps complet	full-time
une langue étrangère	a foreign language
un goût pour le sport	a liking for sport
j'ai déjà travaillé	I have already worked
Veuillez trouver ci-joint mon CV.	Please find attached my CV.
Je vous prie d'agréer l'expression de mes salutations sincères	Yours sincerely

Les stages en entreprise — Work experience

J'ai fait mon stage en entreprise dans …	I did my work experience in …
J'ai passé deux semaines dans …	I spent two weeks in …
un bureau	an office
un cabinet de vétérinaire	a vet's surgery
un centre de loisirs	a leisure centre
un garage (Citroën)	a (Citroën) garage
un hôtel	a hotel
un magasin de vêtements	a clothes shop
une agence de voyages	a travel agency
une banque	a bank
une école maternelle	a nursery school
une ferme	a farm

Ce que je devais faire — What I had to do

Je devais …	I had to …
aider les mécaniciens	help the mechanics
classer des fiches	do the filing
compter l'argent	count the money
faire des photocopies	do photocopying
faire le café aux clients	make coffee for customers
jouer avec les enfants	play with the children
passer l'aspirateur	do the vacuuming
noter les rendez-vous	book appointments
travailler sur ordinateur	work on the computer
répondre au téléphone	answer the telephone
C'était …	It was …
chouette / génial	great
ennuyeux	boring
intéressant	interesting
nul	rubbish
Ce n'était pas mal.	It wasn't bad.

cent trois

7 Tourisme

La météo
Talking about the weather
Using the present and near future tenses

1 Écoutez. Quel temps fait-il? Copiez et remplissez la grille.
What's the weather like? Copy and fill in the grid.

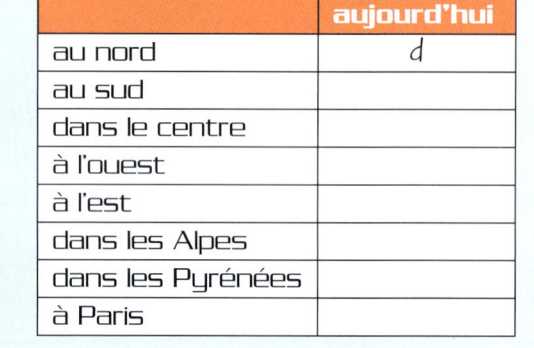

a Il pleut.
b Il y a du vent. 
c Il neige. 
d Il y a du brouillard. 
e Il y a du soleil.
f Il fait froid.
g Il fait chaud.
h Il y a des orages.

	aujourd'hui
au nord	d
au sud	
dans le centre	
à l'ouest	
à l'est	
dans les Alpes	
dans les Pyrénées	
à Paris	

2 À deux. Quel temps fait-il en France?
Work in pairs. What's the weather like in France?

- Au nord, il y a du brouillard.
- Au sud, …

3 Reliez et complétez les phrases.

1 N'oublie pas tes lunettes de soleil, …
2 Prends un parapluie, …
3 Mets ton bonnet et tes gants, …
4 Ne sors pas, …
5 Mets un pull, …
6 Fais attention, …
7 Bois de l'eau, …

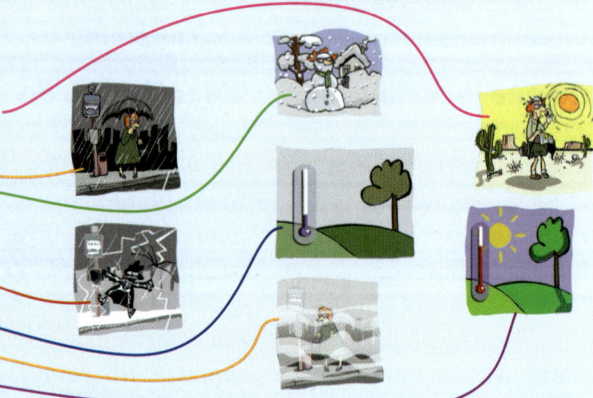

Module 7

4 C'est quelle saison? Complétez les phrases avec le bon mot.
Which season is it? Complete the sentences with the correct word.

printemps
été
automne
hiver

1 En _____, il y a du vent et les feuilles tombent des arbres.
2 En _____, il fait froid et il neige.
3 Au _____, la neige fond et les fleurs poussent.
4 En _____, il fait chaud et il y a des orages de temps en temps.

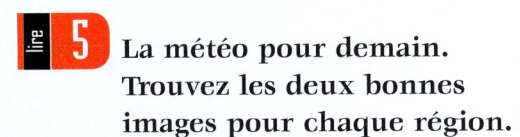

5 La météo pour demain. Trouvez les deux bonnes images pour chaque région.

1 la région parisienne
2 le nord
3 l'est
4 l'ouest
5 le sud
6 le Massif Central

Demain
Dans la région parisienne, il va y avoir du soleil et il va faire chaud.
Au nord, il va faire froid et il va y avoir du brouillard dans la journée.
À l'est, il va faire froid et il faut compter sur la neige en altitude.
À l'ouest, un vent fort venant de l'Atlantique va souffler et il y a un fort risque d'averses.
Sur la côte sud, il va y avoir des orages pendant la matinée et de belles éclaircies dans l'après-midi.
Sur le Massif Central, il va faire chaud, mais il va y avoir des averses.

a  b  c  d  e  f  g  h

Expo-langue →→→→
Grammaire 3.5

To say what the weather is going to be like in the future, use the *near future tense*.
Il **va pleuvoir**. = It is going to rain.
Il **va faire** beau. = It is going to be fine.

Il faut compter sur … – You should expect …
souffler – to blow
un (fort) risque de – a (strong) risk of
les averses – showers
les éclaircies – bright spells

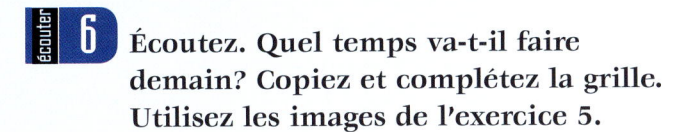

6 Écoutez. Quel temps va-t-il faire demain? Copiez et complétez la grille. Utilisez les images de l'exercice 5.

	demain
au nord	
au sud	
dans le centre	
à l'ouest	
à l'est	
dans les Alpes	
à Paris	

7 Écrivez la météo pour la Grande-Bretagne pour aujourd'hui et demain.

Aujourd'hui
À l'ouest, il y a …

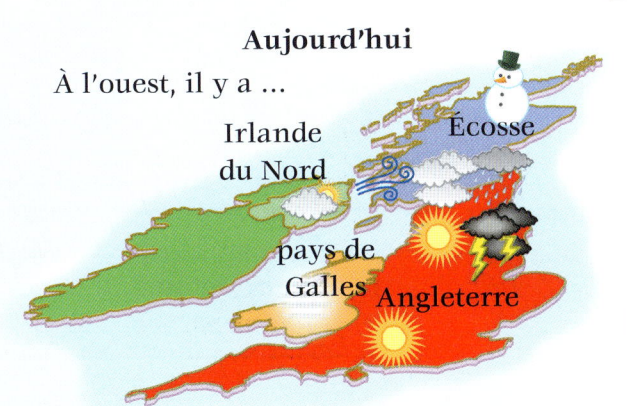

Irlande du Nord — Écosse — pays de Galles — Angleterre

Demain
À l'est, il va y avoir …

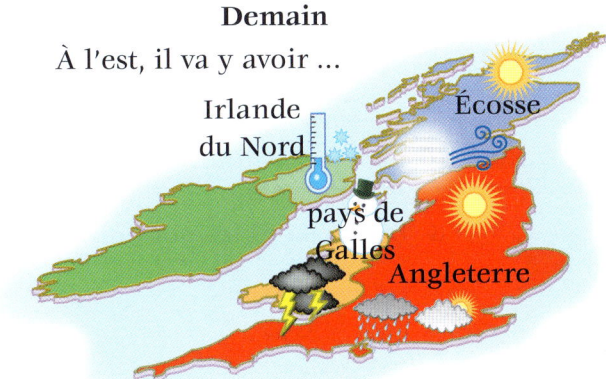

Irlande du Nord — Écosse — pays de Galles — Angleterre

cent cinq 105

1 Réserver une chambre
**Choosing and booking into a hotel
Asking questions**

Hôtel Belle-vue
60 chambres climatisées (dont 4 pour personnes handicapées)

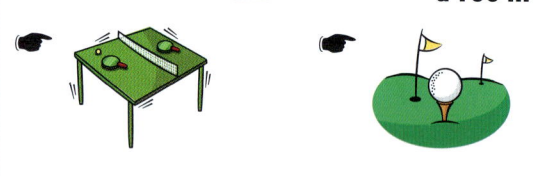

à 100 m

Hôtel Les 3 Ours
35 chambres

1 Lisez et trouvez. C'est quel hôtel?

1. piscine extérieure chauffée
2. un sèche-cheveux dans la chambre
3. avec télé-satellite
4. mini-golf
5. location de vélos
6. aire de jeux pour les petits
7. les chambres non-fumeurs
8. jacuzzi

2 Écoutez. C'est quel hôtel, Hôtel Belle-vue ou Hôtel Les 3 Ours? (1–6)

3 Écoutez et complétez les questions. (1–8)

1. _____ des chambres libres du 15 au 22 juillet?
2. _____ des chambres à deux lits?
3. _____ une piscine?
4. _____ louer des skis?
5. _____ un parking?
6. _____ dîner à l'hôtel?
7. _____ des commerces à proximité?
8. Deux chambres pour une nuit, _____?

Expo-langue →→– 3.9
Est-ce qu'il y a …? – Is there …?
Est-ce qu'on peut …? – Can you …?
Avez-vous …? – Do you have …?
Ça coûte combien?
 – How much does it cost?

106 cent six

Module 7

4 Écoutez. Copiez et remplissez la grille. (1–3)

	chambre(s)	nuits	dates	prix par nuit
1				
2				
3				

5 À deux. Faites des dialogues.

- Hôtel du Lac, bonjour.
- C'est pour combien de nuits?
- Pour quelle date?
- Pas de problème.
- Oui, le **a** / **b** est compris.
- Le **a** / **b** est à partir de **a** 8:30 **b** 19:00.
- Oui, on peut louer **a** / **b** .
- Oui, il y a **a** / **b** à deux minutes d'ici.

- Bonjour. Avez-vous **a** / **b** ? 
- C'est pour **a** ×3 **b** ×5
- C'est **a** juin **b** avril.
- Est-ce que le **a** / **b** est compris?
- Le **a** / **b** est à quelle heure?
- Est-ce qu'on peut louer **a** / **b** ? 
- Est-ce qu'il y a **a** / **b** près de l'hôtel?

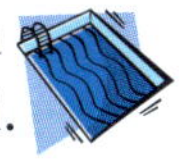

6 Copiez et complétez la lettre.

Madame/Monsieur
Je voudrais réserver ___ ___ pour ___ ×3 du ___ 
Est-ce qu'on peut prendre  ___ et ___ à l'hôtel?
Est-ce qu'il y a ___ à proximité de l'hôtel?
Est-ce qu'on peut ___ ? 
Je vous prie d'agréer, madame/monsieur, l'expression de mes sentiments distingués.

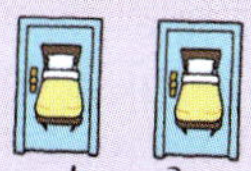

7 Vous voulez réserver des chambres pour votre famille. Écrivez une lettre.

×7 ? ? ? ?

2 À l'auberge de jeunesse
Booking into a youth hostel
Understanding signs

1 Reliez les phrases et les symboles.

1. accès aux personnes handicapées
2. commerces
3. camping
4. cuisine à disposition des clients
5. location de vélos/planches de surf
6. machine à laver
7. nombre de lits
8. parking pour voiture
9. parking pour bus
10. service restauration

2 Copiez le texte. Écoutez le message et remplissez les blancs.

vingt-deux heures
vingt-sept août
seize heures
trente avril
1.5
quatorze heures
dix-neuf heures
dix-huit juin
huit heures
4
douze heures trente
douze heures
huit heures trente
vingt-sept novembre
5

Informations générales
L'auberge est ouverte du (1) _____ au (2) _____ et du (3) _____ au (4) _____.

L'accueil est ouvert de (5) _____ à (6) _____ et de (7) _____ à (8) _____ en hiver et de (9) _____ à (10) _____ et de (11) _____ à (12) _____ en été.

Comment accéder à l'auberge?
A31, à (13) _____ km du centre-ville
Gare SNCF à (14) _____ km
Arrêt de car à (15) _____ km

3 Faites correspondre le français et l'anglais.

- Do the ones you know first.
- Look for a word which looks like an Engish word or a French word you know.
- Work out the last ones by elimination.

1. Une navette vous conduit à la gare SNCF à 9h.
2. L'adhésion à l'association est obligatoire.
3. Les boissons alcoolisées sont interdites.
4. Il est défendu de fumer.
5. Salle de détente
6. Salle de réunion
7. Sortie de secours
8. Restauration

a. Dining room
b. Smoking is not allowed.
c. Emergency exit
d. Lounge
e. A shuttle bus for the station leaves at 9 a.m.
f. Membership of the association is obligatory.
g. Meeting room
h. Alcoholic drinks are forbidden.

Module 7

4 Écoutez la réservation à l'auberge de jeunesse. Copiez et complétez la grille.

	détails
dates	
filles	
garçons	
accompagnateurs	
nuits	
heure d'arrivée	
piscine?	

5 À deux. Faites des dialogues.

■ Bonjour. Auberge de Jeunesse les Vagues, je vous écoute.
■ Vous êtes combien?

● Avez-vous des places libres
  a 21/7–28/7   **b** 16/8–23/8?
● Nous sommes
  a ♀ × 8   ♂ × 7
  b ♀ × 11   ♂ × 9

■ Et combien d'accompagnateurs?

● **a** ♀ × 3   **b** ♂ × 5

■ Vous arrivez à quelle heure?
■ C'est noté.

● **a** 18h45   **b** 21h30
● Merci. Est-ce qu'on peut louer
  a    **b** 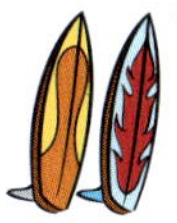   ?

■ Oui.

● Est-ce qu'il y a
  a    **b**    à proximité?

■ Oui, à deux minutes d'ici.

● Merci.

6 Copiez et complétez la lettre avec les mots ci-dessous.

accompagnateurs
commerces
louer
nuits
piscine
places

Manchester, le 6 mai

Madame/Monsieur,

Je voudrais réserver douze **(1)** _____ pour cinq filles, cinq garçons et deux **(2)** _____ dans votre auberge de jeunesse pour les **(3)** _____ du 23 au 29 juillet. Est-ce qu'on peut **(4)** _____ des vélos? Est-ce qu'il y a une **(5)** _____ et des **(6)** _____ à proximité?

Je vous prie d'agréer, Madame, Monsieur, l'expression de mes salutations les plus distinguées.

Sally Brown

cent neuf 109

3 Camping de la Forêt
Talking about camping holidays
Saying what you and others do using *nous*

Pour vos vacances en Ardèche
Le camping est situé au bord de la rivière et dans une immense forêt naturelle.

Sur le camping
- piscine 150m²
- pataugeoire
- mini-marché et snack
- salle de jeux
- mini-golf et ping-pong
- aire de jeux pour les enfants
- terrain de pétanque et de volley
- randonnées
- location de vélos, kayak et canoë

* commerces à 1 km
* supermarché à 4 km
* équitation à 15 km
* rafting à 7 km
* gorges de l'Ardèche 15 km
* safari 20 km

1 Trouvez les expressions dans le dépliant.

1 bowls area
2 children's play area
3 games room
4 small shop
5 walks/hikes
6 paddling pool
7 shops
8 horse-riding
9 canoe hire

2 Qu'est-ce qu'on pourrait y faire? Vos parents veulent en savoir plus sur le camping.
What could you do there? Your parents want to know more about the campsite.

Tell them:
1 where it is situated
2 what there is for young children to do
3 five things that you could do if you stayed there
4 why you think they would like to go there

3 Camping des Sapins. Écoutez l'information sur le camping et choisissez la bonne réponse, a, b ou c.

		a	b	c
1	Taille:	a grand	b moyen	c petit
2	Situation:	a mer	b campagne	c montagne
3	Hébergement:	a caravanes	b tentes	c chalets
4	Distance des commerces:	a 2 minutes	b 5 minutes	c 7 minutes
5	Équipements:	a piscine	b pataugeoire	c chiens

Expo-langue

Grammaire 3.2

When you are talking about yourself *and* someone else, you use the **nous** form. This almost always ends in **–ons** in the present tense.
(Exception: **être** – **nous sommes**, **nous sommes allé(e)s**.)

jouer	faire	aller	avoir	être	se reposer
nous jou**ons**	nous fais**ons**	nous all**ons**	nous av**ons**	nous **sommes**	nous nous repos**ons**

- Reflexive verbs add an extra **nous**:
  nous *nous* reposons
- Note:
  nous mangeons
  nous nageons
  nous logeons
  = we stay

Module 7

4 Lisez et choisissez a, b ou c pour compléter chaque phrase.

> Chaque année, nous allons en vacances avec nos parents et nos grands-parents. Nous passons les vacances au camping de la Forêt au bord de l'Ardèche, une rivière dans le sud de la France. Nous louons un petit chalet en bois. Mes parents et mes grands-parents dorment dans le chalet et mon frère et moi dormons sous une tente qu'on met à côté du chalet. Il y a une grande piscine avec un toboggan. Le matin, nous retrouvons nos amis à la piscine et nous décidons ce que nous allons faire dans la journée. D'habitude, le matin, nous faisons une balade en vélo ou nous jouons au volley ou au basket. À midi, nous rentrons déjeuner avec nos parents et puis l'après-midi, nous nous baignons, nous faisons du kayak ou du canoë ou nous nous reposons au bord de la rivière. C'est cool!
> Ludo

ils – they
leur(s) – their

1 Il va en vacances avec
   a ses copains   b ses parents   c sa classe.
2 Ils vont
   a au bord de la mer   b à la campagne   c en montagne.
3 Ils passent les vacances
   a dans un camping   b dans une auberge de jeunesse   c dans un hôtel.
4 Les frères dorment
   a dans un chalet   b sous une tente   c dans une auberge.
5 Ils font des balades en vélo avec
   a leurs parents   b leurs accompagnateurs   c leurs copains.
6 Chaque année, ils vont
   a au même camping   b dans un camping différent   c chez leurs grands-parents.

5 Écoutez et trouvez les verbes qui manquent.

Chaque année, nous (1) _____ les vacances au bord de la mer.
Nous (2) _____ en Bretagne où nous (3) _____ une caravane sur un camping à deux minutes de la plage. D'habitude, le matin nous (4) _____ au volley ou au tennis et l'après-midi, nous (5) _____ ou nous (6) _____ de la planche à voile ou nous nous (7) _____. Le soir, nous (8) _____ souvent au restaurant.

allons
dînons
faisons
jouons
louons
nageons
passons
reposons

6 À deux. Faites des dialogues.

- Où allez-vous en vacances?   • Nous allons   a   b
- Où logez-vous?   • Nous logeons   a   b

- Qu'est-ce qu'il y a au camping?   • Il y a une   a   b
- Quels sports faites-vous?   • Nous jouons au   a   b
- Faites-vous des balades?   • Oui, nous faisons des balades   a en   b à

- Où dînez-vous?   • Nous dînons   a au   b à la

- C'est comment?   • C'est   a ✔✔   b ✔

4 On déjeune — Eating out
Saying what you would like using *je voudrais*

à la pizzeria   au Quick   à la brasserie   à la crêperie

1 À deux. Discutez. Qu'est-ce qu'on peut manger et boire?

- Qu'est-ce qu'on peut manger au Quick?
- On peut manger …
- Et qu'est-ce qu'on peut boire?
- On peut boire …

du poisson   un hamburger
une crêpe au jambon   une pizza   une mousse au chocolat
du coca   du café   du pâté
de la bière   de l'eau   des frites   du poulet et des pommes de terre
de l'Orangina   du jus d'orange

2 Faites des listes.

Exemple: Au Quick, on peut manger/boire…

3 Lisez et décidez. Où déjeunent-ils?

a. Une pizza jambon fromage et des spaghettis à la bolognaise.

b. Je voudrais une crêpe au chocolat avec de la crème Chantilly.

c. Je voudrais de la soupe entrée et comme plat en principal, du poulet avec des frites.

d. Deux hamburgers, une mousse au chocolat et une glace à la vanille.

4 Écoutez. Ils veulent déjeuner. Copiez et complétez la grille. (1–4)

	où?	manger?	boire?
1			
2			
3			
4			

Expo-langue →→→ 3.6

To say what you want, you can use **je veux** (I want), but to be more polite, you can use **je voudrais** (I would like).

112 cent douze

Module 7

5 Lisez le menu. Reliez les questions et les réponses.

> **Menu à prix fixe 15€** – *entrée + plat + dessert + boisson*
>
> *Entrées*
> Soupe du jour
> Salade verte
> Crudités
>
> *Plats*
> Poulet frites
> Jambon haricots verts
> Spaghettis à la bolognaise
>
> *Desserts*
> Mousse au chocolat
> Glace
> Tarte aux pommes
>
> *Boissons*
> Eau minérale
> Jus d'orange
> Coca

1 Avez-vous réservé?
2 Combien êtes-vous?
3 Voulez-vous boire quelque chose?
4 Plate ou gazeuse?
5 Qu'est-ce que vous voulez comme entrée?
6 Et comme plat?
7 Et comme dessert?

a Plate.
b Je prends une mousse au chocolat.
c Non, avez-vous de la place?
d Je voudrais une salade verte.
e Je voudrais de l'eau minérale.
f Nous sommes quatre.
g Je voudrais le poulet frites.

6 À deux. Posez et répondez aux questions.

- Où veux-tu déjeuner? ● Je voudrais aller a   b à la 
- Qu'est-ce que tu veux boire? ● Je voudrais a   b 
- Qu'est-ce que tu prends comme entrée? ● Je voudrais a   b 
- Qu'est-ce que tu prends comme plat principal? ● Je voudrais a   b 
- Qu'est-ce que tu prends comme dessert? ● Je voudrais a   b

7 Écoutez. C'est comment? (1–6)

a trop sucré(e)
b trop salé(e) 
c trop sec/sèche 
d pas assez de sauce 
e trop cuit(e) 
f délicieux/euse 

8 Qu'est-ce que vous avez mangé? C'était comment? Écrivez un paragraphe.

À midi, j'ai déjeuné dans une brasserie.
Comme entrée, j'ai mangé … et c'était …
Comme plat principal, j'ai pris … et c'était …
Comme dessert, j'ai mangé … et c'était …
J'ai bu … et c'était …

✔✔ délicieux /super
✔ bon
– (ce n'était) pas mal
✘ trop … / pas assez …

cent treize 113

5 Plage, mer et soleil
Talking about holidays
Using past, present and future tenses

1 En vacances. Lisez les textes. Copiez et complétez la grille.

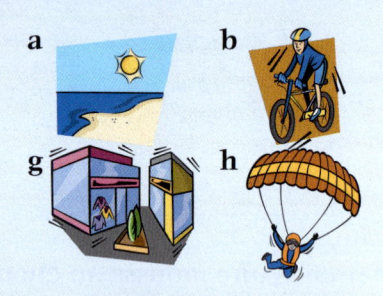

a b c d e f
g h i j k l

J'adore passer les vacances au bord de la mer. J'aime nager dans la mer ou dans une piscine et j'aime jouer au volley avec mes copains. Ce que je n'aime pas, c'est visiter un musée ou faire du shopping. Et je n'aime pas rester à la maison. Regarder la télé, c'est nul! L'année dernière, je suis allé en Bretagne et j'ai nagé et fait de la planche à voile.
Vincent

Je déteste les vacances en famille. Je n'aime pas me reposer sur la plage. Ce que j'aime, c'est apprendre un nouveau sport. Je veux faire un stage de parapente, de l'escalade ou de la randonnée en haute montagne. J'aime les sports d'aventure! Ma passion, c'est faire du VTT. L'année dernière, je suis allée au bord de la mer avec ma famille. C'était nul!
Sophie

un stage – a course

	aime	n'aime pas	l'année dernière
Vincent	a, …		
Sophie			

Expo-langue →→→→

● You use the *present* to say what you *do now or generally*.
D'habitude, je **vais** au bord de la mer. = I usually *go* to the seaside. — *Grammaire 3.2*

● You use the *near future* to say what you *are going to do*.
Pendant les vacances, je **vais aller** à Paris. = In the holidays, I *am going to go* to Paris. — *Grammaire 3.5*

● You use the *perfect* tense to say what you did.
L'année dernière, je **suis allé(e)** en Bretagne et j'**ai fait** … = Last year I *went* to Brittany and I … — *Grammaire 3.3*

2 À deux. Posez et répondez aux questions.

■ Qu'est-ce que Vincent/Sophie aime faire?   ● Vincent/Sophie aime …
■ Et qu'est-ce qu'il/elle n'aime pas faire?   ● Il/Elle n'aime pas …
■ Où est-il/elle allé(e) l'année dernière?   ● …
■ Et toi? Qu'est-ce que tu aimes faire?   ● …
■ Et qu'est-ce que tu n'aimes pas faire?   ● …
■ Où es-tu allé(e) l'année dernière?   ● …

3 Les grandes vacances. Écoutez. Copiez et remplissez la grille.
Utilisez les images de l'exercice 1. (1–4)

	d'habitude	cette année	l'année dernière
1	a,		
2			

114 cent quatorze

Module 7

4 Lisez les dépliants. Puis lisez les phrases: c'est quel séjour?

A

Séjour sportif à la Martinique
Plongée sous-marine, kayak, trekking, baignades, équitation au bord de la mer
Excursions, soirées
Ce séjour aux Caraïbes vous permettra de combiner la découverte de l'île et la détente au bord de la mer.
7h de vol de Paris et navette de l'aéroport jusqu'à l'hôtel quatre étoiles
Équipement fourni: combinaison de plongée, bouteilles, sac étanche

B

Séjour multi-activités Biarritz
Moto, karting, cyclisme, piscine, surf, beach-volley, judo, tennis, foot, excursions dans les Pyrénées
Hébergement hôtel familial deux étoiles
Le transport à l'hôtel est effectué en minibus directement de la gare.
Ce séjour permet aux jeunes d'expérimenter plusieurs sports.
Équipement fourni: vélos, motos, casques, gants et genouillères

C

Visite culturelle *La découverte de la capitale*
Ce séjour permet aux jeunes de découvrir la capitale à travers les monuments et les quartiers typiques de Paris.
La tour Eiffel, l'arc de Triomphe, Notre-Dame, la Cité des sciences et de l'industrie, visite des quartiers typiques, le parc d'attractions Parc Astérix
Les jeunes sont logés en auberge de jeunesse.
Le transport est effectué en car grand tourisme.

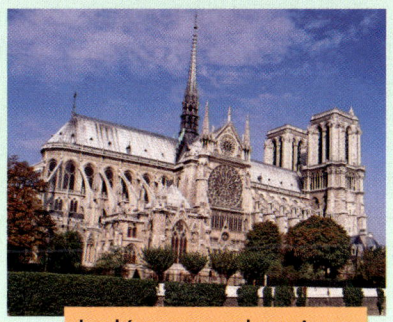

la détente – relaxation
la navette – shuttle bus

1 This is a cultural visit to the capital.
2 This is a water-sports holiday in the Caribbean.
3 This is a multi-activity holiday in the Pyrenees.
4 You will take a guided tour of the most important sights.
5 The flight from Paris will take seven hours.
6 You will stay in a youth hostel.
7 You will stay in a two-star hotel.
8 Diving equipment will be supplied.

5 Écoutez. Ils vont faire quel séjour? (1–3)

6 Mes vacances. Votre corres vous pose ces questions.

- Où passes-tu tes vacances d'habitude?
- Qu'est-ce que tu aimes et qu'est-ce que tu n'aimes pas faire pendant les vacances?
- Où es-tu allé(e) l'année dernière?
- Qu'est-ce que tu vas faire cette année?

cent quinze 115

Module 7

Mes vacances

L'année dernière, je suis allé en Espagne avec ma famille. Nous y sommes allés en avion.

Nous avons loué un appartement à cinq minutes de la plage. Dans l'appartement, il y avait une cuisine, un salon, une chambre pour mes parents, une salle de bains et un grand balcon. Mon frère et moi, nous avons dormi sur des canapés-lits dans le salon.

Le premier jour, le matin, je me suis levé de bonne heure et je suis allé chercher le pain pour le petit déjeuner. Puis nous avons passé la matinée à la piscine. L'après-midi, nous avons fait une balade en vélo et nous avons joué au tennis. Le soir, nous sommes sortis dîner. J'aime la cuisine espagnole, j'adore les tapas, et on mange beaucoup de poisson. En Espagne, le soir, tout le monde sort se promener et l'ambiance est festive. J'aime ça!

Un jour, nous sommes allés en car dans un parc aquatique, où il y avait une piscine à vagues et six toboggans. Le toboggan «noir» était vraiment terrifiant. Un autre jour, on est allés faire du karting. C'était sensass!

D'habitude, je vais en vacances avec ma famille et nous allons au bord de la mer, mais l'année prochaine, je vais faire un stage de sport d'aventure dans les Alpes avec ma classe.

Vincent

Expo-langue *3.3*

When talking in the perfect tense about yourself and someone else, you use **nous** + **avons** or **sommes** + the past participle.

When you use **nous** with **être** in the perfect, the past participle needs to agree.
nous sommes allé**s** = male or mixed group
nous sommes allé**es** = female group

---

1 Trouvez dans le texte les phrases en bleu qui correspondent à ces phrases anglaises.
   1 We flew there.
   2 five minutes from the beach
   3 There was ...
   4 We spent the morning ...
   5 We went for a bike ride.
   6 the atmosphere
   7 It was fantastic!

2 Trouvez dans le texte huit expressions que Vincent utilise pour dire *quand* il a fait / il va faire des choses.

3 Imaginez que vous êtes Vincent. Reliez les questions et les réponses.
   1 Où as-tu passé les vacances l'année dernière?
   2 Avec qui y es-tu allé?
   3 Comment y es-tu allé?
   4 Où avez-vous logé?
   5 Aimes-tu la nourriture espagnole?
   6 Que vas-tu faire l'année prochaine?

   a Oui, j'adore les tapas.
   b Nous y sommes allés en avion.
   c Je suis allé en Espagne.
   d Je vais faire un stage de sport.
   e Avec mes parents et mon frère.
   f Nous avons logé dans un appartement.

Module 7

4 Décrivez des vacances.

Boîte à outils

1 **Decide on the content.**
   - Try to use or adapt some of the phrases from the text on p. 116 or from the rest of the module.
   - You do not need to include all the points suggested in the blue plan below, but cover enough of them to make your text interesting and to show off the French you know.

2 **Structure your text carefully**
   - Use different tenses to refer to past, present and future events:
     - what you did = perfect tense
       je suis allé(e), nous sommes allé(e)s
       j'ai fait, nous avons fait
     - what it was like
       il y avait – there was/were
       c'était – it was
     - present events / to say what you usually do
       = present tense
       je vais, nous allons
       je fais, nous faisons
     - future events = near future tense
       je vais aller, nous allons faire

   If you have to look up new words in a dictionary, make sure you choose the correct French word. Look carefully at any example sentences given. Cross-check by looking the French word up at the other end of the dictionary. What English translations are given?
   - Use the **nous** form to talk about what you did with other people. See the *Expo-langue* box on p. 116.
   - Include time expressions such as **l'année dernière**, etc.
   - Useful phrases:
     Je suis allé(e) … / Je suis resté(e) à la maison.
     avec mes parents / ma famille / ma classe
     en train / en voiture / en car / en avion / en vélo

Introduction
Did you go away or stay at home?
Where did you go?
Who with?
How did you travel?
What did you do there?
What did you do if you stayed at home?

Main section

Accommodation
Where did you stay?
What was your accommodation like?

Activities
Describe what you did on the first day.
Where did you go?
What was it like?

Personal impressions
Mention something that you liked,
e.g. food and drink, a special event

Conclusion
What are you going to do next year?

3 **Check what you have written carefully. Check:**
   - spelling and accents
   - gender and agreement (e.g. adjectives, past participles of *être* verbs)
   - verb endings
   - tense formation (e.g. *nous sommes allé(e)s, j'ai fait*)

Module 7 Mots

La météo / The weather forecast

Quel temps fait-il?	What's the weather like?	Il va faire (chaud).	It's going to be (hot).
Il fait chaud.	It's hot.	Il y aura (du vent).	It's going to be (windy).
Il fait froid.	It's cold.	Il va (neiger).	It's going to snow
Il y a du soleil.	It's sunny.	au nord	in the north
Il y a du brouillard.	It's foggy.	au sud	in the south
Il y a du vent.	It's windy.	à l'est	in the east
Il y a des orages.	It's stormy.	à l'ouest	in the west
Il neige.	It's snowing.	dans le centre	in the centre
Il pleut.	It's raining.		

À l'hôtel / In the hotel

Est-ce qu'il y a … ?	Is there … ?	Est-ce qu'on peut … ?	Can you … ?
une piscine/une gare/ un parking/ des commerces	a swimming pool/ a station/parking/ shops	louer des vélos/des skis dîner à l'hôtel	hire bikes/skis have dinner at the hotel
près de l'hôtel	near the hotel	Ça coûte combien?	How much does it cost?
à proximité	nearby		
Avez-vous … ?	Do you have … ?	pour deux chambres	for two rooms
des chambres libres	rooms available	C'est pour (deux) nuits.	It's for (two) nights.
pour une personne	for one person	Est-ce que … est compris?	Is … included?
pour deux personnes	for two people	le petit déjeuner	breakfast
		le dîner	dinner

À l'auberge de jeunesse / At the youth hostel

Avez-vous … ?	Do you have … ?	Est-ce qu'on peut louer …	Can you hire … ?
des place libres	vacancies	des vélos (m)	bikes
Nous sommes (onze).	There are (five) of us.	des skis (m)	skis
(quatre) filles, (cinq) garçons et (deux) accompagnateurs	(four) girls, (five) boys and (two) teachers	des planches (f) de surf Je voudrais réserver (dix places).	surfboards I'd like to reserve (ten) places.

Au camping / At the campsite

Nous allons en vacances …	We go on holiday …	Nous jouons (au tennis).	We play (tennis).
en Bretagne	to Brittany	Nous faisons des balades (à vélo/à cheval).	We go for bike rides/ horse-riding.
avec nos parents	with our parents		
à la campagne	to the countryside	Nous dînons (au restaurant).	We eat (in the restaurant).
au bord de la mer	to the seaside		
Nous passons une semaine au camping.	We spend a week at the campsite.	Dans le camping, il y a …	On the campsite, there's …
Nous louons un petit chalet.	We rent a little chalet.	une pataugeoire une aire de jeux	a paddling pool a children's play area
Nous dormons sous une tente.	We sleep in a tent.	un terrain de pétanque	a bowling area
Nous logeons dans un chalet.	We stay in a chalet.	une salle de jeux	a games room

118 cent dix-huit

On déjeune — Let's have lunch

à la brasserie	at the brasserie [informal restaurant]
à la crêperie	at the creperie [pancake restaurant]
à la pizzeria	at the pizzeria
au Quick	at Quick [burger restaurant]
Comme entrée …	As a starter …
Comme plat principal …	As a main course …
Comme dessert …	For dessert …
Comme boisson …	To drink …
je voudrais …	I'd like …
le hamburger (frites)	beefburger (and chips)
le pâté	pâté
le poisson	fish
le poulet (frites)	chicken (and chips)
la crêpe (au jambon)	pancake (with ham)
la pizza	pizza
la soupe (du jour)	soup (of the day)
la salade verte	green salad
les pommes de terre	potatoes
la mousse au chocolat	chocolate mousse
la glace	ice cream
les frites (f)	chips
les spaghettis (m) (à la bolognaise)	spaghetti (bolognaise)
un café	coffee
un coca	coke
un jus d'orange	orange juice
une bière	beer
l'eau (f)	water
l'Orangina (m)	Orangina
j'ai déjeuné	I had lunch
j'ai mangé	I ate
j'ai pris	I had
j'ai bu	I drank
C'était …	It was …
délicieux/super	delicious
bon	good
Ce n'était pas mauvais.	It wasn't bad.
Il/Elle est/était …	It is / was …
trop sucré(e)	too sweet
trop salé(e)	too salty
trop cuit(e)	overcooked
trop sec/sèche	too dry
Il n'y a/avait pas assez de sauce.	There's not enough sauce.

En vacances — Holidays

J'aime / Je n'aime pas …	I like / I don't like …
Il/Elle aime / n'aime pas …	He/She likes / doesn't like …
aller au bord de la mer	going to the seaside
apprendre un nouveau sport	learning a new sport
faire du shopping	going shopping
faire du vélo	going cycling
faire du volley	playing volleyball
faire du parapente	going paragliding
faire de la planche à voile	going windsurfing
faire de la randonnée	going hiking
faire de l'escalade	going rock-climbing
faire un stage (de parapente)	doing a (paragliding) course
nager	swimming
regarder la télé	watching TV
rester à la maison	staying at home
visiter un musée	visiting a museum
D'habitude, je vais …	Usually I go …
L'année dernière, je suis allé(e) …	Last year I went …
L'année dernière, il/elle est allé(e) …	Last year he/she went …
Pendant les vacances, je vais aller …	In the holidays I'm going to go …
à Paris	to Paris
au bord de la mer	to the seaside
en Bretagne	to Brittany

8 Mes copains et mes héros

Ils sont comment? Describing people / Using the comparative

1 Écoutez. Trouvez la bonne image. (1–6)

Exemple: 1 d

a Mon petit copain est adorable. Il est beau et très gentil.

b Ma petite copine est sympa, mais elle est trop bavarde!

c Mon petit copain est stupide. Il est si têtu! Et ma petite copine aussi! Elle est pénible!

d Ma petite copine est assez sérieuse et un peu timide, mais très intelligente.

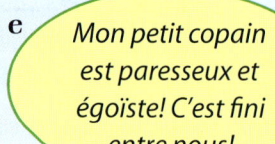

e Mon petit copain est paresseux et égoïste! C'est fini entre nous!

f Ma petite copine est marrante! Elle a un bon sens de l'humour. Elle est très jolie aussi.

2 Cherchez les adjectifs dans l'exercice. Copiez et complétez la grille.

positif	négatif	positif-négatif
adorable	stupide	bavarde

3 À deux. Choisissez trois personnes célèbres et donnez votre opinion.
In pairs. Choose three famous people and give your opinion.

- À mon avis, Heath Ledger est assez beau et très sympa.
- Ah, non! Il est pénible! Il est trop sérieux.

adorable · bavard/bavarde · beau/belle · égoïste · gentil/gentille · intelligent/intelligente · joli/jolie · marrant/marrante · paresseux/paresseuse · pénible · sérieux/sérieuse · stupide · sympa · têtu/têtue · timide

- Use intensifiers with your adjectives:
  très (very),
  trop (too),
  si (so),
  assez (quite),
  un peu (a bit).
- Remember to make adjectives agree (masculine or feminine).

Déjà vu

Module 8

4 Regardez l'image et lisez les phrases. C'est vrai (V)? C'est faux (F)? Ou on ne sait pas (?)?
Look at the picture and read the sentences. Are they true (V)? False (F)? Or not possible to tell (?)?

Exemple: 1 V

1. Fabien est plus grand que David.
2. Sélim est plus petit que Luc.
3. David est moins grand que Luc.
4. Sélim est plus sympa que Tariq.
5. Luc a les cheveux plus longs que Fabien.
6. Tariq a les cheveux moins frisés que Luc.
7. David est plus intelligent que Luc.
8. Fabien a les cheveux plus courts que Tariq.

Expo-langue →→→→   *Grammaire 2.4*

You use the comparative to compare two people or things.
It consists of the word **plus** (more) or **moins** (less) and an adjective followed by **que**.
The adjective ending must agree with the person or thing being described.

J'ai les cheveux **plus courts que** ma sœur. = I have shorter hair than my sister.
Amélie est **moins jolie que** Sophie. = Amélie is less/not as pretty as Sophie.

5 Écoutez et notez en anglais les différences entre ces personnes. (1–4)
Listen and note in English the differences between these people.

Exemple: 1 Hugo taller, Thomas longer hair

1 Hugo/Thomas   2 Anna/Marine   3 Karim/Sayed   4 Lola/Patrick

6 Faites des comparaisons entre ces personnes célèbres. Écrivez six phrases.
Make comparisons between these famous people. Write six sentences.

Exemple: À mon avis, Jennifer Lopez est plus belle que Madonna, mais elle est moins intelligente.

Madonna   Brad Pitt   Jim Carrey   Jennifer Lopez   Homer Simpson   Robbie Williams   Will Smith   David Beckham

cent vingt et un 121

1 Qui admirez-vous? Describing someone's qualities / Using the superlative

1 Quelles sont les qualités d'un bon copain / une bonne copine? Écoutez et notez les adjectifs pour chaque personne qui parle. (1–5)

Exemple: 1 j, …

1 Arthur 2 Mélissa 3 Damien 4 Sunita 5 Théo

a actif/ive
b pas arrogant(e)
c drôle
d pas égoïste
e généreux/euse
f gentil(le)
g honnête
h plein(e) de vie
i rigolo(te)
j sincère
k sympa

2 À deux. Prononcez ces paires d'adjectifs.

arrogant / arrogante
généreux / généreuse
gentil / gentille
plein de vie / pleine de vie
rigolo / rigolote

devrait – should

An **e** after the final consonant in an adjective means you pronounce the final consonant, e.g. **arrogant** (silent **t**), **arrogante** (**t** is pronounced).

3 Écoutez et vérifiez.

4 Faites un sondage sur les qualités d'un bon copain / d'une bonne copine. Demandez à au moins cinq personnes.

- À ton avis, quelles sont les qualités d'un bon copain ou une bonne copine?
- Pour moi, un bon copain / une bonne copine devrait être (gentil(le)). Il/Elle ne devrait pas être …

À mon avis, / Pour moi, …	
un bon copain / une bonne copine	devrait être … / ne devrait pas être …
C'est quelqu'un qui	est toujours … / n'est jamais …

5 Écrivez les résultats de votre sondage.

Trois personnes ont dit: «Un bon copain / Une bonne copine devrait être sincère.»
Deux personnes ont dit: «Il/Elle devrait être / ne devrait pas être …»

Module 8

6 Lisez les textes. Puis répondez aux questions en anglais.

Qui admirez-vous et pourquoi?

Moi, j'admire beaucoup Johnny Depp. À mon avis, il est un des meilleurs acteurs américains – et le plus beau, aussi! Malgré son talent et son succès, il est toujours sincère et modeste. C'est le mec le plus cool d'Hollywood!
Lucie

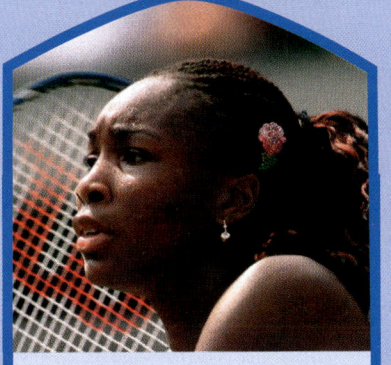

La personne que j'admire, c'est une championne sportive: c'est Venus Williams. Pour moi, elle est la joueuse de tennis la plus travailleuse et la plus disciplinée. Ce que j'admire aussi, c'est que, dans ses interviews, elle est toujours gentille et pas du tout arrogante. C'est une des mes héroïnes, tu sais!
Shazia

Mon héros, c'est le plus grand footballeur du monde: c'est David Beckham! Non seulement c'est un sportif talentueux, mais il est un des joueurs les plus sympas. Il est toujours calme, poli et il n'est jamais arrogant. Je l'admire beaucoup.
Valentin

According to Lucie, Shazia and Valentin …

1. who is the most disciplined?
2. who is the best looking?
3. who is always polite?
4. who is the most hard-working?
5. who is the greatest player of his/her sport?
6. who is modest in spite of his/her success?

Expo-langue →→→→   2.4

You use the superlative to say 'the best', 'the nicest', 'the most hard-working', etc.
le plus beau garçon = the best-looking boy
la sportive **la plus disciplinée** = the most disciplined sportswoman
un des **meilleurs** joueurs = one of the best players

7 Qui admirez-vous et pourquoi? Écrivez un paragraphe. Mentionnez deux ou trois personnes. Adaptez les textes de l'exercice 6.

Moi, j'admire beaucoup Will Smith parce qu'il est un des meilleurs acteurs américains. Il est très talentueux et toujours rigolo aussi. Un(e) autre de mes héros/héroïnes aussi, c'est …

cent vingt-trois 123

2 Les champions sportifs
Describing famous sportspeople
Using *son*, *sa*, *ses*

1 Écoutez et lisez. Puis trouvez le français.

Exemple: **1** son surnom

Zizou – un héros national

Il s'appelle Zinédine Zidane, mais son surnom est «Zizou». Il est né à Marseille et sa date de naissance est le 23 juin 1972. Son métier? Il est footballeur! Un des meilleurs joueurs du monde! Quelle est sa nationalité? Il est français, mais ses parents sont algériens. Il habite actuellement à Madrid, avec sa femme et ses trois enfants, parce qu'il joue pour l'équipe du Real Madrid. Il est aussi capitaine des «Bleus», c'est-à-dire, de l'équipe nationale de France. À part le foot, Zinédine Zidane aime jouer au tennis et une de ses passions, c'est la Formule 1. Mais sa famille est aussi importante pour lui: il aime beaucoup retrouver sa sœur, Lila, et ses frères, Madjid, Farid et Nordine.

1 his nickname
2 he was born in
3 his date of birth
4 one of the best players in the world
5 his wife
6 his children
7 team

2 Combien d'exemples de *son*, *sa* ou *ses* pouvez-vous trouver dans l'exercice 1?

Exemple: son surnom

Expo-langue →→→→
Grammaire 2.3

To say 'his' or 'her', you use **son**, **sa** or **ses**.
Each of them can mean 'his' or 'her'. The one you use depends on whether the noun that comes after it is masculine, feminine or plural.

masculine singular	feminine singular	plural
son nom de famille (his/her surname)	**sa** nationalité (his/her nationality)	**ses** passe-temps (his/her hobbies)

3 Copiez et complétez les détails sur Zinédine Zidane.

Nom de famille: *Zidane*
Prénom: _____
Nationalité: _____
Âge: _____
Date de naissance: _____
Lieu de naissance: _____
Métier: _____
Domicile: _____
État civil (marié/divorcé/célibataire): _____
Frères ou sœurs: _____
Passe-temps: _____

Use logic to work out the meaning of new words, e.g. if **nom de famille** means 'surname', **prénom** must mean …? If **date de naissance** means 'date of birth', what might **lieu de naissance** mean?

Module 8

4 À deux. Vous commencez une phrase sur Zinédine Zidane et votre partenaire doit finir la phrase.

- ■ Son prénom est …?
- ● Son prénom est Zinédine. Sa date de naissance est …?

5 Lisez les détails sur cette joueuse de tennis, puis copiez et complétez les phrases sur elle.

Exemple: **1** Elle s'appelle Amélie Mauresmo.

Nom: Mauresmo
Prénom: Amélie
Nationalité: française
Date de naissance: 5 juillet 1979
Lieu de naissance: St Germain-en-Laye, France
Métier: joueuse de tennis
Domicile: Genève, Suisse
État civil (marié/divorcé/célibataire): célibataire
Passe-temps: cinéma, surf

1 Elle s'appelle ⸻.
2 De nationalité, elle est ⸻.
3 Elle est née le ⸻, à ⸻, en ⸻.
4 Elle a ⸻ ans.
5 Comme métier, elle est ⸻. Elle est une des meilleures ⸻.
6 Elle habite actuellement à ⸻, en ⸻.
7 Elle n'est pas mariée – elle est ⸻.
8 À part le tennis, elle aime aller au ⸻ et faire du ⸻.

6 Faites des recherches (par exemple, sur Internet) sur votre champion sportif ou votre championne sportive préféré(e). Écrivez un paragraphe en français.

Il s'appelle Andrew Flintoff, mais son surnom, c'est «Freddie». Il est né …

3 On va faire du sport!
Talking about sporting activities
Saying what you and others are going to do

1 Écoutez et regardez la brochure. Écrivez les lettres des activités sportives qui ne sont pas mentionnées. (1–6)

Stages ou cours sportifs en France

a la pêche sur la Loire

b de l'escalade dans les Alpes

c de l'équitation dans les Vosges

d du canoë-kayak en Bretagne

e de la plongée sur la Côte d'Azur

f de la voile et de la planche à voile en Normandie

g du VTT dans le Massif Central

h des randonnées dans les Pyrénées

Expo-langue →→→→
Grammaire 3.5

You use the *near future tense* (**aller** + infinitive) to talk about future plans.

faire du VTT
faire de la voile
faire de l'équitation
faire des randonnées
partir en vacances
aller à la pêche
aller en Normandie

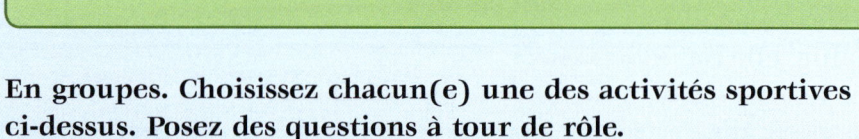

Je **vais** …
On **va** …

2 En groupes. Choisissez chacun(e) une des activités sportives ci-dessus. Posez des questions à tour de rôle.

■ Gemma, qu'est-ce que tu vas faire comme activités sportives?
● Je vais faire de la plongée sur la Côte d'Azur. Ben, qu'est-ce que tu vas faire …?

You use the verb **faire** with most of the sports above, but look carefully at whether they take **du**, **de la**, **de l'** or **des**. And which is the only sport which uses **aller**?

3 Copiez et complétez ces phrases. Il y a plusieurs possibilités.

1 Comme activités sportives, je vais faire des _____.
2 Nous, on va faire de la _____ ou de la _____.
3 Et toi? Tu vas faire du _____? Ou de la _____?
4 Non, je vais faire de l'_____, ou peut-être du _____.
5 Mes copains et moi, on va aller à la _____.

Module 8

4 Lisez les annonces et complétez les détails en anglais.

A
Stage de surf/ bodyboard sur la Côte Basque

Vous voulez apprendre à surfer? Ou vous voulez perfectionner votre «cut back»? Nous vous proposons ce stage comprenant deux heures de cours de surf par jour. Louez une planche de surf sur place.
Prix en demi-pension en camping 299€.

B
Stage de parapente / vol libre en Savoie

Passez cinq jours entre 900 et 1500 mètres au-dessus du lac du Bourget! Apprenez à faire du parapente et du vol libre à Aix-en-Savoie! Trois heures de cours par jour.
Prix en pension complète à l'auberge de jeunesse: 545€.

A The surfing course is for people who want to learn (1) _to surf_ or perfect their (2) _____. The course consists of (3) _____ per day. You can hire (4) _____ when you get there. Accommodation is at a (5) _____. It costs (6) _____ for half-board (bed, breakfast and evening meal).

B If you take the parascending or hang-gliding (7) _____ in Aix-en-Savoie, you will spend five (8) _____ at a height of between (9) _____ above Lake Bourget! You get three (10) _____. You stay in a (11) _____ and it costs (12) _____ for full board (bed, breakfast, lunch and evening meal).

5 Écoutez. On parle de quel stage, A ou B? (1–5)

Exemple: 1 B

6 À deux. Pratiquez le dialogue. Puis changez les mots en bleu et parlez de l'annonce B.

- Tu vas aller où cet été?
- Qu'est-ce que tu vas faire là-bas?
- Génial! Tu vas avoir combien d'heures de cours?
- Tu vas loger où?
- Et ça va coûter combien?
- Chouette! Alors, amuse-toi bien!

- Je vais aller sur la Côte Basque.
- Je vais faire un stage de surf/bodyboard.
- Je vais avoir deux heures de cours par jour.
- Je vais loger dans un camping.
- Ça va coûter 299€ en la demi-pension.

7 Imaginez que vous allez faire un stage sportif avec un copain / une copine. Écrivez un e-mail. Inventez les détails.

Mentionnez:
- où vous allez partir et quand
- quel stage vous allez faire
- combien d'heures de cours vous allez avoir
- où vous allez loger
- combien ça va coûter

Cet été / Pendant les grandes vacances, (Tom) et moi, on va aller (en Normandie) parce qu'on va faire un stage de …
On va avoir (deux) heures de …
On va loger …
Et ça va coûter … pour …

cent vingt-sept 127

4 Vainqueur ou perdant? Describing a sporting event
Saying what other people did in the past

1 Écoutez et regardez les images. Qui parle? (1–5)

Exemple: 1 Léna

Blanche Jamal Manon

Guillaume Léna

2 Trouvez et copiez les deux bonnes phrases pour chaque personne.

Exemple: **Blanche**: d J'ai joué au foot contre un autre collège. …

a Je suis allé au match de foot au stade.
b Je suis allée à un match de tennis à Paris.
c J'ai joué au rugby dans un tournoi régional.
d J'ai joué au foot contre un autre collège.
e J'ai regardé le match de foot France-Espagne à la télé.
f Amélie Mauresmo a gagné!
g J'ai marqué deux essais!
h La France a perdu le match 2–1.
i La France a fait match nul contre l'Italie.
j J'ai marqué un but fantastique!

Expo-langue →→→→ *Grammaire 3.3*

The perfect tense
To say what *you* did:
J'**ai gagné** le match. = I won the match.
Je **suis allé(e)** au stade. = I went to the stadium.

To say what *someone or something else* did:
La France **a gagné** le match. = France won the match.
Il **est allé** au match. = He went to the match.

3 Qu'est-ce que c'est en anglais?

1 L'Espagne a gagné le match.
2 La France a perdu le match.
3 La France a fait match nul contre l'Italie.
4 J'ai marqué un but.
5 J'ai marqué deux essais.

Module 8

4 Écoutez et lisez. Trouvez les deux parties de chaque texte. (1–4)

Exemple: **1** d

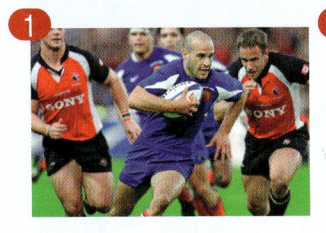

1 Ma passion, c'est le rugby et je suis supporter de Toulouse! Samedi dernier, j'ai regardé le match Toulouse-Narbonne, à la télé.

2 Je suis fan de cyclisme et l'année dernière, j'ai regardé la finale du Tour de France sur mon portable.

3 J'adore le skate et le week-end dernier, je suis allé à la Coupe du Monde de Skate à Marseille.

4 J'aime aller aux matchs de foot et je suis supportrice du PSG (Paris Saint-Germain). La semaine dernière, j'ai vu le match PSG contre Strasbourg.

a L'Américain Lance Armstrong a gagné la course! C'était extra!

b Bonaventure Kalou a marqué un but et on a gagné le match 1–0! C'était génial!

c Omar Hassan a gagné le championnat. C'est le roi des skateurs! C'était passionnant!

d Michalak a marqué un essai fantastique, mais on a perdu le match 34–12. C'était nul!

5 Vidéoconférence. Préparez et faites une présentation sur un match ou un autre événement sportif. Inventez les détails, si vous voulez.

Je suis supporter/supportrice de Manchester United et samedi dernier, j'ai regardé le match / je suis allé(e) au match Manchester United contre Arsenal …

J'adore le (foot/rugby/…).
Ma passion, c'est le (foot/rugby/…).
Je suis supporter/supportrice de …
Je suis fan de …

C'était extra/génial/chouette/passionnant/nul.
Ce n'était pas mal.

Hier/Samedi dernier/Le week-end dernier/L'année dernière, …
J'ai regardé le match (*nom de l'équipe*)– (*nom de l'autre équipe*) à la télé.
Je suis allé(e) au match (*nom de l'équipe*)– (*nom de l'autre équipe*).
J'ai vu le match (*nom de l'équipe*)– (*nom de l'autre équipe*).

(*Nom du joueur*) a marqué un but / deux buts / un essai.
(*Nom de l'équipe*) a gagné le match 2–1.
(*Nom de l'équipe*) a perdu le match 1–0.
(*Nom de l'équipe*) a fait match nul contre (*nom de l'autre équipe*).

6 Écrivez la description d'un match que vous avez joué, regardé ou vu.

Ma passion, c'est le foot, et samedi dernier, j'ai joué dans un match contre …

cent vingt-neuf 129

Module 8

Thierry Henry: le roi des footballeurs!

Thierry Henry est un des meilleurs footballeurs du monde. Il est né le 17 août 1977, à Paris, donc il est français, mais ses parents viennent de Guadeloupe. Il habite actuellement à Londres parce qu'il joue pour l'équipe anglaise Arsenal. Son surnom est «Titi».

Thierry a les cheveux noirs très courts et les yeux marron. Il mesure 1m88. Il a deux frères, deux chats et à part le foot, il aime aller au cinéma et écouter de la musique. De caractère, Thierry est toujours gentil, modeste et poli. Il n'est jamais agressif.

À dix-sept ans, Thierry a joué pour son premier club professionnel, Monaco. Ensuite, il a joué dans l'équipe italienne Juventus. Mais il joue depuis 1999 pour Arsenal. Il a marqué dix-sept buts pour «les Gunners» en un an! De plus, en 1998 il a joué pour «les Bleus» (l'équipe nationale de France) en finale de la Coupe du Monde. La France a gagné le match 3–1.

Qu'est-ce que Thierry Henry va faire plus tard? Est-ce qu'il va rester à Arsenal, ou est-ce qu'il va retourner en France? Je ne sais pas, mais je lui souhaite bonne chance. J'admire beaucoup Thierry Henry parce qu'à mon avis, c'est un sportif très sympa et vraiment talentueux.

Amélie

1 Trouvez dans le texte les phrases en bleu qui correspondent à ces phrases anglaises.
1 since 1999
2 He is 1m88 tall.
3 In terms of his character, …
4 apart from football
5 I wish him good luck
6 (they) come from Guadeloupe
7 in the future
8 What's more, …
9 At (the age of) seventeen, …
10 so/therefore

2 Identifiez les trois phrases correctes.
1 Thierry Henry habite en Guadeloupe.
2 Sa date de naissance est le 17 août.
3 Son lieu de naissance est Londres.
4 Il a les cheveux marron.
5 Thierry Henry n'a pas de frères.
6 Comme passe-temps, il écoute de la musique.
7 Il a joué pour une équipe italienne.
8 Il a commencé à Arsenal en 1998.
9 La France a perdu la Coupe du Monde en 1998.
10 Plus tard, Thierry va retourner en Italie.

3 Faites le portrait d'une personne célèbre.

Boîte à outils

1 Decide on the content.
- You don't have to write about a sportsperson. You could choose an actor/actress, a singer or any other famous person.
- Use the present, perfect and near future tenses and include opinions.
- Use or adapt phrases from Amélie's text and from the module as a whole.
- If you need to look up any new vocabulary, make sure you choose the right word, e.g. 'cricket' can be a sport or an insect!

2 Structure your text carefully.
- Use the present tense to write about what he/she is like, where he/she lives now, etc.
- Remember to change the adjective endings if you are writing about someone female (e.g. **gentil** → **gentille**) and use plural endings to describe hair and eyes (e.g. **courts**, **noirs**).
- Use the perfect tense to refer to events in the past.
  Il **a joué** dans son premier club professionnel.
  La France **a gagné** le match.
- But if you want to say 'since', use **depuis** with the present tense.
  Il joue à Arsenal depuis 1999.
- If you don't know what the person's future plans are, do as Amélie has done and ask some rhetorical questions, using the near future tense:
  Qu'est-ce que Thierry Henry **va faire** plus tard?
  Est-ce qu'il **va rester** chez Arsenal?
- You can use **À mon avis / Pour moi, ...** or **Je pense que ...** to give your opinion.
- Use intensifiers with adjectives, such as **très** (very), **tout à fait** (completely) and **vraiment** (really).

Introduction
Give background information about this person (e.g. date and place of birth, nationality, family, hobbies). Say what the person looks like and describe his/her personality.

Main section
Give a summary of his/her career to date.
Say what he/she is going to do next, or might do in the future.

Conclusion
Give your opinion of this person, giving reasons.

3 Check what you have written carefully. Check:
- spelling and accents
- adjective endings
- that you have used the different tenses correctly (e.g. il joue / il a joué / il va jouer)

Module 8 Mots

Il/Elle est comment?	***What is he/she like?***		
assez	*quite*	pénible	*a pain*
un peu	*a bit*	sérieux/euse	*serious*
si	*so*	stupide	*stupid*
très	*very*	sympa	*nice, kind*
trop	*too*	têtu(e)	*stubborn*
adorable	*lovely*	timide	*shy*
bavard(e)	*talkative, chatty*	Il est plus marrant que son frère.	*He is funnier than his brother.*
beau/belle	*good-looking, beautiful*	Elle est plus sérieuse que moi.	*She is more serious than me.*
égoïste	*selfish*		
gentil(le)	*kind*	Elle a les cheveux plus courts que sa sœur.	*She has shorter hair than her sister.*
intelligent(e)	*intelligent*		
joli(e)	*pretty*	Elles sont plus têtues que leurs copines.	*They are more stubborn than their friends. [girls]*
marrant(e)	*funny*		
paresseux/euse	*lazy*		

Qui admirez-vous?	***Who do you admire?***		
J'admire …	*I admire …*	À mon avis / Pour moi …	*In my opinion …*
actif/ive	*active*	un bon copain/une bonne copine …	*a good friend …*
arrogant(e)	*arrogant*		
calme	*calm*	devrait être (drôle)	*should be (funny)*
déterminé(e)	*determined*	ne devrait pas être (arrogant)	*shouldn't be (arrogant)*
drôle	*funny*		
généreux/euse	*generous*	C'est quelqu'un qui …	*It's someone who …*
honnête	*honest*	est toujours (honnête)	*is always (honest)*
modeste	*modest*	n'est jamais (égoïste)	*is never (selfish)*
paresseux/euse	*lazy*	Un(e) de mes héros/héroïnes, c'est …	*One of my heroes/heroines is …*
plein(e) de vie	*full of life, lively*		
poli(e)	*polite*	C'est le plus bel acteur.	*He's the best-looking actor.*
rigolo(te)	*funny, a laugh*		
sincère	*sincere*	C'est un des meilleurs joueurs.	*He's one of the best players.*
sportif/ive	*sporty*		
talentueux/euse	*talented*	C'est une des meilleures joueuses.	*She's one of the best players.*
travailleur/euse	*hard-working*		
le bon sens de l'humour	*a good sense of humour*	Il est le plus grand footballeur du monde.	*He's the best footballer in the world.*
		Elle est la joueuse la plus disciplinée.	*She's the most disciplined player.*

Les détails personnels *Personal details*

l'état civil (m)	*marital status*	les passe-temps (m)	*hobbies*
le lieu de naissance	*place of birth*	marié(e)	*married*
le métier	*job*	divorcé(e)	*divorced*
le nom (de famille)	*surname*	célibataire	*single*
le prénom	*first name*	Il/Elle est né(e) …	*He/She was born …*
le surnom	*nickname*	Il/Elle est français(e).	*He/She is French.*
la date de naissance	*date of birth*	depuis	*since*
la nationalité	*nationality*		
le domicile	*place of residence / where you live*		

Un stage sportif *A sports course*

Je vais / On va …	*I'm going to / We're going to …*	faire un stage de (surf/ vol libre)	*do a (surfing/hang-gliding) course*
aller à la pêche	*go fishing*	On va …	*We're going …*
faire du canoë-kayak	*go canoeing*	aller (en Normandie)	*to go (to Normandy)*
faire du VTT	*go mountain-biking*	avoir (deux heures) de cours par jour	*to have (two hours) of tuition a day*
faire de la planche à voile	*go windsurfing*	loger en camping	*to stay on a campsite*
faire de la plongée	*go scuba-diving*	Ça va coûter (300€) en …	*It will cost (300€) for …*
faire de la voile	*go sailing*	demi-pension	*half-board*
faire de l'équitation	*go horse-riding*	pension complète	*full-board*
faire de l'escalade	*go rock-climbing*		
faire des randonnées	*go hiking*		

Les événements sportifs *Sporting events*

Ma passion, c'est …	*What I really like is …*
Je suis supporter/supportrice de …	*I'm a supporter of …*
Je suis fan de …	*I'm a fan of …*
J'ai regardé le match (Angleterre–Brésil) à la télé.	*I watched the (England–Brazil) match on TV.*
Je suis allé(e) au match.	*I went to the match.*
J'ai vu le match au stade.	*I watched the match at the stadium.*
Il a marqué …	*He scored …*
un but / deux buts	*a goal / two goals*
un essai / deux essais	*a try / two tries*
L'Angleterre a gagné le match 3–1.	*England won the match 3–1.*
L'Italie a perdu la finale 2–0.	*Italy lost the final 2–0.*
La France a fait match nul contre l'Écosse.	*France drew with Scotland.*
Elle a gagné le championnat/la course.	*She won the championship/the race.*
C'était …	*It was …*
extra/génial/chouette	*great*
passionnant	*fascinating*
nul	*rubbish*
Ce n'était pas mal.	*It wasn't bad.*

9 Mode de vie

Ce qu'on mange et ce qu'on boit — Talking about food and drink
Using *du, de la, de l', des*

1
Écoutez Nicolas et Amélie. Que mangent-ils et que boivent-ils d'habitude pour le petit déjeuner? Copiez et remplissez la grille. (1–2)
Listen to Nicolas and Amélie. What do they usually eat and drink for breakfast? Copy and complete the grid.

	journée scolaire		week-end	
	mange	boit	mange	boit
Nicolas				
Amélie				

a des céréales
b du lait
c du jus d'orange
d du chocolat chaud
e du pain
f du pain grillé
g une tartine

Expo-langue →→→→
Grammaire 1.5

You use **du**, **de la**, **de l'** and **des** (some) when talking about what you eat and drink. This is known as the partitive article.

masculine singular	feminine singular	before a vowel	plural
du	**de la**	**de l'**	**des**

Je mange **du** pain grillé. = I eat (some) toast.
Veux-tu **des** céréales? = Do you want (some) cereal?

Je ne bois pas **de** lait. = I don't drink milk.
Je ne veux pas **de** céréales. = I don't want cereal.

When the verb is negative, **du**, **de la**, **de l'** and **des** change to **de**.

2
À deux. Posez et répondez aux questions.

- Que manges-tu d'habitude au petit déjeuner avant d'aller au collège?
- Que bois-tu d'habitude au petit déjeuner avant d'aller au collège?
- Et le week-end, que manges-tu d'habitude?
- Et que bois-tu d'habitude le week-end?

Try to introduce some of these phrases in your answers:
d'habitude – usually   quelquefois – sometimes
Ça dépend. – It depends.   Je préfère … – I prefer …
Si je suis pressé(e), … – If I'm in a hurry, …
Si je ne suis pas pressé(e), … – If I'm not in a hurry, …
Si je suis en retard, … – If I'm late, …
Je ne mange rien. – I don't eat anything.

Module 9

3 **Qu'est-ce que vous mangez et buvez au petit déjeuner?**
What do you eat and drink for breakfast?

D'habitude au petit déjeuner, je mange … , mais si je suis pressé(e), je …

4 **À la cantine. Lisez et trouvez ce qu'ils choisissent.**
In the canteen. Read the texts and find what they choose.

Exemple: **Coralie** a, …

a b c d

e f g h

i j k l

À midi, je mange à la cantine. Aujourd'hui, je mange une salade verte, du jambon avec des frites et puis une mousse au chocolat parce que j'adore le chocolat.
Coralie

À midi, je rentre à la maison. Aujourd'hui, je mange de la soupe, un hamburger avec des haricots verts et un yaourt.
Thomas

À midi, je mange à la cantine. Je prends une salade composée, une pizza, des frites et une pomme comme dessert.
Sandrine

5 **À la cantine. Que mangent-ils et que boivent-ils? Écoutez et notez les lettres des images dans l'exercice 4. (1–4)**
In the canteen. What do they eat and drink? Note the letters of the pictures in Exercise 4.

6 **Vidéoconférence. Préparez une présentation sur ce que vous mangez et buvez d'habitude pendant une journée scolaire.**

Au petit déjeuner / repas de midi, je mange … je bois …

le petit déjeuner – breakfast
le repas de midi – lunch
le goûter – afternoon snack
le dîner – dinner

cent trente-cinq 135

Ça ne va pas! Parts of the body and saying where it hurts
Using au, à la, à l', aux

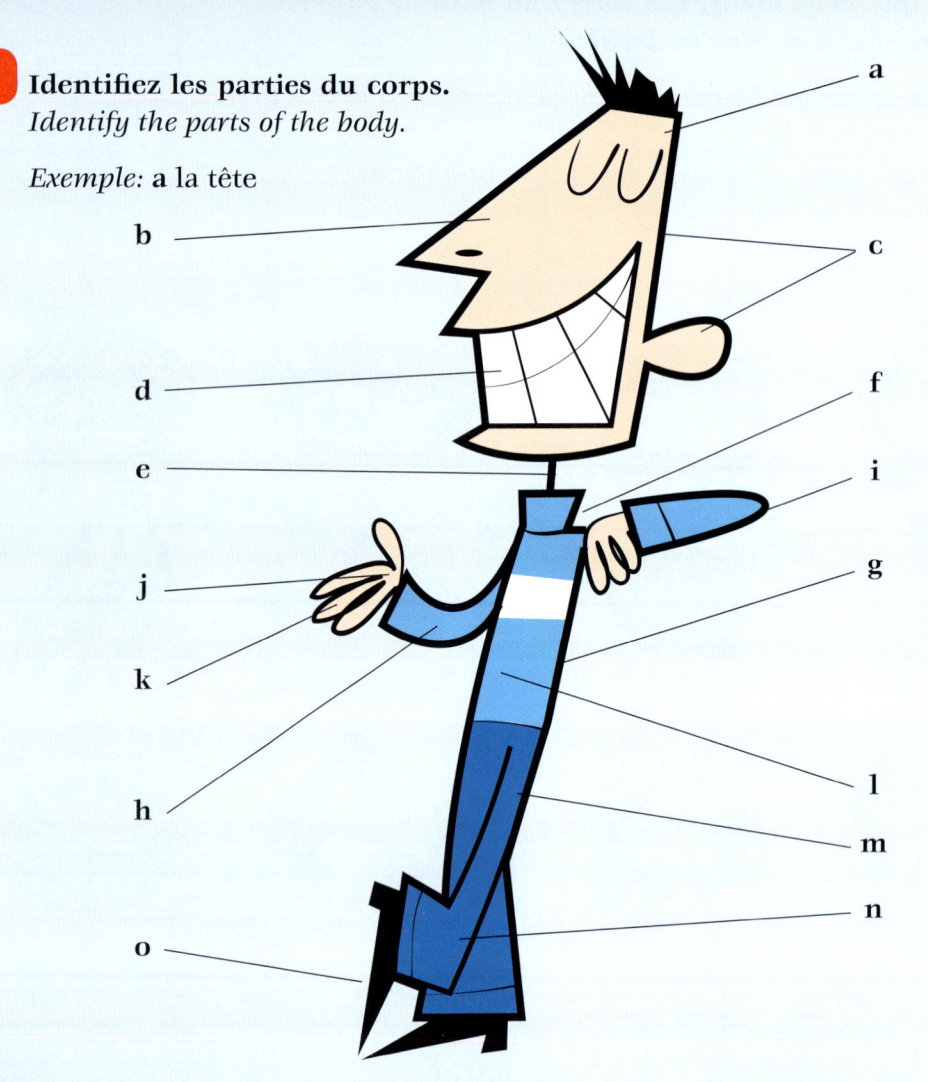

1 Identifiez les parties du corps.
Identify the parts of the body.

Exemple: **a** la tête

le bras	
le coude	
le doigt	
le dos	
les dents (f)	
l'épaule (f)	
le genou	
la gorge	
la jambe	
la main	
le nez	
les oreilles (f)	
le pied	
la tête	
le ventre	

2 Écoutez et vérifiez.

3 Écoutez. Quelle partie du corps leur fait mal? (1–6)
Listen. Which part of their body hurts?

Exemple: 1 a

4 À deux. Choisissez une partie du corps. Votre partenaire devine ce que vous avez.
In pairs. Choose a part of the body. Your partner guesses what's wrong with you.

- ■ Comment vas-tu?
- ● Ça ne va pas.
- ■ As-tu mal à la tête?
- ● Oui./Non.

Expo-langue → 4.6

To say where it hurts, you use
J'ai mal à + the part of the body.

à + le → au
à + les → aux

J'ai mal **au** genou.
= My knee hurts./I've hurt my knee.
J'ai mal **à la** jambe.
= My leg hurts./I've hurt my leg.
J'ai mal **à l'**épaule.
= My shoulder hurts./I've hurt my shoulder.
J'ai mal **aux** dents. = My teeth hurt.

Module 9

5 **Chez le médecin. Écoutez et notez a, b ou c pour remplir les blancs pour chaque personne. (1–3)**
At the doctor's. Listen and note a, b or c to fill the gaps for each person.

comprimés

pastilles

sirop

Exemple: Aurélie **1** c

- ■ Bonjour, **Aurélie/Rémy/Chloé**.
- ● Bonjour, madame/monsieur.
- ■ Qu'est-ce qui ne va pas?
- ● J'ai (**1**) ———— et (**2**) ————.
- ■ Tu as (**3**) ————. Je te fais une ordonnance. Va à la pharmacie. Il faut (**4**) ———— (**5**) ————
- ● Est-ce qu'il faut rester au lit?
- ■ Non, mais tu ne peux pas aller au collège! Oui, il faut rester au lit.
- ● Merci. Au revoir, madame/monsieur.

1	**a** mal à la tête	**b** mal au ventre	**c** mal à la gorge
2	**a** j'ai vomi	**b** je tousse	**c** j'ai de la fièvre
3	**a** la grippe	**b** une gastrite	**c** un rhume
4	**a** prendre les comprimés	**b** sucer les pastilles	**c** prendre ce sirop
5	**a** 2× par jour	**b** 3× par jour	**c** 4× par jour

6 **Chez le médecin. Faites des dialogues. Adaptez le dialogue de l'exercice 5.**

7 **Qui écrit? Aurélie, Rémy ou Chloé?**
Who is writing? Aurélie, Rémy or Chloé?

Je ne peux pas venir au collège aujourd'hui parce que …

1 … j'ai mal à la gorge et le médecin m'a fait une ordonnance pour acheter des pastilles.
2 … j'ai la grippe – je dois prendre des comprimés et rester au lit!
3 … j'ai une gastrite, j'ai vomi toute la nuit et le médecin m'a donné un sirop qui est vraiment dégoûtant!

8 **Écrivez des textos à votre copain / votre copine.**
Write text messages to your friend.

Je ne peux pas aller au collège aujourd'hui parce que …

cent trente-sept 137

1 Garder la forme
Talking about a healthy lifestyle
Using *il faut* to say 'you must/should'

1
C'est bon pour la santé ou pas? Pourquoi? Écoutez et notez en anglais. (1–11)

Exemple:
1 not healthy – full of sugar

1 les bonbons
2 le chewing-gum
3 les chips
4 les frites
5 les légumes
6 les noix
7 un hamburger
8 le chocolat
9 le coca
10 le poisson
11 les fruits

> plein de vitamines/de calcium/de sucre – full of vitamins/calcium/sugar
> le corps a besoin de protéines – the body needs protein

2
Reliez le conseil et la bonne image.

1 Il faut manger cinq fruits ou cinq légumes par jour.
2 Il ne faut pas manger trop de chips ou de bonbons.
3 Il faut se coucher de bonne heure.
4 Il faut boire plus d'eau.
5 Il ne faut pas prendre de drogues.
6 Il faut faire plus de sport.
7 Il ne faut pas prendre le bus; il faut marcher davantage.
8 Il ne faut pas fumer.
9 Il ne faut pas boire de boissons sucrées.

> **Expo-langue** →→ *Grammaire 3.12*
>
> You can use **il faut** with a noun.
> Il faut **de la limonade**. – We need some lemonade.
> You can also use it with a verb. This is in the infinitive.
> Il faut **faire** plus de sport. – You must/need to/should do more sport.
> Il ne faut pas **fumer**. – You mustn't/shouldn't smoke.

3
Écoutez. Qu'est-ce qu'il faut faire pour garder la forme?
Trouvez la bonne image de l'exercice 2? (1–9)

Module 9

4 Lisez l'interview de Séverine et choisissez a, b ou c pour compléter chaque phrase.

● Quel sport fais-tu?	✱ Je fais du judo. Je suis championne junior de ma région.
● Que fais-tu pour garder la forme?	✱ Je fais une heure de fitness ou de jogging par jour et je mange sainement.
● Fais-tu un régime?	✱ Non, je mange beaucoup de fruits et de légumes. Je ne mange pas dans les fast-foods. J'évite les graisses et les sucreries.
● Que bois-tu?	✱ D'habitude, je bois de l'eau minérale. Quelquefois, je bois du coca quand je sors avec mes copains, mais je ne bois pas d'alcool.
● Combien d'heures d'entraînement fais-tu?	✱ Je fais une heure de judo trois fois par semaine et une heure de fitness ou de jogging chaque jour.
● Quelles sont les qualités nécessaires pour être champion?	✱ Il faut de la patience, de la concentration et de la discipline.
● Fumes-tu?	✱ Absolument pas. Dans notre club, c'est défendu de fumer, de boire de l'alcool ou de prendre des drogues.

1 Séverine est   a sportive   b paresseuse   c timide.
2 Elle fait   a du karaté   b du judo   c du tae-kwondo.
3 Elle mange   a des bonbons   b des fruits   c des gâteaux.
4 Elle boit   a de l'eau   b de l'alcool   c beaucoup de coca.
5 Elle fait   a quatre heures   b trois heures
              c une heure et demie d'entraînement par semaine.
6 Pour réussir, il faut   a se coucher tôt   b fumer   c être discipliné.

> un régime – diet
> éviter – to avoid
> les graisses – fatty foods
> réussir – to succeed

5 Écoutez. Que font Jérôme et Sarah pour garder la forme?
Copiez la grille et mettez J ou S dans la bonne case. (1–2)

	d'habitude	quelquefois	jamais
1 manger sainement			
2 boire de l'eau			
3 exercices physiques			
4 fumer			
5 se coucher tôt			

> sainement – healthily

6 À deux. Posez et répondez aux questions.

- Que fais-tu pour garder la forme?
- Manges-tu sainement?
- Bois-tu beaucoup d'eau?
- Fais-tu de l'exercice régulièrement?
- À quelle heure tu te couches?

7 Donnez des conseils à Adam et à Isabelle!

Adam, il ne faut pas … il faut …

cent trente-neuf 139

2 Le tabagisme — Talking about smoking / Giving your opinion

1 Qui est pour (P) et qui est contre (C) le tabagisme?

1. Mon grand-père fume beaucoup et tous ses vêtements sentent la fumée. C'est dégoûtant.

2. C'est du gaspillage. Les cigarettes coûtent cher. On peut s'acheter quelque chose de vraiment mieux avec l'argent.

3. C'est bien de fumer une cigarette dans un bar avec ses copains. C'est déstressant!

4. Je déteste l'odeur de la cigarette dans un bar ou restaurant. Il ne faut pas fumer où d'autres mangent.

5. Mes parents fument. Je ne comprends pas pourquoi je ne peux pas fumer moi aussi!

6. Fumer, c'est cool. Ça donne l'impression d'être adulte.

7. Ma tante a fumé et elle est morte d'un cancer des poumons.

2 Écoutez. Fument-ils ou pas? Trouvez la bonne phrase pour chaque personne. (1–5)

a Je n'ai jamais fumé. – I've never smoked
b J'ai essayé, mais je ne fume plus. – I tried it, but I don't smoke any more.
c Je fume quand je suis avec mes copains qui fument. – I smoke when I'm with friends who smoke.
d Je suis dépendant(e). – I'm addicted to smoking.
e Je ne fume pas. C'est un gaspillage d'argent. – It's a waste of money.

3 Lisez et répondez aux questions en anglais.

> Je fume depuis un an. Presque tous les garçons de ma classe fument. J'achète des cigarettes avec l'argent que ma mère me donne pour manger à la cantine.
>
> Je n'aime pas le goût, mais quand je fume, j'ai le sentiment d'être membre du groupe et ça me donne plus confiance en moi. Je sais que c'est mauvais pour la santé et j'ai essayé d'arrêter trois fois, mais j'ai toujours recommencé. Maintenant, je joue au foot et je vais arrêter, mais pas aujourd'hui!
>
> **Thomas**

1. How long has Thomas been smoking?
2. What does he go without to buy cigarettes?
3. What does he like about it?
4. How many times has he tried to stop?
5. Why does he say he is going to stop?

4 Écoutez. Qui est pour (P) et qui est contre (C) le tabagisme? (1–6)

> Listening to the tone of someone's voice often gives you a clue to what they are saying.

5 Discutez. D'accord ou pas? Essayez d'utiliser toutes les phrases pour donner une opinion.

À mon avis	fumer, c'est déstressant.
Selon moi	une cigarette à la main donne confiance.
Je pense que/qu'	on fume parce que les autres fument.
Je sais que/qu'	il ne faut pas copier les autres.
	c'est difficile de résister à la pression des copains.
	on peut s'arrêter quand on veut, c'est facile.

6 Écrivez un paragraphe: *Moi et le tabagisme*.

Je ne fume pas …
Je n'ai jamais essayé.
Je ne veux pas parce que …
À mon avis …

Je fume depuis …
Je fume parce qu'à mon avis, c'est …
Je fume … cigarettes par jour.

3 Veux-tu te marier? Talking about family relationships and future plans
Using *je veux* to say what you want to do

1 Lisez et répondez aux questions.

Je ne veux pas me marier parce que je ne veux pas avoir d'enfants. Je veux devenir médecin et voyager. Je veux aller en Afrique et travailler pour Médecins Sans Frontières. Je veux une petite copine, mais pas une femme.
— François

Plus tard, ma petite copine et moi, nous voulons louer un petit appartement, mais nous ne voulons pas de grand mariage parce que ça coûte trop cher. Plus tard, on veut avoir des enfants et se marier, mais d'abord, il faut gagner de l'argent!
— Nathan

Plus tard, je veux trouver un petit copain riche. Je suis romantique. Je veux tomber amoureuse. Je veux porter une robe blanche, et être la princesse d'une journée, et puis avoir des enfants et vivre heureuse.
— Zoé

Expo-langue
To say what you want to do, use **je veux** + the infinitive.

Je **veux voyager**. = I want to travel.

1 Qui veut un grand mariage? Pourquoi?
2 Qui ne veut pas se marier? Pourquoi?
3 Qui ne veut pas de grand mariage? Pourquoi?

2 Écoutez et notez. Qui veut se marier? (1–5)

1 Christophe   2 Delphine   3 Audrey   4 Mélinda   5 Kévin

3 Qu'en pensez-vous? Discutez. Utilisez les textes de l'exercice 1.

- ■ Es-tu romantique?
- ● **Oui, je suis romantique. / Non, je ne suis pas romantique.**
- ■ Veux-tu te marier plus tard?
- ● **Je veux / ne veux pas** … parce que **je suis / j'aime / je n'aime pas** …
- ■ Veux-tu un grand mariage?
- ● **Oui/Non**, parce que …
- ■ Veux-tu avoir des enfants?
- ● **Oui / Non / Ça dépend.**

Module 9

4 Trouvez les équivalents français de ces phrases anglaises dans les textes.

1 it's better
2 it's embarrassing
3 it's normal
4 it's not fair
5 it's not serious
6 it's romantic
7 it's sad

Luc: Mes parents sont divorcés. C'est mieux parce qu'ils se disputent quand ils sont ensemble.

Sylvie: Mes parents se disputent tout le temps, mais je pense que c'est normal qu'on se dispute. Mon frère et moi, nous nous disputons tout le temps, mais ce n'est pas grave.

Hakim: Mes parents se sont séparés. J'habite chez ma mère, dans un petit appartement. J'en ai marre de mon père. Il a une grande maison et une petite amie. Ce n'est pas juste.

Sébastien: Les parents de mon copain se sont séparés. C'est triste, parce qu'il pense que c'est à cause de lui.

Mathilde: J'habite chez ma mère et son nouveau petit copain. Ils sont toujours amoureux, ils s'embrassent tout le temps. C'est romantique, mais c'est gênant, surtout quand ils le font devant mes amis.

> J'en ai marre de … – I am fed up with …
> nouveau – new

5 Indiquez les trois phrases qui sont correctes.

1 Luc n'habite pas chez ses parents.
2 Sylvie ne se dispute pas avec son frère.
3 Hakim n'aime pas son père.
4 Sébastien se dispute avec son copain.
5 Mathilde habite chez son nouveau petit copain.
6 Sylvie pense que les disputes en famille sont graves.
7 Mathilde n'aime pas quand sa mère et son copain s'embrassent devant ses amis.

6 L'histoire d'un mariage. C'est comment? Complétez les phrases.
The story of a marriage. What is it like? Complete the sentences.

1 Ils s'aiment. C'est …
2 Ils se marient. C'est …
3 Ils se disputent. C'est …
4 Ils se séparent. C'est …
5 Ils divorcent. C'est …
6 Son père se remarie. Ils ont un bébé. C'est …

7 Répondez aux questions et écrivez un paragraphe: *Plus tard, …*

- Que veux-tu faire?
- Veux-tu tomber amoureux/amoureuse?
- Veux-tu te marier?
- Veux-tu avoir des enfants?

cent quarante-trois 143

Module 9

La forme

Je fais des efforts pour garder la forme. Je ne fais pas de régime particulier, mais je fais des efforts pour manger sainement et je ne fume pas.

Au petit déjeuner, je mange des céréales et je bois un jus d'orange.

D'habitude, le midi, je déjeune à la cantine. Le repas est équilibré, il y a de la salade, un plat et un dessert, et je bois de l'eau, mais malheureusement, les frites du self sont délicieuses et j'en mange trop!

Le soir, au dîner, je mange une soupe, du pain, de la salade, du jambon, du fromage et un fruit en dessert et je me couche tôt.

Le mercredi, je vais à la piscine et puis on joue au basket ou au volley au centre sportif. Le week-end, je sors avec mon copain. On fait une balade à vélo ou on promène le chien.

La semaine dernière, j'ai fait un stage de yoga au centre de loisirs. C'était super. J'y vais encore une fois cette semaine. À partir de maintenant, je vais essayer de faire plus de sport. Le yoga, c'est très bon pour garder la forme et il y a plein de garçons qui en font!

Yvette

1 Qu'est-ce qu'Yvette a fait pour rendre son texte plus intéressant? a, b ou tous les deux?
What has Yvette done to make her text interesting? a, b or both?
  1 She has used
   a the first person (*I*)   b the third person (*he/she/it*).
  2 She lists
   a everything she eats and drinks   b just a sample.
  3 She tries to involve you by mentioning opinions you are
   a likely to share   b unlikely to share.
  4 She uses   a short sentences   b long sentences.
  5 She
   a takes herself seriously   b shows a sense of humour.
  6 She often begins a sentence with
   a a pronoun (*I/he/she*)   b a time expression.
  7 These features make the text more interesting because it reads like
   a a school essay   b an article for a teenage magazine.

2 Trouvez dans le texte les phrases en bleu qui correspondent à ces phrases anglaises.
  1 I eat too many of them
  2 the meal is well balanced
  3 unfortunately
  4 I'm going to try
  5 I have lunch
  6 I am going there again
  7 early
  8 we take the dog for a walk
  9 there are lots of boys who do it
  10 healthily

144 cent quarante-quatre

Module 9

3 Que faites-vous pour garder la forme?

Boîte à outils

1 **Decide on the content.**
   - Try to use or adapt some of the phrases from Yvette's text or from elsewhere in this module.
   - Refer to past, present and future events.
   - If you have to look up new words in a dictionary, make sure you choose the correct French word. Look carefully at any example sentences given and think about the context, e.g. 'to work out' can refer to an activity in the gym or to solving a problem.

2 **Structure your text carefully.**
   - Useful phrases:
     *Pour garder la forme,
     je mange équilibré /
     je me couche tôt /
     je ne fume pas.*

   - Use the present tense to talk about what you do now.
   - Useful phrases:
     *Je mange beaucoup de (fruits) parce que (j'aime ça/ je sais que c'est bon pour la santé).
     Je ne mange pas assez de (légumes) parce que je déteste ça.
     Je mange beaucoup de (fromage) parce que j'adore ça et (c'est bon pour les os).
     Je mange trop de graisses/sucreries …
     Je fais beaucoup de sport.
     Je fais de la natation / de l'équitation.
     Je joue au foot.
     Je fais deux heures d'entraînement par semaine.*
   - Use the perfect tense to say what you did in the past.
     Je suis allé(e) et j'ai fait …

   Introduction
   Outline what you do to be healthy.

   Main section
   Talk about what you eat.
   Talk about what else you do.

   Conclusion
   Say what your plans are for the future. Say what you intend to do to improve the situation (if you need to).

   - Use the near future tense to talk about your plans for the future.

3 **Check what you have written carefully. Check:**
   - spelling and accents
   - gender and agreement (e.g. adjectives, past participles of *être* verbs)
   - verb endings for the different persons: *je/on/nous*, etc.
   - tense formation (e.g. *je mange, j'ai mangé, je vais manger*)

Module 9 Mots

Bon appétit! — *Enjoy your meal!*

Pour le petit déjeuner …	*For breakfast …*	du riz	*rice*
Pour le repas de midi …	*For lunch …*	de la pizza	*pizza*
Pour le goûter …	*For a snack …*	de la salade	*lettuce/salad*
Pour le dîner …	*For dinner …*	de la soupe	*soup*
		de la viande	*meat*
Je mange …	*I eat …*	des carottes (f)	*carrots*
des céréales (f)	*cereal*	des champignons (m)	*mushrooms*
une tartine	*a slice of bread and butter*	des chips (f)	*crisps*
		des frites (f)	*chips*
du pain	*bread*	des haricots (m) verts	*green beans*
du pain grillé	*toast*	des légumes (m)	*vegetables*
		des œufs (m)	*eggs*
Je bois …	*I drink …*	des oignons (m)	*onions*
du café	*coffee*	des petits pois (m)	*peas*
du chocolat chaud	*hot chocolate*	des pâtes (f)	*pasta*
du jus d'orange	*orange juice*	des pommes de terre (f)	*potatoes*
du lait	*milk*	un hamburger	*a burger*
du thé	*tea*		
		des fraises (f)	*strawberries*
Je ne mange pas de yaourt.	*I don't eat yogurt.*	des framboises (f)	*raspberries*
		des raisins (m)	*grapes*
Je ne bois pas de thé.	*I don't drink tea.*	un fruit	*a piece of fruit*
		un yaourt	*a yogurt*
du fromage	*cheese*	une banane	*a banana*
du jambon	*ham*	une orange	*an orange*
du pâté	*paté*	une pomme	*an apple*
du poisson	*fish*	une mousse au chocolat	*chocolate mousse*
du poulet	*chicken*		

Le corps — *The body*

le bras	*arm*	la gorge	*throat*
le coude	*elbow*	la jambe	*leg*
le doigt	*finger*	la main	*hand*
le dos	*back*	la tête	*head*
le genou	*knee*	l'épaule (f)	*shoulder*
le nez	*nose*	les dents (f)	*teeth*
le pied	*foot*	les oreilles (f)	*ears*
le ventre	*stomach*		

Ça ne va pas — *It hurts*

J'ai …	*I've got …*	la grippe	*flu*
mal à la tête	*a headache*	un rhume	*a cold*
mal au dos	*a sore back*	une gastrite	*an upset stomach*
mal à l'épaule	*a sore shoulder*	Je tousse.	*I'm coughing.*
mal aux dents	*toothache*	J'ai vomi.	*I've been sick.*
de la fièvre	*a fever*		

Il faut …	You need to …	sucer des pastilles (f)	suck some throat sweets
rester au lit	stay in bed		
prendre des comprimés (m)	take some pills	deux/trois/quatre fois par jour	twice/three times/ four times a day
prendre du sirop	take some syrup		

Garder la forme / *Keeping in good shape*

Que fais-tu pour garder la forme?	What do you do to keep in good shape?	Je fais de l'exercice (régulièrement).	I exercise (regularly).
Je mange (sainement).	I eat (healthily).	Je me couche (tôt).	I go to bed (early).
Je bois (beaucoup d'eau).	I drink (lots of water).	Il faut …	You should …
Je (ne) fume (pas).	I (don't) smoke.	manger sainement	eat healthily
		se coucher tôt	go to bed early

Le tabagisme / *Smoking*

Je ne fume pas.	I don't smoke.	une cigarette à la main donne confiance	a cigarette in your hand gives you confidence
Je n'ai jamais essayé.	I've never tried.		
Je ne veux pas parce que/qu' …	I don't want to because …	on fume parce que les autres fument	we smoke because other people smoke
Je fume depuis (six) mois.	I have smoked for (six) months.	il ne faut pas copier les autres	you musn't copy other people
Je fume (cinq) cigarettes par jour.	I smoke (five) cigarettes a day.	c'est difficile de résister à la pression des copains	it's hard to resist pressure from your friends
Je fume parce que/qu' …	I smoke because …		
Je suis dépendant(e).	I'm addicted.	on peut s'arrêter quand on veut, c'est facile	you can stop whenever you want, it's easy
À mon avis / Selon moi …	In my opinion …		
Je pense/sais que/qu' …	I think/know that …	c'est dégoûtant/ du gaspillage	it's disgusting/ a waste of money
fumer, c'est déstressant	smoking is relaxing		

Veux-tu te marier? / *Do you want to get married?*

Je (ne) suis (pas) romantique.	I am (not) romantic.	avoir un grand mariage	to have a big wedding
		Il faut gagner de l'argent.	You need to earn some money.
Je veux …	I want …		
me marier plus tard	to get married in the future	Ça dépend.	It depends.
		Je ne veux pas me marier.	I don't want to get married.
tomber amoureux/euse	to fall in love		
avoir des enfants	to have children	Je ne veux pas avoir d'enfants.	I don't want to have children.
devenir (médecin)	to become (a doctor)		
trouver un petit copain riche	to find a rich boyfriend	Je ne veux pas de grand mariage.	I don't want to have a big wedding.

10 Le monde en danger

1 On peut le faire! Discussing world issues
Saying how we can help using *on peut*

1
Écoutez. On parle des problèmes du monde. Trouvez la bonne photo pour chaque personne. (1–5)

Exemple: 1 d

1 Tariq   2 Éléa   3 Jade   4 Mathis   5 Blanche

a le sida   b la pauvreté   c la guerre   d la faim   e le terrorisme

> When listening, you don't always need to understand everything people say! What key words do you need to listen out for in Exercise 1?

2
Lisez et complétez ces phrases avec un des problèmes de l'exercice 1.

Exemple: 1 la faim

1 Il y a des milliers de gens qui n'ont pas assez à manger. _____, c'est un scandale!
2 En Afrique, beaucoup de gens sont malades ou morts à cause de ça. C'est affreux, _____.
3 Le onze septembre, 2001, à New York; le sept juillet, 2005, à Londres: _____ représente un très grand danger.
4 Un problème sérieux, c'est _____. Il y a trop de gens dans le monde qui n'ont pas assez d'argent.
5 Il y a trop de violence dans le monde. Tous les jours, les gens meurent à cause de _____.

> Look for words you recognise or can work out to help you do this exercise. What clues do the following words give you?
> **manger   malade   le onze septembre   argent   violence**

148 cent quarante-huit

Module 10

3 Relisez les phrases de l'exercice 2 et trouvez le français de ces mots.

1. people (*in four of the sentences*)
2. world (*in two of the sentences*)
3. dead (*in one of the sentences*)
4. (they) die (*in one of the sentences*)

4 Qu'est-ce qu'on peut faire pour aider? Écoutez et mettez les phrases dans le bon ordre. (1–6)

What can we do to help? Listen and put the sentences into the right order.

Exemple: **1** d

a   On peut parrainer un enfant à l'étranger.

b   On peut organiser des activités pour collecter de l'argent au collège.

c   On peut écrire au gouvernement pour demander plus d'argent pour les pays en voie de développement.

d   On peut acheter des produits issus du commerce équitable.

e   On peut donner plus d'argent aux bonnes causes.

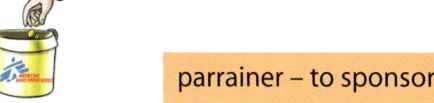

f   On peut faire du bénévolat en Afrique ou en Inde.

> parrainer – to sponsor

Expo-langue →→→→
Grammaire 3.11

You use **on peut** + the infinitive to say what we can do.

On peut donner de l'argent aux bonnes causes. = We can give money to good causes.

5 À deux. Discutez avec votre partenaire. Changez les détails en bleu.

- ■ À ton avis, quel est le plus grand problème dans le monde?
- ● À mon avis, c'est le sida.
- ■ Qu'est-ce qu'on peut faire pour aider?
- ● On peut parrainer un enfant à l'étranger.
- ■ Oui, et on peut aussi écrire au gouvernement pour demander plus d'argent pour les pays en voie de développement.

6 Écrivez des réponses aux questions. Utilisez des phrases de l'exercice 4.

Exemple: **1** On peut donner plus d'argent aux bonnes causes.

À ton avis, qu'est-ce qu'on peut faire pour …

1. aider les pays en voie de développement?
2. arrêter la faim?
3. combattre le sida?
4. arrêter la pauvreté?

> arrêter – to stop
> combattre – to fight

cent quarante-neuf 149

2 Les problèmes locaux
**Talking about problems in your area
Using negatives**

1 Quels sont les problèmes à Nulleville? Trouvez la bonne phrase pour chaque image. Puis écoutez pour vérifier. (1–6)

Exemple: 1 d

a Il n'y a qu'un bus par jour.
b Il n'y a pas de poubelles et pas de centres de recyclage.
c Il n'y a jamais de police dans la rue.
d Il n'y a pas assez de travail.
e Il n'y a plus de cinéma et plus de club des jeunes.
f Il n'y a rien pour les jeunes.

2 Trouvez la bonne phrase dans l'exercice 1 pour chaque phrase en dessous. Copiez les paires de phrases.

Exemple: 1 Le problème, c'est le chômage.
Il n'y a pas assez de travail.

1 Le problème, c'est le chômage.
2 Le problème, c'est les transports en commun.
3 Le problème, c'est que les jeunes s'ennuient.
4 Le problème, c'est la criminalité.
5 Le problème, c'est les déchets.
6 Le problème, c'est les distractions.

s'ennuient – (they) get bored
les déchets – rubbish, litter

3 À deux. Parlez de votre ville ou de votre village. Complétez le dialogue.

■ Quels sont les problèmes dans ta ville / ton village?
● Le problème dans ma ville / mon village, c'est ... Il n'y a ... Et toi? Quels sont les problèmes dans ta ville / ton village?
■ Le problème ... Il n'y a ...

Expo-langue → → → 3.8

In French, negative expressions are usually in two parts:

Il **n**'y a **pas** de poubelles.
= There **aren't** any rubbish bins.
Il **n**'y a **rien** pour les jeunes.
= There's **nothing** for young people.
Il **n**'y a **plus** de cinéma.
= There's **no** cinema **any more**.
Il **n**'y a **qu**'un bus par jour.
= There's **only** one bus a day.
Il **n**'y a **jamais** de police.
= There are **never** any police.

pas assez de means 'not enough of':
Il **n**'y a **pas assez** de travail.
= There's not enough work.

Module 10

4 Lisez les textes et trouvez le problème que chaque personne a mentionné.

1 Moi, j'habite dans un grand bâtiment qui s'appelle une HLM. Mon appartement est confortable, mais il n'y a pas de parc et pas de terrain de foot, donc les enfants jouent dans la rue et c'est dangereux.
Farid

2 Ma maison se trouve en banlieue, à douze kilomètres du centre-ville. Il n'y a que deux autobus par jour pour aller au centre, donc il y a trop de circulation parce que tout le monde va au travail en voiture.
Célia

3 Moi, j'habite depuis deux ans à la campagne. L'air n'est pas pollué, donc je ne souffre plus d'asthme. Mais il n'y a pas de cinéma et pas de boîte dans notre village et le samedi soir, c'est ennuyeux. Et le dimanche, on ne voit personne!
Pascal

- la pollution
- le recyclage
- les transports en commun
- les distractions
- pas d'espaces verts

> Use familiar words and context to help you work out meanings.
> - To work out **pollué**, use your knowledge of other words like it (**pollution**). Use the sentence structure too: what kind of word is **pollué** – noun, adjective or verb?
> - To work out **circulation**, use the context. Look at the rest of the sentence: **parce que tout le monde va au travail en voiture**.

5 Vidéoconférence. Préparez votre réponse à ces questions. Utilisez des phrases des textes ci-dessus et les phrases dans la case, si vous voulez.

- Tu habites en ville ou à la campagne?
- Aimes-tu habiter là-bas? Pourquoi (pas)?
- Quels sont les avantages?
- Quels sont les problèmes?

Moi, j'habite en banlieue, à huit kilomètres du centre-ville. J'aime bien habiter là-bas parce que c'est …
Le problème, c'est que …

J'habite en ville / en banlieue / à la campagne.	I live in town / in the suburbs / in the country.
J'aime / Je n'aime pas y habiter parce que …	I like / don't like living there because …
C'est trop loin / Ce n'est pas loin de …	It's too far / It's not far from …
Il (n')y a (pas) beaucoup de …	There is (not) a lot of …
C'est trop tranquille/bruyant.	It's too quiet/noisy.
Il y a trop de …	There's too much …
Il n'y a pas assez de …	There's not enough …

6 Écrivez un paragraphe sur votre ville ou votre village. Utilisez vos réponses aux questions de l'exercice 5.

cent cinquante et un 151

3 Bonne route? Describing breakdowns and accidents
Using reading strategies

1 On a un problème de voiture! Écoutez et complétez le dialogue, en utilisant les phrases ci-dessous.

Exemple: **1** c

- ■ Allô, Dépanneurs Duclerc.
- ● Bonjour. Pouvez-vous m'aider, s'il vous plaît? (1) ─────
- ■ Quel est le problème, monsieur?
- ● (2) ─────
- ■ Où êtes-vous, monsieur?
- ● (3) ─────
- ■ Et vous avez quelle marque de voiture?
- ● (4) ─────
- ■ Bon, on va envoyer un mécanicien tout de suite.
- ● Merci beaucoup. Au revoir.

a Je suis sur l'A13, direction Rouen, à dix kilomètres environ de Rouen.

b C'est une Peugeot bleue.

c Je suis en panne.

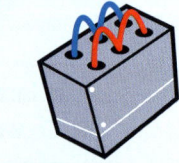

d Je crois que la batterie est à plat.

2 Écoutez. Les problèmes de voiture. Copiez et complétez la grille. (1–3)

	problème	où?	voiture	
			marque	couleur
1	freins	N8 → Marseille ...... km		
2				
3				

J'ai un pneu crevé.

Les phares ne marchent pas.

Les freins ne marchent pas.

3 À deux. Faites des dialogues. Utilisez le dialogue de l'exercice 1, en changeant les détails.

- ■ Allô, Dépanneurs Duclerc.
- ● Bonjour. Pouvez-vous m'aider, s'il vous plaît? Je suis en panne./J'ai un problème avec ma voiture.
- ■ Quel est le problème, monsieur/madame?
- ● J'ai un pneu crevé.
- ■ …

152 cent cinquante-deux

Module 10

4 Lisez le texte et trouvez le français pour a–d sur l'image.

> Il y a eu un accident, hier soir, devant le cinéma. Un groupe de piétons attendait au passage clouté. Soudain, une moto a tourné au coin de la rue, mais elle roulait trop vite. La moto est montée sur le trottoir et elle est entrée en collision avec les piétons. Personne n'a été tué, mais le motocycliste et un piéton ont été blessés. Ils sont partis en ambulance.

You will not be able to use a dictionary in your exam! But you can often work out the meaning of words by using a combination of reading strategies.
- context (what the sentence or text is about)
- cognates (words which are similar to English words), e.g. **est entré en collision avec**
- words or parts of words you recognise (e.g. **pied** → **piéton**)
- grammatical knowledge (e.g. **il y a** = there is/are; **il y a eu** = there was/were)
- picture clues (e.g. Look at where the people are waiting: so **passage clouté** means … ?)

5 Copiez et complétez le résumé en anglais.

The accident happened (**1**) _____. A group of (**2**) _____ were waiting at (**3**) _____, when a (**4**) _____ came around the corner too (**5**) _____ and went up on to the (**6**) _____. No one was killed, but the motorcyclist and a pedestrian were (**7**) _____.

6 Regardez cette image. Copiez et complétez la description de l'accident. Utilisez des mots et des phrases de l'exercice 4.

Il y a eu (**1**) _____, hier, devant (**2**) _____.
Un groupe de (**3**) _____ attendait au (**4**) _____.
Tout à coup, (**5**) _____ a couru dans la rue
(**6**) _____ une voiture. La voiture (**7**) _____
sur le trottoir et elle est entrée (**8**) _____ avec une
moto. Le chauffeur de (**9**) _____ et (**10**) _____
ont été (**11**) _____ et ils sont partis dans une
(**12**) _____.

le chauffeur – driver

cent cinquante-trois 153

4 L'environnement va mal! Discussing the environment
More practice with *il faut*

1 Écoutez et trouvez les deux bonnes phrases pour chaque personne. (1–4)

Exemple: 1 c, …

Pour protéger l'environnement...

✗ Il ne faut pas …

a  gaspiller l'énergie

b  gaspiller l'eau

c  jeter tous les déchets à la poubelle

d  trop utiliser la voiture

✓ Il faut …

e  économiser l'énergie

f  économiser l'eau

g  recycler le papier, le verre et les boîtes en métal

h  utiliser les transports en commun ou le vélo

2 À deux. Lisez les phrases. À votre avis, c'est bon ou c'est mauvais pour l'environnement?

■ «Je ne prends pas de douche. Je prends un bain.» C'est bon ou c'est mauvais pour l'environnement?
● À mon avis, c'est mauvais. Tu es d'accord?
■ Oui, je suis d'accord.

> au lieu de – instead of
> vide – empty
> J'éteins la lumière. – I switch off the light.
> la canette – can

1 Je ne prends pas de douche. Je prends un bain.
2 Le samedi, je vais au centre-ville à pied.
3 Si j'ai froid, je mets un pull, au lieu de monter le chauffage central.
4 Je jette les journaux et les bouteilles vides à la poubelle.
5 Quand je quitte une pièce, j'éteins la lumière.
6 Si je mange une pizza et je bois un coca, je recycle la boîte en carton et la canette.

Module 10

3 Écoutez et vérifiez. (1–6)

4 À deux. Qu'est-ce que vous faites pour protéger l'environnement? Discutez.

- ■ Qu'est-ce que tu fais pour l'environnement?
- ● Je recycle les bouteilles, les canettes et les magazines.
- ■ C'est bon pour l'environnement, ça. Il faut recycler le plus possible.
- ● Qu'est-ce que tu fais aussi?
- ■ Je … Et toi, qu'est-ce que tu fais pour l'environnement?
- ● Je …

> By now, you should know enough about French grammar to be able to change and adapt sentences confidently and correctly.
>
> Je ne **prends** pas de bain. Je **prends** une douche. → Il ne faut pas **prendre** de bain. Il faut **prendre** une douche.
>
> Si je **bois** un coca, je **recycle** la canette. → Si je **vais** en ville, je **prends** le bus.
>
> You can adapt some of the sentences from Exercise 2 to talk about ways of protecting the environment mentioned in Exercises 4 and 6.

5 Lisez le texte et choisissez a, b ou c pour compléter chaque phrase.

Le réchauffement de la planète: que faire?

Pour arrêter le réchauffement de la planète, il faut d'abord arrêter la pollution. Les voitures, l'industrie et la production de l'énergie (par exemple, de l'électricité) produisent des gaz qui causent la pollution de l'air. Donc, il faut moins utiliser la voiture, utiliser plus de filtres industriels et changer de sources d'énergie (par exemple, utiliser plus d'énergie solaire). Dans l'agriculture aussi, on peut faire quelque chose. L'agriculture bio n'utilise pas de produits chimiques, qui empoisonnent la terre. Donc il faut acheter des produits bio au supermarché, comme les fruits ou les légumes. Il y a aussi des produits verts (par exemple, le liquide vaisselle), qui sont mieux pour l'environnement.

1 La pollution cause _____.
  a de l'industrie b des produits bio c le réchauffement de la planète
2 Il ne faut pas trop _____ la voiture.
  a changer b utiliser c arrêter
3 L'énergie solaire est _____ pour l'environnement.
  a mauvaise b ennuyeuse c bonne
4 Il faut acheter des _____ bio au supermarché.
  a voitures b fruits et des légumes c douches
5 On peut acheter aussi des produits _____.
  a verts b noirs c rouges

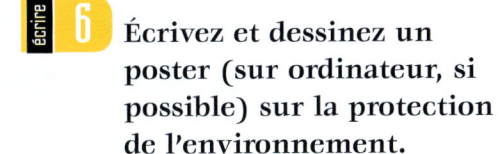

6 Écrivez et dessinez un poster (sur ordinateur, si possible) sur la protection de l'environnement.

Comment protéger l'environnement

Il faut arrêter la pollution! Il faut aller au collège à pied ou à vélo ou il faut utiliser les transports en commun.

Il ne faut pas gaspiller l'eau. Il faut prendre …

cent cinquante-cinq 155

5 Avant et après Protecting the environment
Using present, past and future tenses

1 Trouvez le bon texte pour chaque image.

Exemple: 1 e

a Après les cours, j'ai fait des courses; j'ai acheté des chips, des bonbons et du chocolat parce que j'adore ça.

b J'ai reçu un nouveau portable comme cadeau d'anniversaire, donc j'ai jeté mon vieux portable à la poubelle.

c Les transports en commun sont nuls, donc je suis allée au collège en voiture.

d Le soir, j'ai regardé la télé. Il y avait une émission sur le réchauffement de la planète.

e Hier, c'était mon anniversaire. Le matin, j'ai pris un bain parce que je n'aime pas les douches.

f Au supermarché, j'ai utilisé des sacs en plastique pour mes achats.

2 Écoutez et vérifiez.

3 Copiez et complétez la grille avec les verbes et les phrases au passé composé [*perfect tense*]. Utilisez les textes de l'exercice 1.

infinitive	perfect tense	phrase in the text
acheter (to buy)	j'ai acheté (I bought)	J'ai acheté des chips.
aller (to go)	(I went)	
faire (to do)	(I did)	
jeter (to throw)	(I threw)	
prendre (to take)	(I took)	
regarder (to watch)	(I watched)	
recevoir (to receive/get)	(I received/got)	
utiliser (to use)	(I used)	

156 cent cinquante-six

Module 10

4 Lisez et complétez l'histoire d'Écofille. Utilisez les mots en-dessous.

Exemple: **1** j

Après l'émission sur le réchauffement de la planète, je vais changer des choses dans ma vie! Je vais devenir Écofille!

Demain matin, je vais prendre une (**1**) _____ au lieu de prendre un bain parce qu'il (**2**) _____ économiser l'eau. Je vais (**3**) _____ au collège en voiture, mais je vais partager la voiture avec d'autres personnes. Au supermarché, je (**4**) _____ acheter des produits (**5**) _____. Je vais (**6**) _____ un sac en toile pour mes achats parce que le plastique n'est pas biodégradable. Et je vais recycler mon vieux (**7**) _____ chez Oxfam. On va envoyer mon portable dans un (**8**) _____ en voie de développement. C'est chouette, non?

a faire   b portable   c l'énergie   d aller   e bio
f vais   g utiliser   h pays   i faut   j douche

Expo-langue →→→→

Remember: to talk about the future, you use the near future tense – **aller** (**je vais**, **tu vas**, etc.) followed by an infinitive.

Je **vais recycler** mon portable. = I'm going to recycle my mobile.
On **va envoyer** mon portable en Afrique. = They're going to send my mobile to Africa.

Grammaire 3.5

5 Écoutez. On parle du passé, du présent ou du futur? Écrivez PA (passé), PR (présent) ou F (futur). (1–8)

- Listen for the tense of each verb.
  Perfect: **j'ai recyclé** (I recycled)
  Present: **je recycle** (I recycle)
  Near future: **je vais recycler** (I am going to recycle)
- Remember: time phrases such as **hier** (yesterday), **tous les jours** (every day) and **demain** (tomorrow) also tell you whether someone is talking about the past, present or future.

6 Vidéoconférence. Préparez vos réponses à ces questions.

- Qu'est-ce que tu fais pour protéger l'environnement?
- Qu'est-ce que tu as fait pour l'environnement la semaine dernière?
- Qu'est-ce que tu vas faire pour l'environnement plus tard?

Tous les jours, je prends une douche au lieu de prendre un bain, pour économiser l'eau et je vais au collège à/en ... Je recycle ... aussi.
Hier, j'ai acheté/recyclé/utilisé ... Je suis allé(e) ...
Plus tard, je vais aller/acheter/recycler/mettre ...

7 Écrivez un paragraphe: *L'environnement et moi.*

Exemple: Tous les jours, je ... Hier, j'ai / je suis ... / Demain, je vais ...

cent cinquante-sept 157

Module 10

Un problème environnemental

Madame/Monsieur

Le week-end dernier, je suis allé faire un pique-nique avec ma famille au Lac des Roseaux et j'ai été choqué.

D'abord, il y avait des déchets sur l'herbe: des papiers, des boîtes, des bouteilles, du fast-food, etc. C'était dégoûtant. Moi, j'aime aller à la pêche, mais j'ai vu beaucoup de poissons morts dans l'eau. À mon avis, l'eau est polluée à cause des jet-skis sur le lac.

C'est un désastre environnemental et il faut faire quelque chose. Le week-end prochain, je vais aller au lac avec mes copains. On va ramasser tous les déchets. On va recycler les boîtes, les bouteilles, le papier, etc. et on va jeter le reste. Mais l'administration locale doit aussi faire quelque chose.

Premièrement, il faut arrêter les sports nautiques sur le lac pour protéger les poissons, les grenouilles et les oiseaux.

Deuxièmement, il faut installer des poubelles et des containers de recyclage près du lac.

Troisièmement, il faut nettoyer régulièrement le lac et ses environs.

J'espère qu'on va faire tout ça et que le lac des Roseaux va devenir un endroit agréable pour tout le monde.

Nicolas Godard

les grenouilles (f) – frogs

1 Trouvez dans le texte les phrases en bleu qui correspondent à ces phrases anglaises.
1 to clean regularly
2 an environmental disaster
3 a pleasant spot
4 It was disgusting.
5 I was shocked
6 on the grass
7 its surroundings
8 the local council
9 I hope that you will do all of this
10 we/you must do something

2 Complétez les phrases en anglais.
1 Nicolas and his family went to the lake for ▭.
2 There was rubbish on ▭.
3 He didn't go fishing because ▭.
4 He thinks the water is ▭.
5 Next weekend, Nicolas and his friends are going to ▭.
6 He wants the local council to protect wildlife by ▭.
7 Secondly, he wants the council to install ▭.
8 He also wants them to clean ▭ regularly.

3 Écrivez une lettre à un journal sur un problème environnemental.

Boîte à outils

1 **Decide on the content.**
   ◆ Refer to the past, the present and the future, using the correct tenses.
   ◆ Use or adapt phrases from Nicolas's letter or from the rest of the module.

2 **Structure your letter carefully and include the following sections.**
   ◆ Use the perfect tense to say what happened.
   *Je **suis allé(e)** faire un pique-nique.*
   *J'**ai vu** des poissons morts.*
   ◆ Use **c'était** + an adjective to describe how you felt.
   C'était dégoûtant/affreux/horrible/triste/choquant.
   (It was disgusting/terrible/horrible/sad/shocking.)
   ◆ Use the near future tense to say what you/ you and others are going to do.
   *Le week-end prochain, **je vais aller** au lac.*
   *On **va recycler** les bouteilles.*
   ◆ If you want someone to do several things, you can use **premièrement**, **deuxièmement**, **troisièmement** (firstly, secondly, thirdly).
   ◆ Use **il faut** + an infinitive to say what must be done.
   *Il **faut faire** quelque chose.*
   *Il **faut arrêter** les sports nautiques.*

   ◆ Useful phrases:
   J'espère que … – I hope that …
   plus tard – in the future
   bientôt – soon
   pour améliorer la situation – to improve the situation
   pour résoudre le problème – to solve the problem

Introduction
Say how the problem came to your attention. Did you see it yourself, read about it or see something on television?
Say when you first came across the problem and where.
Give your reactions to what you saw, read or heard.

Main paragraphs
Say what you personally are going to do about it.
Say what you want other people to do.
Say what must be done.

Conclusion
Finish on a positive note, summarising your hopes.

3 **Check what you have written carefully. Check:**
   ◆ spelling and accents
   ◆ gender and agreement (e.g. *je suis allé(e)*)
   ◆ verb endings (e.g. *je vais / on va*)
   ◆ correct use of tenses (e.g. perfect tense: *j'ai vu* / present tense: *j'aime aller* / near future tense: *on va jeter*)

Module 10 Mots

Les problèmes mondiaux — *World problems*

le sida	*AIDS*
le terrorisme	*terrorism*
la faim	*hunger*
la guerre	*war*
la pauvreté	*poverty*
On peut …	*You can ….*
acheter des produits issus du commerce équitable	*buy fair-trade products*
donner plus d'argent aux bonnes causes	*give more money to charity*
écrire au gouvernement pour demander plus d'argent pour les pays en voie de développement	*write to the government to ask for more money for developing countries*
faire du bénévolat en Afrique ou en Inde	*do voluntary work in Africa or India*
organiser des activités pour collecter de l'argent	*organise activities to collect money*
parrainer un enfant à l'étranger	*sponsor a child abroad*

Les problèmes locaux — *Local problems*

Le problème dans ma ville / mon village, c'est … — *The problem in my town/village is …*
le chômage — *unemployment*
la criminalité — *crime*
les déchets (m) — *litter*
les distractions (f) — *entertainment, things to do*
les transports (m) en commun — *public transport*
que les jeunes s'ennuient — *that young people are bored*

Il n'y a qu'un bus par jour. — *There's only one bus a day.*
Il n'y a pas de poubelles. — *There are no rubbish bins.*
Il n'y a jamais de police dans la rue. — *There are never any police on the street.*
Il n'y a pas assez de travail. — *There's not enough work.*
Il n'y a plus de cinéma. — *There's no cinema any more.*
Il n'y a rien pour les jeunes. — *There's nothing for young people.*

J'habite … — *I live …*
en ville — *in town*
en banlieue — *in the suburbs*
à la campagne — *in the country*
J'aime / Je n'aime pas y habiter parce que … — *I like / don't like living there because …*
C'est trop loin de … — *It's too far from …*
Ce n'est pas loin de … — *It's not far from …*
Il y a des espaces (m) verts. — *There are green spaces.*
Il (n')y a (pas) beaucoup de … — *There is (not) a lot of …*
C'est trop tranquille/bruyant. — *It's too quiet/noisy.*
Il y a trop de (circulation/pollution). — *There's too much (traffic/pollution).*

Tomber en panne — *Breaking down*

Pouvez-vous m'aider, s'il vous plaît? — *Can you help me, please?*
Je suis en panne. — *My car's broken down.*
J'ai un problème avec ma voiture. — *I've got a problem with my car.*
J'ai un pneu crevé. — *I've got a flat tyre.*
La batterie est à plat. — *The battery is flat.*
Les freins (m) ne marchent pas. — *The brakes aren't working.*
Les phares (m) ne marchent pas. — *The headlights aren't working.*
C'est (une Peugeot bleue). — *It's a blue Peugeot.*
direction (Paris) — *going towards (Paris)*
à (10) kilomètres environ de (Rouen) — *about (10) kilometres from (Rouen)*

160 cent soixante

Les accidents de la route
Road accidents

Il/Elle roulait …	*He/She was driving …*	monter sur le trottoir	*to go up on the pavement*
trop vite	*too fast*	le passage clouté	*pedestrian crossing*
soudain	*suddenly*	le chauffeur / la chauffeuse	*driver*
tout à coup	*suddenly*		
Il/Elle est entré(e) en collision avec …	*He/She collided with …*	le coin de la rue	*the corner of the road*
		la moto	*motorbike*
Il/Elle était blessé(e).	*He/She was hurt.*	le/la motocycliste	*motorcyclist*
Un chien a couru devant une voiture.	*A dog ran in front of a car.*	le/la piéton(ne)	*pedestrian*
		dans une ambulance	*in an ambulance*

L'environnement
The environment

Il ne faut pas …
You mustn't …
gaspiller l'eau
waste water
gaspiller l'énergie
waste energy
jeter tous les déchets à la poubelle
throw all rubbish into the bin
trop utiliser la voiture
use the car too much
Il faut …
You must …
acheter des produits bio/verts
buy organic/green products
économiser l'eau
save water
économiser l'énergie
save energy
éteindre la lumière quand on quitte la pièce
switch off the light when you leave the room
mettre un pull au lieu de monter le chauffage central
put on a jumper instead of turning up the central heating
prendre une douche au lieu d'un bain
take a shower instead of a bath
recycler (le papier/les journaux/le verre/ les boîtes/les canettes)
recycle (paper/newspapers/glass/tins/cans)
recycler le plus possible
recycle as much as possible.
utiliser les transports en commun ou prendre son vélo
use public transport or a bike

Pour protéger l'environnement
To protect the environment

J'achète / J'ai acheté / Je vais acheter …
I buy / I bought / I'm going to buy …
des produits bio ou verts
organic or green products
Je utilise / J'ai utilisé / Je vais utiliser …
I use / I used / I'm going to use …
un sac en toile pour mes achats
a cloth bag for what I buy
Je prends / J'ai pris / Je vais prendre …
I take / I took / I'm going to take …
une douche au lieu d'un bain pour économiser l'eau
a shower instead of a bath to save water
Je vais / Je suis allé(e) / Je vais aller …
I go / I went / I'm going to go …
au collège à pied
to school on foot
Je partage / J'ai partagé / Je vais partager …
I share / shared / am going to share …
ma voiture avec d'autres personnes
my car with other people
J'ai regardé / Je vais regarder …
I watched / I'm going to watch …
une émission sur le réchauffement de la planète …
a programme about global warming
J'ai recyclé / Je vais recycler …
I recycled / I'm going to recycle
mon vieux portable
my old mobile
tous les jours
every day
hier
yesterday
plus tard
in future

À l'oral Module 1

1 *Roleplay A.* You are staying with your French penfriend and are discussing what you do in your free time. Say what you like to do, when you do it, if you like fishing or not and ask if you can go fishing with your friend. Your partner will play the part of your penfriend and will begin the conversation

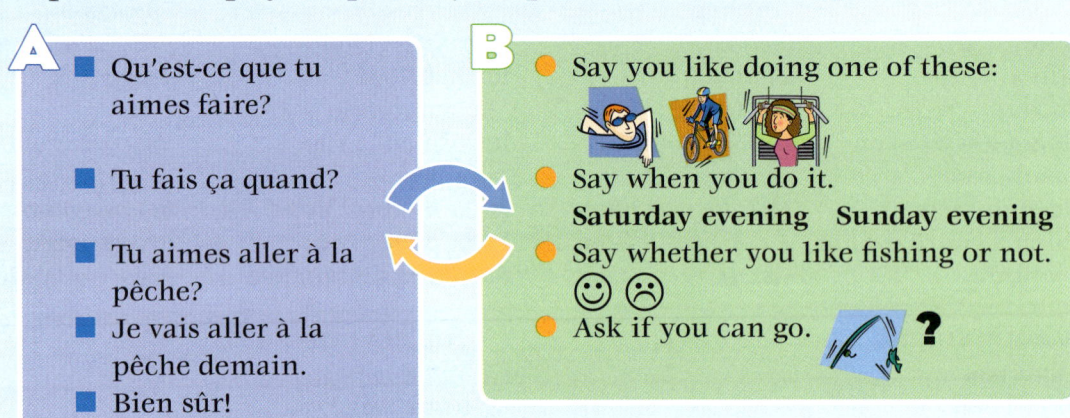

A
- Qu'est-ce que tu aimes faire?
- Tu fais ça quand?
- Tu aimes aller à la pêche?
- Je vais aller à la pêche demain.
- Bien sûr!

B
- Say you like doing one of these:
- Say when you do it.
  Saturday evening   Sunday evening
- Say whether you like fishing or not.
  ☺ ☹
- Ask if you can go.

2 *Roleplay B.* You are staying with your penfriend in France and are discussing what you are going to do. Your partner will play the part of your penfriend and will begin the conversation.

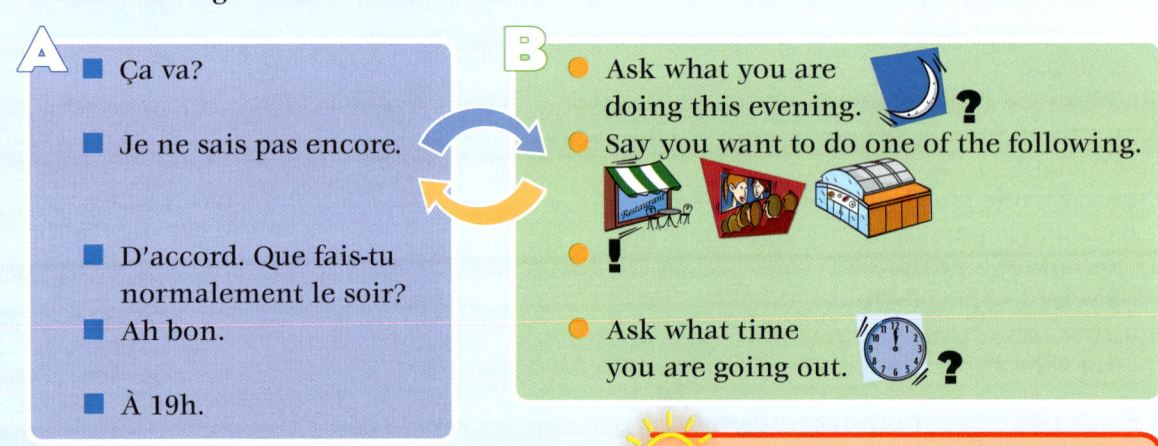

A
- Ça va?
- Je ne sais pas encore.
- D'accord. Que fais-tu normalement le soir?
- Ah bon.
- À 19h.

B
- Ask what you are doing this evening.
- Say you want to do one of the following.
- !
- Ask what time you are going out.

! means you have to respond with an answer you haven't prepared. Try to predict what to say.

3 Presentation and general conversation
Prepare a one-minute presentation called
Je me présente.

nom ... âge ... habite ... depuis ...
Je suis grand(e)/bavard(e) ...
famille ...
parents – métiers
Je m'entends bien avec ...
Je ne m'entends pas bien avec ...
J'aime faire ...
Je n'aime pas faire ...

Possible conversation questions
1. Que fais-tu dans ton temps libre?
2. Quand fais-tu ça? Avec qui? Où fais-tu ça?
3. Pourquoi aimes-tu faire ça?
4. Quand as-tu commencé?
5. Aimes-tu ...? Pourquoi?
6. Où vas-tu quand tu sors avec tes amis?
7. Qu'est-ce que tu as fait hier soir / le week-end dernier?
8. Qu'est-ce que tu vas faire le week-end prochain?

162 cent soixante-deux

À l'oral Module 2

1 *Roleplay A.* You are buying tickets for the theatre in France. Say how many tickets you would like, who they are for, where you would like to sit and ask how much it costs. Your partner will play the part of the theatre booking assistant and will begin the conversation.

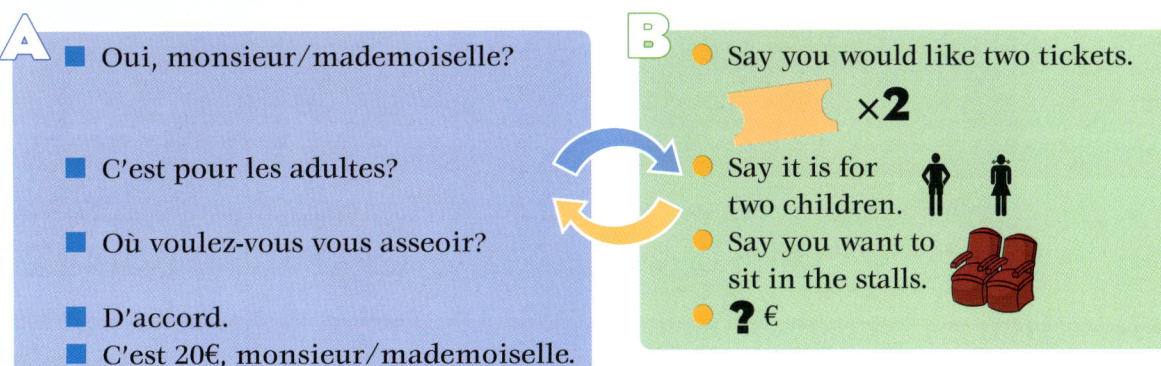

A
- Oui, monsieur/mademoiselle?
- C'est pour les adultes?
- Où voulez-vous vous asseoir?
- D'accord.
- C'est 20€, monsieur/mademoiselle.

B
- Say you would like two tickets. ×2
- Say it is for two children.
- Say you want to sit in the stalls.
- ? €

Keep it simple! All you need to say is 'in the stalls'.

2 *Roleplay B.* You are staying in France and are discussing a trip to the cinema with a French friend. Your partner will play the part of your French friend and will begin the conversation.

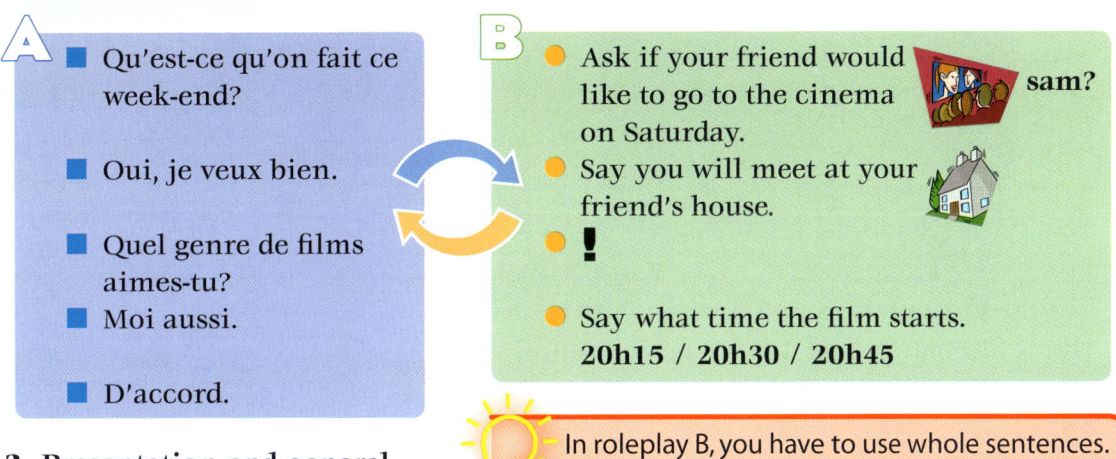

A
- Qu'est-ce qu'on fait ce week-end?
- Oui, je veux bien.
- Quel genre de films aimes-tu?
- Moi aussi.
- D'accord.

B
- Ask if your friend would like to go to the cinema on Saturday.
- Say you will meet at your friend's house.
- !
- Say what time the film starts. 20h15 / 20h30 / 20h45

In roleplay B, you have to use whole sentences.

3 **Presentation and general conversation**

Prepare a 30- to 60-second presentation called **Mon émission de télé préférée.**

Possible conversation questions
1 Que fais-tu le week-end?
2 Quel genre de films préfères-tu? Pourquoi?
3 Comment s'appelle le dernier film que tu as vu? Tu as aimé ça? Pourquoi?
4 Quelles émissions de télé préfères-tu? Pourquoi?
5 Qu'est-ce que tu as fait le week-end dernier?
6 Comment as-tu fêté ton dernier anniversaire?
7 Qu'est-ce que tu vas faire ce soir?

émission préférée: «Simpsons», dessin animé
tous les samedis, 18h; chaîne: Sky 1
famille: Homer, Marge, Bart, Lisa, chien, chat
personnage préféré: Homer Simpson, père; paresseux, drôle
autres personnages: Marge: mère; grande, cheveux bleus!
enfants: Bart: petit, méchant; Lisa: petite, intelligente
émission très originale et marrante

cent soixante-trois 163

À l'oral Module 3

1 *Roleplay A.* You go into a tourist office in France. Greet the employee, say what you would like, ask how much it costs and ask where the post office is. Your partner will play the part of the employee and will begin the conversation.

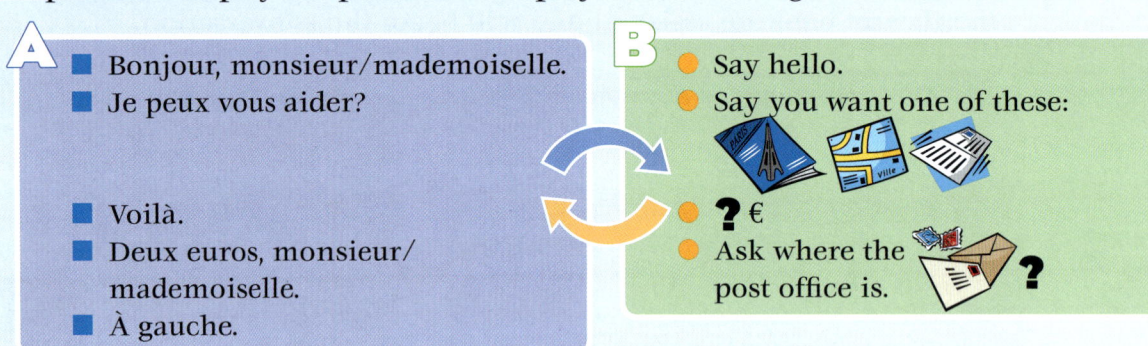

A
- Bonjour, monsieur/mademoiselle.
- Je peux vous aider?

- Voilà.
- Deux euros, monsieur/mademoiselle.
- À gauche.

B
- Say hello.
- Say you want one of these:

- ? €
- Ask where the post office is.

2 *Roleplay B.* Your penfriend is going to show you around Lille and asks you about your town. Your partner will play the part of your penfriend and will start the conversation.

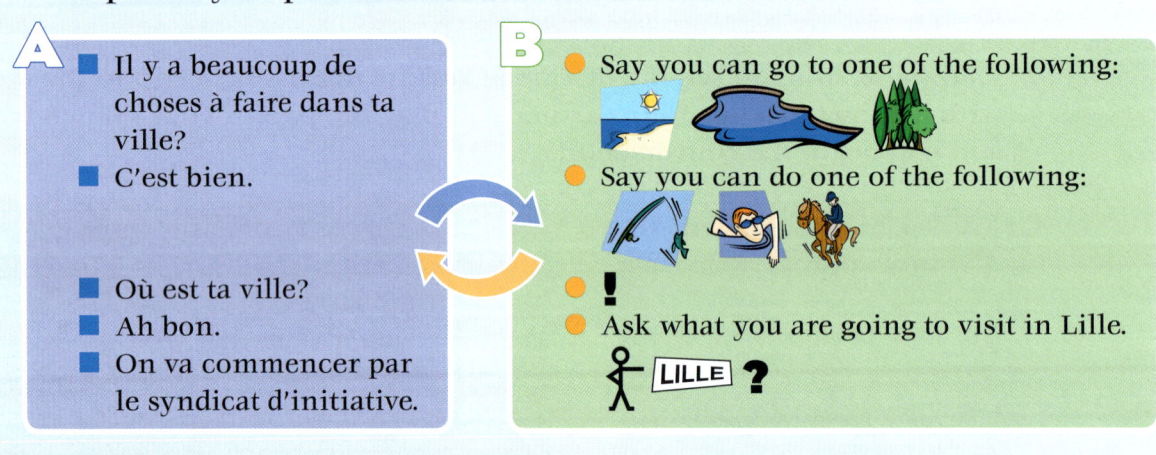

A
- Il y a beaucoup de choses à faire dans ta ville?
- C'est bien.

- Où est ta ville?
- Ah bon.
- On va commencer par le syndicat d'initiative.

B
- Say you can go to one of the following:

- Say you can do one of the following:

- !
- Ask what you are going to visit in Lille.

3 **Presentation and general conversation**
Prepare a one-minute presentation called **Ma ville**.

Possible conversation questions
1 Où habites-tu? Depuis combien de temps?
2 C'est comment?
3 Tu aimes habiter ici? Pourquoi?
4 Tu préfères la ville ou la campagne? Pourquoi?
5 Tu habites une maison ou un appartement?
6 Comment est ta maison / ton appartement?
7 Il y a combien de pièces? Quelles sont ces pièces?
8 Qu'est-ce que tu as dans ta chambre?
9 Tu passes beaucoup de temps dans ta chambre? Que fais-tu dans ta chambre?
10 Qu'est-ce que tu as fait hier soir?

situation ÉDIMBOURG
depuis ... ans
musée

À l'oral Module 4

1 *Roleplay A.* You are at a market in France. Say you want to buy one of the items in the box below, how much you want, ask the cost and ask where the baker's is. Your partner will play the part of the person on the market stall and will begin the conversation.

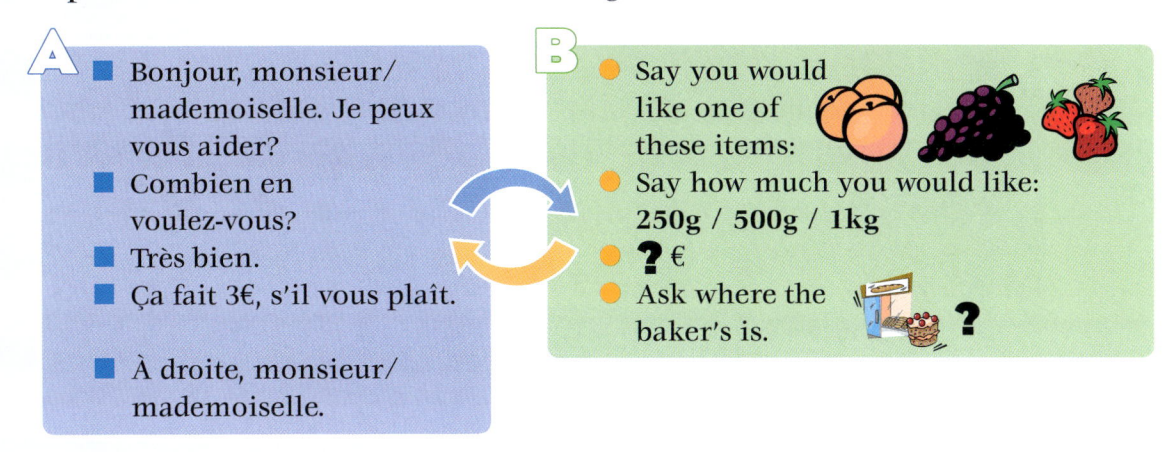

A
- Bonjour, monsieur/mademoiselle. Je peux vous aider?
- Combien en voulez-vous?
- Très bien.
- Ça fait 3€, s'il vous plaît.
- À droite, monsieur/mademoiselle.

B
- Say you would like one of these items:
- Say how much you would like: **250g / 500g / 1kg**
- **?** €
- Ask where the baker's is.

2 *Roleplay B.* You are at a railway station in France and want to find out about trains to Paris. Your partner will play the part of the station employee and will begin the conversation.

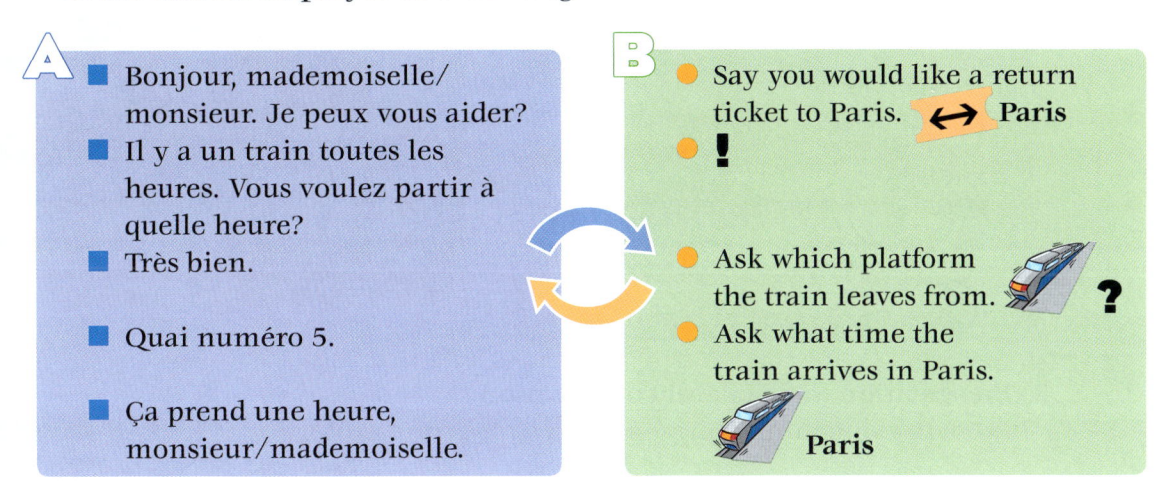

A
- Bonjour, mademoiselle/monsieur. Je peux vous aider?
- Il y a un train toutes les heures. Vous voulez partir à quelle heure?
- Très bien.
- Quai numéro 5.
- Ça prend une heure, monsieur/mademoiselle.

B
- Say you would like a return ticket to Paris. **Paris**
- **!**
- Ask which platform the train leaves from.
- Ask what time the train arrives in Paris.
- **Paris**

3 General conversation.

Possible conversation questions
1. Quelles sortes de magasins y a-t-il près de chez toi?
2. Où vas-tu pour faire les courses? Pourquoi?
3. Quelles sortes de magasin préfères-tu? Pourquoi?
4. Qu'est-ce que tu achètes quand tu vas aux magasins?
5. Qu'est-ce que tu achètes comme cadeaux pour tes parents / pour tes ami(e)s? Pourquoi?
6. Quand as-tu fait tes courses pour la dernière fois?
7. Qu'est-ce que tu as acheté? Pourquoi?
8. Qu'est-ce que tu vas acheter le week-end prochain?

Which of these questions do you need to answer using (**a**) the present tense, (**b**) the perfect tense, (**c**) the near future tense (**aller** + the infinitive)?

À l'oral Module 5

1 *Roleplay A.* You are in a stationery shop in France. Say hello, then say you want one of the items in the box below. Say what colour and ask where the cash desk is. Your partner will play the part of the shop assistant and will begin the conversation.

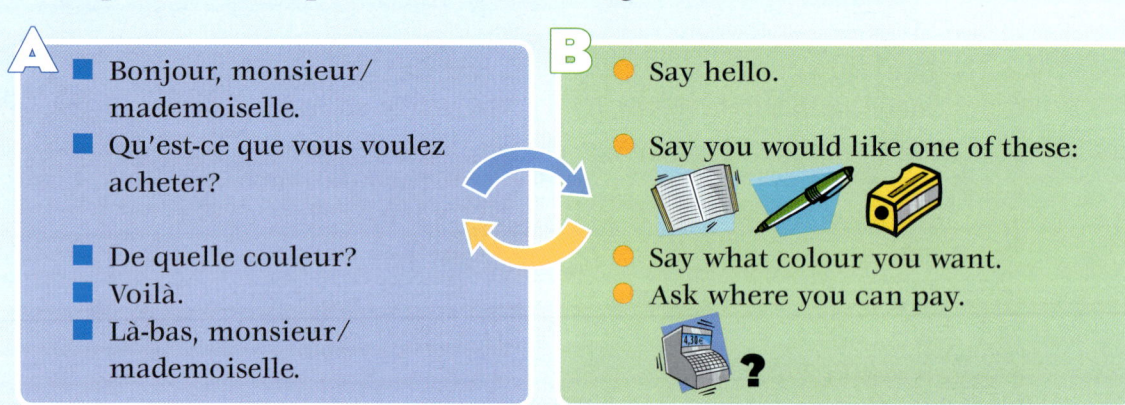

A
- Bonjour, monsieur/mademoiselle.
- Qu'est-ce que vous voulez acheter?
- De quelle couleur?
- Voilà.
- Là-bas, monsieur/mademoiselle.

B
- Say hello.
- Say you would like one of these:
- Say what colour you want.
- Ask where you can pay.

2 *Roleplay B.* You are talking to your penfriend about school. Your partner will play the part of your penfriend and will begin the conversation.

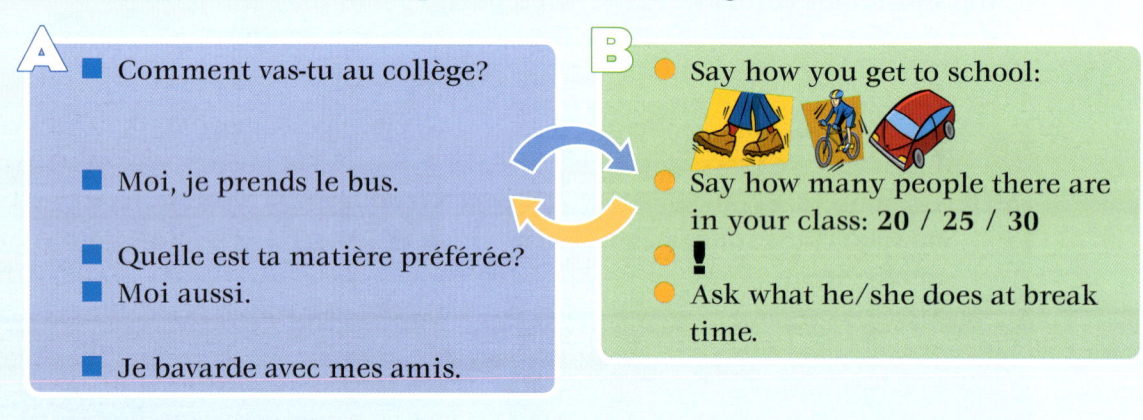

A
- Comment vas-tu au collège?

- Moi, je prends le bus.

- Quelle est ta matière préférée?
- Moi aussi.

- Je bavarde avec mes amis.

B
- Say how you get to school:
- Say how many people there are in your class: **20 / 25 / 30**
- !
- Ask what he/she does at break time.

3 Presentation and general conversation
Prepare a one-minute presentation called **Mon collège**.

nom de ton collège? mixte? nombre de profs? d'élèves? les heures d'école? combien de cours par jour? jour préféré? pourquoi? matières (☺ ☹)

When planning for your conversation, remember to think where you could use other tenses: what you did last year, your plans for next year / the future. Listen for key words in the questions which tell you which tense to use, e.g. **l'année dernière / l'année prochaine / vas-tu …?**

Try to include intensifiers in your responses.

Possible conversation questions
1. Quelle est ta matière préférée? Pourquoi?
2. Comment est le prof?
3. Est-ce qu'il y a une matière que tu n'aimes pas? Pourquoi?
4. Que fais-tu comme sports au collège? Tu aimes ça? Pourquoi?
5. Décris ton uniforme. Que penses-tu de ton uniforme?
6. Que veux-tu faire l'année prochaine? Quelles matières vas-tu étudier?

À l'oral Module 6

1 *Roleplay* A. You are at your penfriend's house. Say what you would like to eat and drink, ask where the bathroom is and say thank you. Your partner will play the part of your penfriend and will begin the conversation.

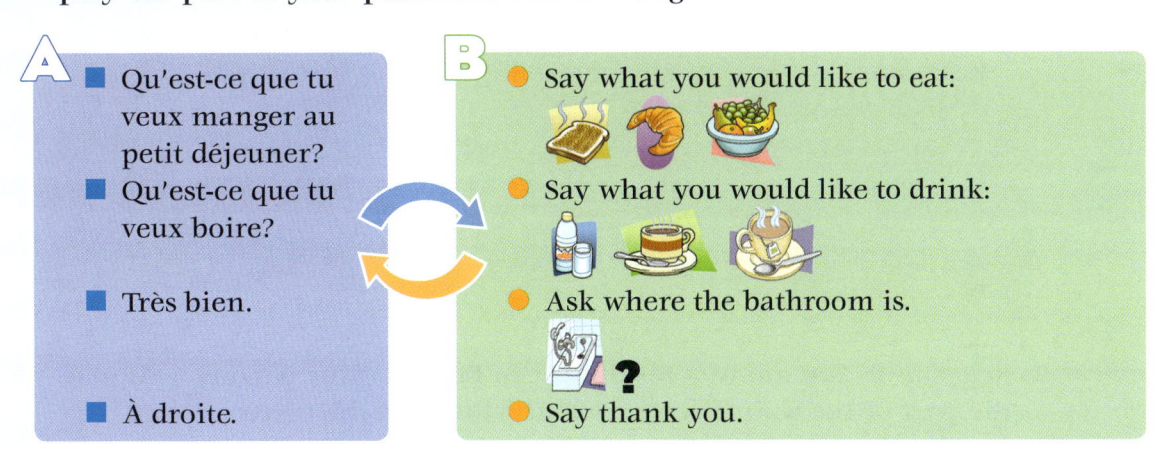

A
- Qu'est-ce que tu veux manger au petit déjeuner?
- Qu'est-ce que tu veux boire?
- Très bien.
- À droite.

B
- Say what you would like to eat:
- Say what you would like to drink:
- Ask where the bathroom is.
- Say thank you.

2 Presentation and general conversation
Prepare a one-minute presentation called **Mon stage en entreprise**.

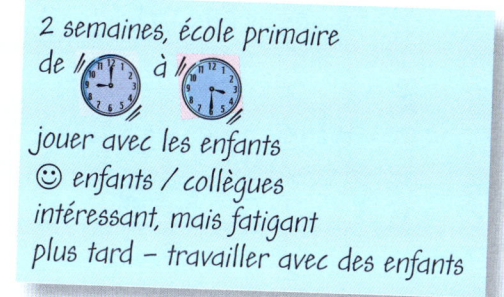

Where you have a choice of answers, you only have to say one.

2 semaines, école primaire
de ⏰ à ⏰
jouer avec les enfants
☺ enfants / collègues
intéressant, mais fatigant
plus tard – travailler avec des enfants

Prepare a cue card.
- Don't use more than six bullet points.
- Don't write down full sentences or parts of verbs – just key words and infinitives of verbs.
- Use pictures or symbols to prompt you too.
- Memorise your presentation and rehearse using the cue card until you are fluent.
- Try recording or videoing yourself to see how you sound (and look!).

Possible conversation questions
1. Que fais-tu à la maison pour aider? Aimes-tu ça? Pourquoi?
2. Chez toi, qui sort la poubelle / passe l'aspirateur / fait le shopping?
3. Tu reçois de l'argent de poche? Combien? Qu'est-ce que tu achètes avec ton argent?
4. As-tu un petit job? Où?
5. Qu'est-ce que tu dois faire au travail?
6. Combien gagnes-tu? Tu aimes ça? Pourquoi?
7. As-tu fait un stage en entreprise?
8. Qu'est-ce que tu devais faire?
9. Comment c'était?
10. Quel métier voudrais-tu faire plus tard et pourquoi?

À l'oral Module 7

1 *Roleplay A.* You are in a hotel in France. Greet the receptionist, say you want a room, say for how many nights and ask how much it is. Your partner will play the part of the receptionist and will begin the conversation.

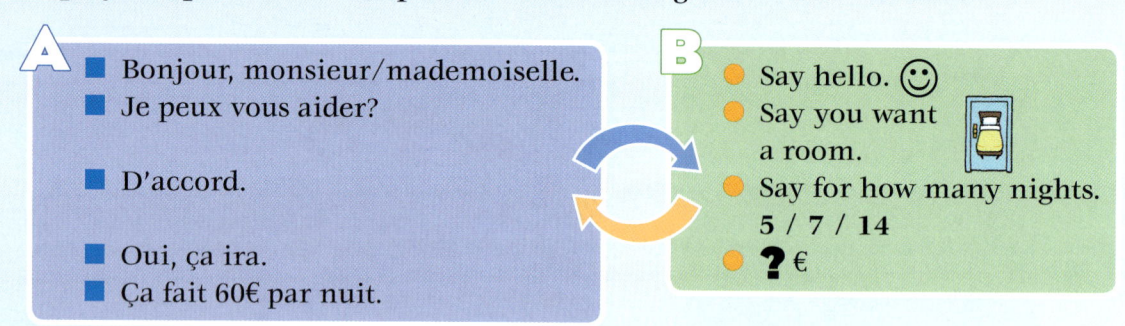

A
- Bonjour, monsieur/mademoiselle.
- Je peux vous aider?

- D'accord.

- Oui, ça ira.
- Ça fait 60€ par nuit.

B
- Say hello. 🙂
- Say you want a room.
- Say for how many nights. 5 / 7 / 14
- ❓ €

2 *Roleplay B.* You are in a restaurant in France. Your partner will play the part of the waiter/waitress and will begin the conversation.

A
- Oui, monsieur/mademoiselle?

- Oui, suivez-moi.

- Que voulez-vous boire?
- D'accord.

- Oui, bien sûr.

B
- Say you want a table and for how many people. 2 / 3 / 4
- Say what price menu you would like: 20€ / 30€ / 40€
- ❗
- Ask if they have one of the following:

💡 Remember to use **tu** when talking to a friend, but **vous** when talking to a stranger.

3 Presentation and general conversation
Prepare a one-minute presentation called **Mes vacances**.

Choose three or four of the areas you have covered.

Possible conversation questions
1. Où aimes-tu passer tes vacances?
2. Qu'est-ce que tu aimes faire en vacances?
3. Qu'est-ce que tu n'aimes pas faire?
4. Tu préfères l'hôtel ou le camping? Pourquoi?
5. Avec qui passes-tu tes vacances?
6. Où es-tu allé(e) l'année dernière? Avec qui? Qu'est-ce que tu as fait?
7. Comment c'était?
8. Que vas-tu faire cette année pendant les grandes vacances?
9. Es-tu déjà allé(e) en France? Où? Comment c'était?

l'année dernière – où?
activités 🙂 + ☹ ?
cette année – où, etc.
l'année prochaine – Espagne avec qui?
vacances de rêves!

À l'oral Module 8

1 *Roleplay A.* You are in a sports shop in France. Say hello, say you want to buy one of the items in the box, say what colour and ask where the cash desk is. Your partner will play the part of the shop assistant and will begin the conversation.

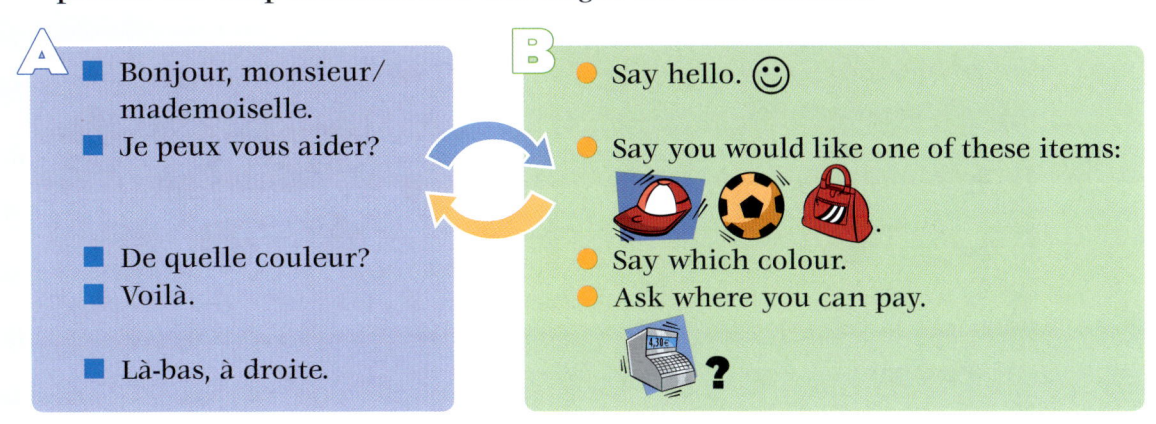

A
- Bonjour, monsieur/mademoiselle.
- Je peux vous aider?

- De quelle couleur?
- Voilà.

- Là-bas, à droite.

B
- Say hello. 🙂
- Say you would like one of these items:

- Say which colour.
- Ask where you can pay.

2 *Roleplay B.* You are planning a trip to a sports centre with your penfriend. Your partner will play the part of your penfriend and will begin the conversation.

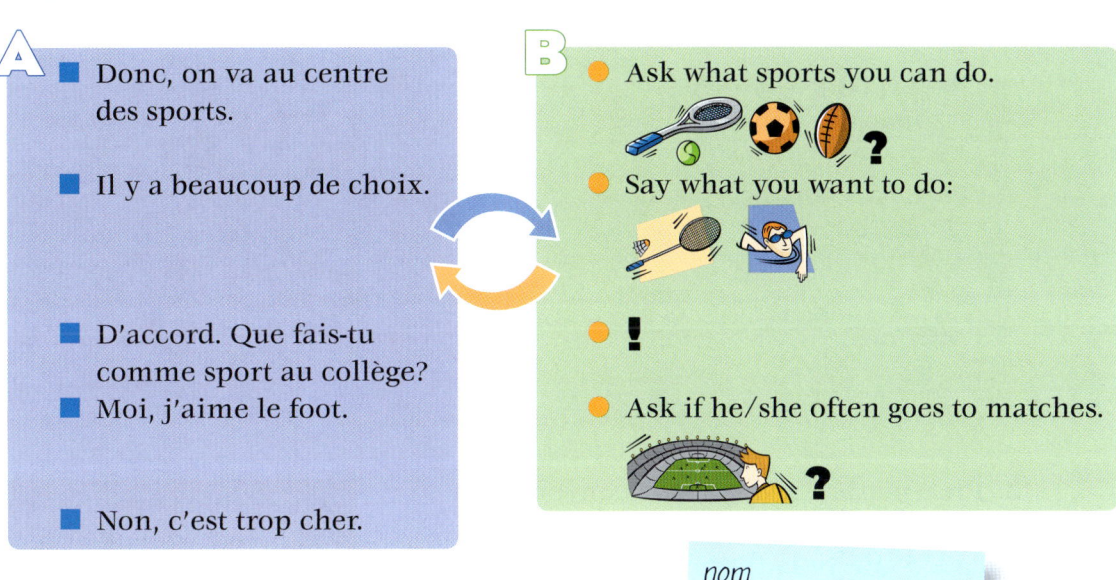

A
- Donc, on va au centre des sports.
- Il y a beaucoup de choix.

- D'accord. Que fais-tu comme sport au collège?
- Moi, j'aime le foot.

- Non, c'est trop cher.

B
- Ask what sports you can do.

- Say what you want to do:

- !

- Ask if he/she often goes to matches.

3 Presentation and general conversation
Prepare a one-minute presentation called **Mon personnage sportif préféré**.

nom
âge
nationalité
sport
équipe
pourquoi j'aime ce sport

Possible conversation questions
1. Es-tu sportif/sportive? Quels sports préfères-tu?
2. Que fais-tu comme sport au collège? Que penses-tu de ce sport?
3. Es-tu membre d'un club ou d'une équipe?
4. Quels sports aimes-tu regarder à la télé?
5. Quel est le dernier événement sportif que tu as vu ou regardé? C'était comment?
6. Qu'est-ce que tu vas faire comme sport le week-end prochain?

cent soixante-neuf

À l'oral Module 9

1 *Roleplay* **A.** You are in a canteen. Greet the employee, say what you want for your starter and main course and ask where the cash desk is. Your partner will play the part of the employee and will begin the conversation.

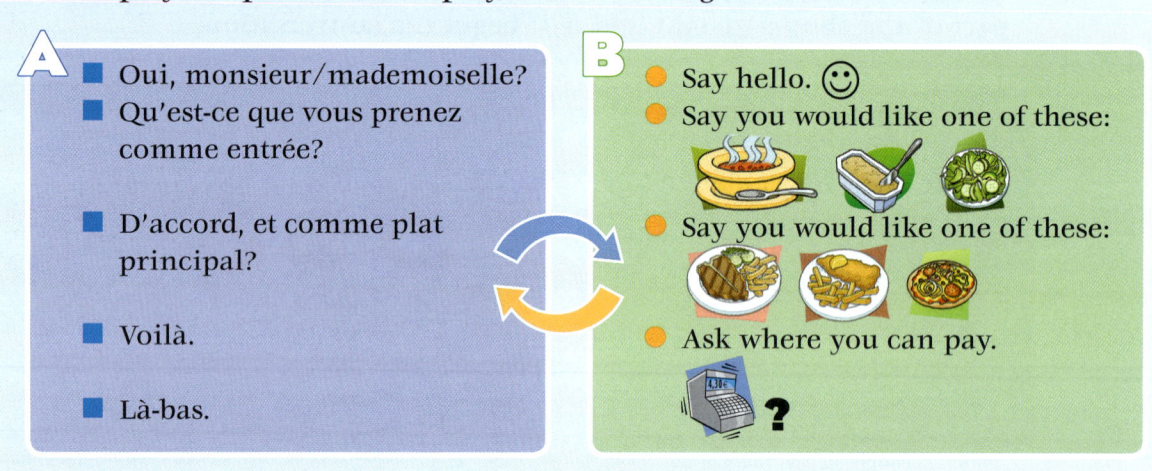

A
- Oui, monsieur/mademoiselle?
- Qu'est-ce que vous prenez comme entrée?
- D'accord, et comme plat principal?
- Voilà.
- Là-bas.

B
- Say hello. ☺
- Say you would like one of these:
- Say you would like one of these:
- Ask where you can pay.

2 *Roleplay* **B.** You are at the chemist's in France. Your partner will play the part of the chemist and will begin the conversation.

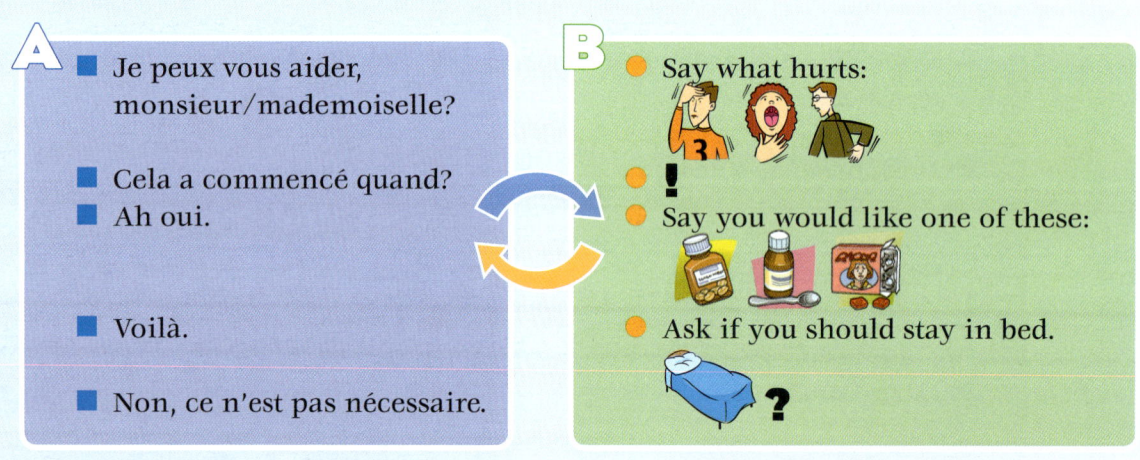

A
- Je peux vous aider, monsieur/mademoiselle?
- Cela a commencé quand?
- Ah oui.
- Voilà.
- Non, ce n'est pas nécessaire.

B
- Say what hurts:
- !
- Say you would like one of these:
- Ask if you should stay in bed.

3 Presentation and general conversation
Prepare a one-minute presentation called **Moi et la forme**.

Choose three or four areas that you have covered in the module.

Possible conversation questions
1. À ton avis, es-tu en forme?
2. Qu'est-ce que tu manges/bois pour être en forme?
3. Que penses-tu des hamburgers / du fast-food / du coca?
4. Fais-tu assez d'exercice? Que fais-tu?
5. Qu'est-ce que tu as fait pour être en forme la semaine dernière?
6. Qu'est-ce que tu vas faire pour être en forme la semaine prochaine?
7. Connais-tu quelqu'un qui fume?
8. As-tu déjà fumé?
9. Que penses-tu du tabagisme?
10. Quel conseil veux-tu donner à quelqu'un qui fume?
11. Tu veux un grand mariage ou pas? Pourquoi?

À l'oral Module 10

1 *Roleplay B.* Your car has broken down in France and you telephone a garage to ask for help. Your partner will play the part of the garage receptionist and will begin the conversation.

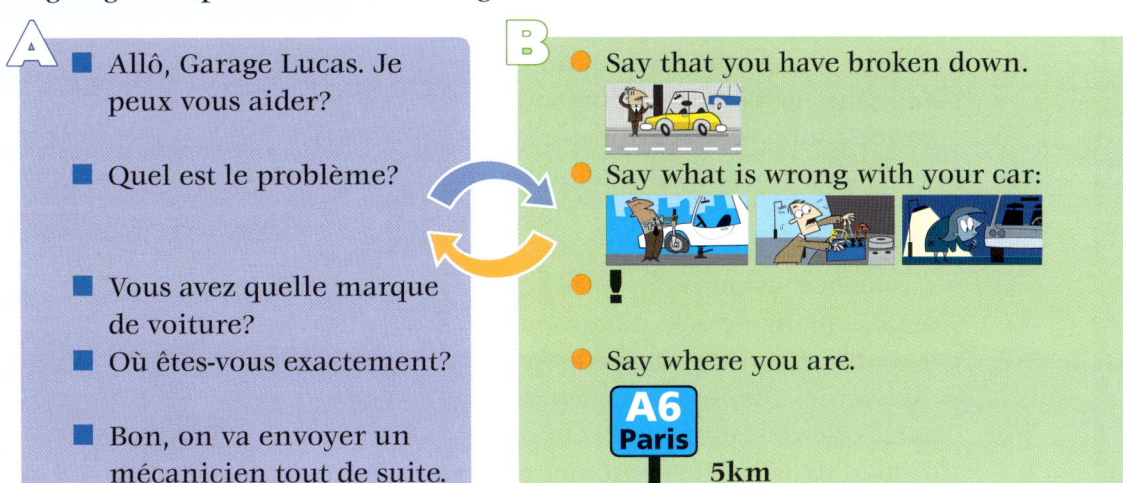

A
- Allô, Garage Lucas. Je peux vous aider?
- Quel est le problème?
- Vous avez quelle marque de voiture?
- Où êtes-vous exactement?
- Bon, on va envoyer un mécanicien tout de suite.

B
- Say that you have broken down.
- Say what is wrong with your car:
- !
- Say where you are.

A6 Paris 5km

2 Presentation and general conversation

Prepare a one-minute presentation called **L'environnement et moi**.

ma ville / mon village:
problèmes – pas d'espaces verts, déchets
mon opinion – dangereux, air pollué
il faut – parc, poubelles, containers de recyclage
moi – recycler bouteilles, boîtes, papier
la semaine prochaine – aller au collège à vélo / à pied

In your presentation and in your answers to the conversation questions, try to link and extend your sentences using some of the following:
à mon avis – in my opinion   **so** – donc
parce que – because   **de plus** – what's more

Also try to use some of the negatives on p. 150 (not just **ne ... pas**). Using these correctly will impress your examiner!
Dans ma ville, il **n**'y a **rien** pour les jeunes.
– In my town, there's nothing for young people.
Dans mon village, il **n**'y a **qu**'un bus par jour.
– In my village, there's only one bus a day.

Possible conversation questions
1 Où habites-tu?
2 Aimes-tu y habiter? Pourquoi?
3 Qu'est-ce qu'il y a dans ta ville / ton village?
4 Comment est ta ville / ton village?
5 Aimes-tu habiter en ville / à la campagne? Quels sont les avantages?
6 Quels sont les problèmes?
7 Qu'est-ce qu'il faut faire pour changer la situation?
8 Qu'est-ce que tu fais pour protéger l'environnement?
9 Qu'est-ce que tu as fait la semaine dernière pour protéger l'environnement?
10 Qu'est-ce que tu vas faire plus tard pour l'environnement?

Module 1 *Moi* À toi A

1 Copiez et remplissez le formulaire en anglais pour Amélie.

Je m'appelle Amélie Bornand. J'ai quinze ans et mon anniversaire est le treize mars. J'ai un grand frère, mais je n'ai pas de sœur. J'aime les animaux, mais mes parents ne me permettent pas d'en avoir un. Ma mère est professeur et mon père est maçon, mais il est au chômage et ne travaille pas pour l'instant. J'aime la musique et la danse, mais je n'aime pas la natation et le tennis. Mon frère adore le foot, mais je ne comprends pas pourquoi parce que c'est ennuyeux! On se dispute parce qu'il veut toujours regarder le foot à la télé.

Surname: _____
First name: _____
Age: _____
Birthday: _____
Family: _____
Parents' jobs: _____
Pets: _____
Likes: _____
Dislikes: _____

2 Copiez et remplissez le formulaire pour vous en français et écrivez un paragraphe comme le paragraphe ci-dessus.

Nom: _____
Prénom: _____
Âge: _____
Anniversaire: _____
Famille: _____
Métiers des parents: _____
Animaux: _____
Ce que j'aime: _____
Ce que je n'aime pas: _____

Je m'appelle …
J'ai … ans.
Mon anniversaire, c'est …
J'ai un frère/une sœur …
Mon père/Ma mère est …/travaille …
J'aime/Je n'aime pas …
Je m'entends bien avec …

172 cent soixante-douze

Module 1 Moi À toi B

1 Que font-ils? Lisez les définitions et trouvez le bon emploi.

1. Une personne qui donne des infos à la télévision ou écrit dans un journal.
2. Quelqu'un qui surveille la piscine et donne des leçons de natation.
3. Quelqu'un qui travaille dans un cabinet médical et soigne les personnes malades.
4. Quelqu'un qui construit les murs d'une maison et travaille avec des pierres, des briques ou du ciment.
5. Une personne qui cultive la terre et élève des animaux pour le lait ou pour la viande.
6. Quelqu'un qui tond le gazon, cultive les fleurs et les plantes et entretient les jardins.

agriculteur comptable jardinier journaliste
maçon maître-nageur médecin menuisier

2 Lisez le texte, puis copiez et remplissez la grille.

Le mercredi

Mercredi dernier, je suis allé au centre des sports et j'ai joué au badminton. Puis l'après-midi, je suis allé en ville et j'ai fait du shopping. J'ai acheté des baskets. Le soir, je suis allé au cinéma avec ma copine. Aujourd'hui, je reste à la maison. Ce matin, je fais la grasse matinée. Cet après-midi, j'écoute de la musique et je lis des magazines. Ce soir, je fais mes devoirs. La semaine prochaine, mercredi matin, je vais aller à la piscine. L'après-midi, je vais aller à mon cours de musique – je joue de la guitare – et le soir, je vais jouer au squash avec mon père.

	mercredi dernier	ce mercredi	mercredi prochain
matin	e		
après-midi			
soir			

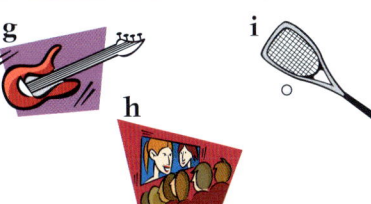

3 Écrivez un paragraphe.

- **Qu'est-ce que tu as fait samedi dernier?**
  Le matin, / L'après-midi, / Le soir, je suis allé(e) ... et j'ai fait/acheté/...
- **D'habitude, que fais-tu le samedi?**
  Le samedi, le matin, je vais / je joue/ je fais ...
- **Qu'est-ce que tu vas faire samedi prochain?**
  Samedi prochain, le matin, je vais aller/jouer/faire ...

Module 2 · On sort? · À toi A

1 Lisez et répondez aux questions en anglais.

A On which days of the week is this film showing?

B What type of TV programme is on at 8 p.m.?

Spiderman
Séances tous les jours à 17h30 et à 19h30

20.00 Journal: les informations du jour

C What sort of entertainment is *La surprise de l'amour*?

D How much is a seat in the stalls?

La surprise de l'amour:
Pièce de théâtre

Tarif
Balcon: 12€
Orchestre: 10€

E How much does it cost to see this dance show?

F How many seats are left for this concert tonight?

Spectacle de danse. Gratuit.

Robbie Williams. Concert ce soir
~~Billets 25€, 50€~~ **Complet**

> When you come across a word you don't know, like **complet**, try using these strategies:
> - Does it remind you of any words in English? (But remember, some words are 'false friends'!)
> - Look for clues: why are the ticket prices scored out?
> - Use logic. If you can't see any clues, what might the situation be? What often happens with very popular events?

2 Reliez les deux parties de chaque phrase ou question.

1 Qu'est-ce que tu as fait …
2 Samedi matin, **j'ai retrouvé** …
3 Puis samedi soir, je suis allée …
4 Qu'est-ce que tu …
5 On a vu …
6 C'était …
7 C'était **très** …
8 Tu aimes les **films** …
9 Oui, mais je préfère …

a … **passionnant**.
b … **d'action**, alors?
c … au cinéma.
d … **mes copines en ville**.
e … as vu?
f … **les films de science-fiction**.
g … le week-end dernier?
h … *Pirates des Caraïbes*.
i … comment?

3 Copiez les phrases/les questions 1–9 de l'exercice 2 pour faire un dialogue, en changeant les détails en bleu.
Copy out the phrases/questions 1–9 from Exercise 2 to make a dialogue, changing the details in blue.

■ Qu'est-ce que tu as fait le week-end dernier?
● Samedi matin, j'ai joué au foot …

174 cent soixante-quatorze

1 Lisez cette publicité pour un cirque. Puis lisez les phrases. Identifiez les trois phrases correctes.

Cirque Diana Moreno Bormann

Tarif: 10 à 30€
Gratuit pour enfants de moins de 4 ans.
Mer., sam., dim. 15h, ven. 20h45.
Spectacle de cirque traditionnel avec tigres, éléphants, autruches, zèbres, chameaux, chiens dressés, mais aussi acrobates, trapézistes et clowns.
Réservations: tél. 01.48.39.04.47.

1 On peut aller au cirque le dimanche.
2 Ça coûte trente-cinq euros.
3 C'est gratuit le samedi.
4 Le vendredi, ça commence à dix-huit heures.
5 On peut voir des éléphants au cirque.
6 On peut réserver par téléphone.
7 Le cirque n'est pas pour les enfants.

on peut – you can

2 Écrivez une lettre à Marc. Répondez à ses questions.

- D'habitude, qu'est-ce que tu fais le samedi matin?
- Qu'est-ce que tu fais après ça?
- Qu'est-ce que tu aimes faire le samedi soir?
- Quel est ton film préféré? Pourquoi?
- Qu'est-ce que tu as fait le week-end dernier?
- C'était comment?
- Qu'est-ce que tu vas faire dimanche prochain?

Posez-lui une question sur les émissions de télé.

> In exam-style tasks like this, you will be asked questions in a variety of tenses. Most will be in the present tense, but at least one will refer to the past and one to the future. Make sure you use the correct tense in your answers.

Module 2 *On sort?* À toi B

cent soixante-quinze 175

Module 3 Là où j'habite — À toi A

1 Lisez et trouvez la bonne image.

a b c d

1
J'habite un petit appartement dans un grand immeuble en banlieue. Ce que j'aime c'est qu'il y a un grand espace vert près de la maison, mais on est trop loin des commerces.
Félix

2
Notre maison est un chalet en bois en montagne. C'est très calme et il y a un grand jardin où j'ai fait une rampe pour le skate. C'est joli et je peux faire ce que je veux, mais le soir, je ne peux pas aller au cinéma parce qu'il n'y a pas de bus.
Martine

3
J'habite un bungalow à la campagne. J'aime la maison. Elle est grande, j'ai ma propre chambre et il y a une piscine, mais le quartier est trop tranquille. Il n'y a rien à faire.
Claude

4
J'habite une vieille ferme dans un village. Les chambres sont petites et nous n'avons pas de douche, mais c'est un quartier calme. Je ne peux pas aller voir mes copains le soir, mais je leur envoie des textos.
Véro

2 Lisez encore une fois et trouvez la bonne personne.

Qui habite …
1 à la campagne?
2 en montagne?
3 dans un village?
4 en banlieue?

3 Classez les descriptions: avantage (A) ou inconvénient (I)?

1 Il n'y a pas de bus.
2 On est trop loin des commerces.
3 Il y a un grand espace vert.
4 J'ai ma propre chambre.
5 Il n'y a pas de douche.
6 C'est un quartier calme.
7 Il y a un grand jardin.

4 Jeu d'imagination!
Écrivez un paragraphe.

- Où habites-tu?
- C'est comment?
- Avantages?
- Inconvénients?

1 Trouvez les mots dans le texte.

> ## Maison à vendre
> Propriété pleine de charme située dans un cadre très calme et naturel avec superbe vue panoramique, sur un terrain de 20 000m^2 à proximité du centre du village et des commerces.
> Au rez-de-chaussée: cuisine amenagée, grand salon avec cheminée, WC indépendants, garage, buanderie.
> À l'étage: une chambre avec salle d'eau attenante (bain + WC), deux chambres, salle de douche, WC indépendants.
> Grand jardin.

1. property
2. shops
3. en-suite bathroom
4. fireplace
5. surroundings
6. view
7. ground floor
8. laundry/utility room
9. separate toilet
10. fitted kitchen
11. shower room
12. near

2 Lisez le texte et répondez aux questions en anglais.

> J'aime la Normandie. L'année dernière, j'y suis allé en vacances en famille. Nous avons loué un gîte dans une ancienne ferme de campagne pour deux semaines. D'abord, nous sommes allés à Bayeux pour voir la Tapisserie et puis sur les plages du débarquement de 1944. Quand il faisait beau, nous passions des journées entières sur la plage et nous faisons des pique-niques et des balades en vélo. Quand il a fait moins beau, nous avons fait un tour dans la région. Nous sommes allés à Rouen pour voir la Grosse Horloge et la Cathédrale et puis à Giverney pour les jardins et les peintures du peintre Claude Monet. C'était extra! On veut y retourner l'année prochaine!
> *Jérémie*

1. Where did Jérémie go on holiday?
2. Who did he go with?
3. When did he go?
4. How long did he go for?
5. What did they see?
6. What did they do when the weather was good?
7. What did they do when it rained?
8. Did he enjoy the holiday?

3 Imaginez que vous avez passé les vacances dans votre région préférée. Décrivez où vous êtes allé(e)s et ce que vous avez fait. Utilisez le texte ci-dessus comme modèle.

L'année dernière, je suis allé(e) à … avec …
Nous avons logé dans **un hôtel** pendant **une semaine**.
Nous sommes allés à …
Quand il a fait beau, nous sommes **allés en ville / restés à la maison**.
Nous avons **fait des promenades/pique-niques / visité un musée / un château.**
Le soir, nous avons **dîné au restaurant**.
C'était **génial**.

Module 3 Là où j'habite À toi B

Module 4 Allons-y! À toi A

1 Vous allez où? Notez la bonne lettre.

Which of these places do you go to in order to …

1 buy some ham?
2 catch a bus?
3 buy some stamps?
4 borrow a book?
5 buy some bread?
6 buy some aspirin?

Exemple: 1 f

a boulangerie   b poste   c gare routière   d pharmacie   e bibliothèque   f charcuterie

2 Où êtes-vous allé(e) et qu'est-ce que vous avez acheté? Écrivez une phrase pour chaque magasin.

Where did you go and what did you buy? Write a sentence for each shop.

Exemple: Je suis allé(e) à la boucherie et j'ai acheté du bœuf.

la boucherie   la boulangerie   la confiserie   la charcuterie   la pâtisserie

3 Reliez les images et les panneaux de la gare SNCF.

Match up the pictures with the signs at the railway station.

Exemple: 1 e

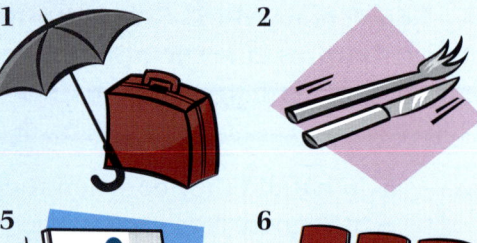

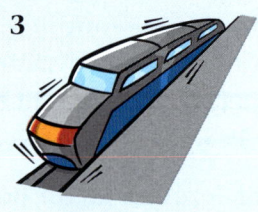

a Renseignements   b Consigne   c Guichet   d Sortie de secours ➡
e Objets trouvés   f Buffet   g Départs   h Salle d'attente

> Do the easier ones first. Look for words which remind you of words in English, e.g. **buffet**, **départs**, **objets**. Next, use your knowledge of French. You should recognise the word **salle** from talking about your home, and **sortie** is linked to the verb **sortir** (to go out). Finally, look up any words you can't guess.

1 Lisez le guide du grand magasin et trouvez le français.

Exemple: 1 Sous-sol

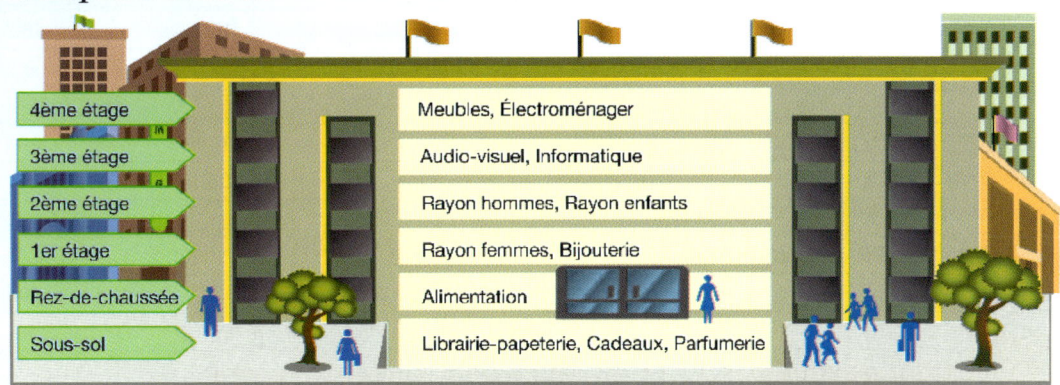

4ème étage	Meubles, Électroménager
3ème étage	Audio-visuel, Informatique
2ème étage	Rayon hommes, Rayon enfants
1er étage	Rayon femmes, Bijouterie
Rez-de-chaussée	Alimentation
Sous-sol	Librairie-papeterie, Cadeaux, Parfumerie

1 Basement
2 Ground floor
3 First floor
4 Children's department
5 Men's department
6 Women's department
7 Computer department
8 Gifts
9 Electrical and household
10 Perfume department

alimentation – food
librairie-papeterie – bookshop and stationery department

- Use the picture to help you with the words for the different floors of a building.
- Remember, signs and notices often use abbreviations, e.g. **1er** (**premier**), **2ème** (**deuxième**.)
- Look for words you know from other contexts, e.g. **cadeaux**, **informatique**.
- Use any vocabulary help that is given.
- Ignore any words you don't need to know to do the exercises.

2 Lisez les phrases et regardez le plan du grand magasin. C'est vrai (V) ou faux (F)?

Exemple: 1 V

1 Je vais acheter une jupe. Je vais au premier étage.
2 Je vais acheter des carottes. Je vais au quatrième étage.
3 Je vais acheter un ordinateur. Je vais au troisième étage.
4 Je vais acheter une cravate. Je vais au deuxième étage.
5 Je vais acheter un cadeau d'anniversaire. Je vais au sous-sol.
6 Je vais acheter un DVD. Je vais au rez-de-chaussée.

3 Écrivez une lettre à votre copain Vincent sur le shopping. Répondez aux questions ci-dessous.

- Quelles sortes de magasins y a-t-il dans ta ville ou ton village?
- Quand fais-tu les magasins?
- Où vas-tu pour acheter des vêtements?
- Qu'est-ce que tu as acheté récemment?
- Qu'est-ce que tu vas acheter le week-end prochain?

Posez une question à Vincent sur les magasins qu'il préfère.

Module 5 Au collège À toi A

1 Copiez et complétez l'emploi du temps.

	lun	mar	mer	jeu	ven
8h00	espagnol		sciences phys	français	technologie
9h00		histoire	technologie		latin
10h00	récré				
10h15	anglais	maths		anglais	anglais
11h15	étude	français	EPS	maths	français
12h15	déjeuner				
13h30	histoire	SVT		espagnol	
14h30					sciences phys
15h30		maths		latin	

SVT – sciences et vie de la terre (sciences naturelles/biologie)
EPS – éducation physique et sportive

Lundi, je commence à huit heures. J'ai un cours d'espagnol et puis une heure de maths. Après la récré, c'est l'anglais et une heure d'étude où je fais mes devoirs. L'après-midi, je commence avec une heure d'histoire et deux heures de dessin.
Mardi, c'est l'anglais, l'histoire, les maths, le français, les sciences nat, l'espagnol et les maths.
Mercredi, je commence avec les sciences physiques, la techno et puis une heure de musique (je déteste ça) et une heure d'EPS.
Jeudi, c'est le français, suivi de l'histoire, l'anglais, les maths, l'espagnol, le français et le latin … Pfui!
Vendredi, la techno et le latin, suivis de l'anglais et du français et l'après-midi, l'EPS, les sciences physiques et les maths.

2 Faites votre emploi du temps en français.

3 Décrivez l'uniforme. Utilisez les images ci-dessous.

une chemise
une cravate
un pantalon
un pull
une veste

blanc	blanche
bleu	bleue
gris	grise
noir	noire
vert	verte

180 cent quatre-vingts

Module 5 Au collège À toi B

1 Lisez et trouvez le français.

L'année dernière, je suis allé en Angleterre avec ma classe. Nous avons passé une semaine chez nos corres. Un jour, nous sommes allés au collège où nous avons participé aux cours. La journée scolaire est moins longue. Les cours débutent à neuf heures et on rentre à trois heures et demie. Les élèves sont plus disciplinés que chez nous. Par exemple, il est défendu de courir, crier ou bousculer dans les couloirs ou les escaliers. Ce qui m'a frappé le plus c'est qu'ils portaient tous un uniforme, même les filles, un pantalon gris, une chemise bleue, un pull noir ou une veste noire. À midi, nous avons déjeuné à la cantine. Ce n'était pas bon. Le soir, mon corres a moins de devoirs que moi et le travail est plus facile que chez nous, mais ils font plus d'informatique et plus de matières facultatives comme les arts dramatiques (ce que j'ai beaucoup aimé).
Frédéric

1 for example
2 it is forbidden
3 to run
4 to shout
5 to shove
6 What struck me most …
7 optional subjects
8 drama

2 Lisez et répondez aux questions en anglais.

1 Where did Frédéric go last year?
2 Who with?
3 What differences did he notice? (*three things*)
4 What struck him most?
5 What did he think of school dinners?
6 Which lesson did he really like?

3 Imaginez que vous avez passé une journée au collège en France avec votre corres français. Décrivez votre journée et les différences que vous avez notées.

You can adapt the letter in Exercise 1, telling the story from the point of view of a British student in France.

cent quatre-vingt-un 181

Module 6 Il faut bosser! À toi A

1 Qui utilise quoi au travail? Choisissez le bon métier pour chaque image.
Who uses what at work? Choose the correct job for each picture.

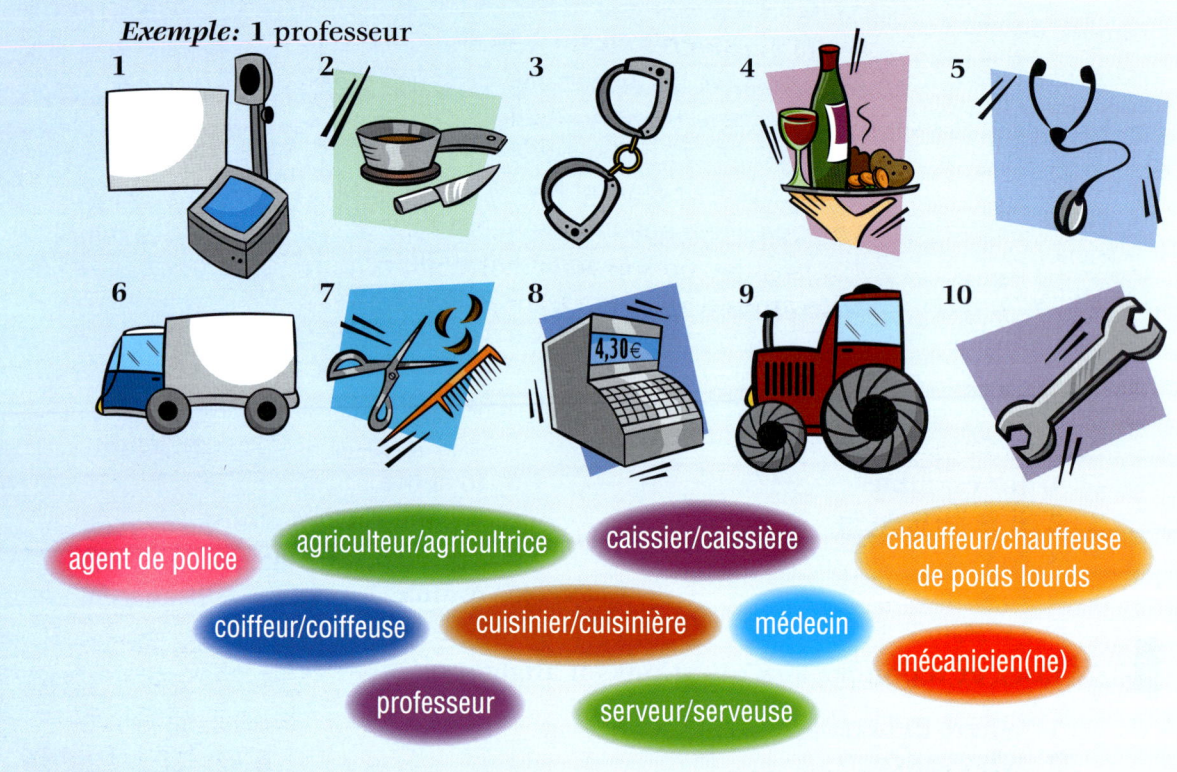

Exemple: **1** professeur

agent de police
agriculteur/agricultrice
caissier/caissière
chauffeur/chauffeuse de poids lourds
coiffeur/coiffeuse
cuisinier/cuisinière
médecin
mécanicien(ne)
professeur
serveur/serveuse

2 Lisez cette lettre, puis complétez les détails en français.

1 Prénom: Adrien
2 Nom de famille: ....
3 Profession des parents:
   Père: ....
   Mère: ....
4 Petit job: ....
5 Profession plus tard: ....

> Je m'appelle Adrien Dubois. Mon père est infirmier et ma mère est secrétaire. Le samedi soir, je travaille dans un restaurant. Je gagne 5 euros de l'heure. C'est chouette. Plus tard, je voudrais travailler comme chef parce que j'adore faire la cuisine.

3 Votre corres française, Sophie, vous a envoyé un e-mail. Elle vous pose des questions. Écrivez une réponse.

1 As-tu un petit job?
2 Tu fais ça quand?
3 Combien gagnes-tu?
4 C'est comment?
5 Qu'est-ce que tu achètes avec ton argent?
6 Quel métier voudrais-tu faire plus tard?
7 Pourquoi?

Amitiés,
Sophie

> You can adapt part of the text in Exercise 2 to help you write your letter.

Module 6 Il faut bosser! À toi B

1 Lisez le texte. Écrivez la lettre du mot qui manque.

Exemple: **1** f

> L'année dernière, j'ai fait un stage en (**1**) _____. J'ai passé deux (**2**) _____ dans un magasin de vêtements parce que je m'intéresse à la mode. Je devais ranger les (**3**) _____, aider les clients et (**4**) _____ l'aspirateur. C'était (**5**) _____, mais je ne voudrais pas faire ça plus tard parce que ce n'est pas bien payé. Je (**6**) _____ travailler comme vétérinaire parce que (**7**) _____ les animaux et c'est bien (**8**) _____.
> Emma

- a intéressant
- b payé
- c bureau
- d semaines
- e vêtements
- f entreprise
- g passer
- h gagne
- i j'aime
- j voudrais

2 Écrivez une lettre à un copain / une copine. Répondez à ces questions.

- Quand as-tu fait ton stage en entreprise?
- Où as-tu fait ton stage?
- Tu devais commencer le travail à quelle heure?
- Qu'est-ce que tu devais faire?
- C'était comment?
- Voudrais-tu faire ce travail plus tard?
- Pourquoi (pas)?

Posez-lui une question sur ses projets d'avenir.

> - Always read each question carefully. Look for small words, such as **où**, **quand** and **comment**, which tell you whether you are being asked where, when and how.
> - Also make sure you answer in the correct tense. Which questions are asking you about the past and which about the future?

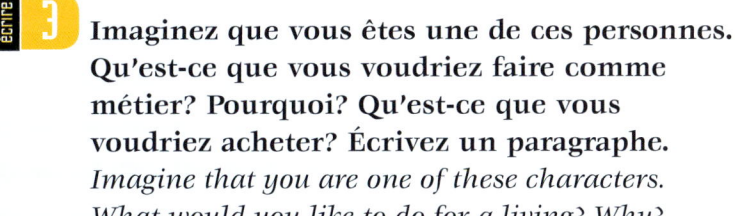

3 Imaginez que vous êtes une de ces personnes. Qu'est-ce que vous voudriez faire comme métier? Pourquoi? Qu'est-ce que vous voudriez acheter? Écrivez un paragraphe.
Imagine that you are one of these characters. What would you like to do for a living? Why? What would you want to buy? Write a paragraph.

- Bart Simpson
- Lisa Simpson
- Harry Potter
- Draco Malfoy
- Hermione Granger

Je m'appelle Lisa Simpson. Plus tard, je voudrais travailler comme professeur de musique parce que je suis assez intelligente et j'adore jouer du saxophone. Mais je ne voudrais pas habiter à Springfield. Avec mon argent, je voudrais acheter une petite maison à …

cent quatre-vingt-trois 183

Module 7 Tourisme À toi A

1 Qu'est-ce qu'ils prennent comme casse-croûte? Écrivez les bonnes lettres.

Exemple: **1** p, f …

a b c d
e f g h
i j k l
m n o p q

1 Moi, j'ai un sandwich au jambon, un biscuit, un yaourt et une boisson pomme fraise.
2 Dans mon sac, j'ai un sandwich au thon avec de la mayonnaise, une brioche, un chewing-gum et une bouteille d'eau.
3 J'ai fait mon casse-croûte moi-même. J'ai un sandwich au saucisson avec des cornichons, une mousse au chocolat et un jus de pommes!
4 Maman m'a fait un casse-croûte. J'ai un sandwich au fromage avec des tomates, une compote de pommes, une cannette de coca et un jus d'orange.

2 Faites un sandwich spécial. Décrivez votre sandwich.

3 Vous faites une sortie avec votre classe. Qu'est-ce que vous prenez comme casse-croûte?

184 cent quatre-vingt-quatre

1 Lisez la liste des activités. On est quel jour?

Exemple: 1 jeudi

Camping de la Forêt
Animations quotidiennes

jour	heure	activité
Lun	14h–17h	Volley/foot/tennis pour les 15 à 18 ans
	21h	Kayak-piscine nocturne
Mar	10h–16h	Descente de la rivière en canoë (accompagnée)
	16h–18h	Équitation
	20h	Tournoi «Trivial Pursuit»
Mer	9h–12h	Aquapolo pour les 15 à 18 ans
	14h–17h	Tournoi: volley/foot/tennis pour les 15 à 18 ans
	21h	Randonnée semi-nocturne accompagnée (5 km)
Jeu	10h–16h	Balade en vélo dans la forêt avec pique-nique
	14h–17h	Volley/foot/tennis pour les 10 à 15 ans
	16h–19h	Tournoi pour ados de baby-foot ou ping-pong
Ven	10h–16h	Randonnée accompagnée (12 km) avec pique-nique
	14h–17h	Tournoi aquapolo
	21h	Soirée musicale: spectacle concert ou bal
Sam	21h	Soirée cinéma: film tout public
Dim	16h	Tournoi de pétanque

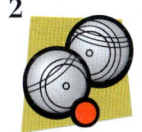

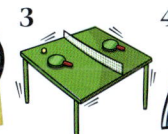

2 On est quel jour aujourd'hui? Utilisez la liste de l'exercice 1.

1. Hier soir, on a vu le film *King Kong*.
2. Demain, je vais faire du cheval.
3. On va faire la descente de la rivière en canoë demain.
4. Je suis fatiguée! Hier soir, on a fait une balade dans la forêt.
5. Ce soir, on a un cours de kayak.

3 Imaginez que vous avez passé les vacances au camping de la Forêt. Qu'est-ce que vous avez fait? Remplissez votre journal.

lundi	Cet après-midi, j'ai joué au foot, et ce soir, j'ai fait du kayak à la piscine.
mardi	
mercredi	
jeudi	
vendredi	
samedi	
dimanche	

Module 7 Tourisme À toi B

cent quatre-vingt-cinq 185

Module 8 — Mes copains et mes héros — À toi A

1 Lisez les annonces et répondez aux questions en anglais.

Les sports en bref

Hockey sur glace
Tournoi international féminin
À partir de mercredi et jusqu'à vendredi
Entrée 4€
****

Cyclisme
Concours régional
Départ à 14 heures, Place de la Cathédrale
Circuit de 65 km
****

Handball
Match de gala
Ce soir à 19h30
Les Tigres contre Les Géants
Entrée gratuite
****

Volley / rugby
Ce week-end, sur la plage du Val Boisé:
Samedi: tournoi de beach-volley
Dimanche: match de beach-rugby
Renseignements: Michel Bertrand 03.76.88.43.89
mbertrand.plage@wanadoo.fr

1 Which two teams are taking part in the handball match? What are they called in English?
2 For how many days does the ice-hockey tournament last?
3 Who can take part in the tournament?
4 When are the beach sports taking place?
5 How can you find out more information about the beach sports?
6 At what time does the cycling race start?
7 Where does it start from?

2 Relisez le texte de l'exercice 1. Qu'est-ce c'est en anglais?

1 tournoi
2 à partir de mercredi
3 concours
4 entrée gratuite
5 renseignements

3 Copiez et complétez ces phrases, en utilisant le texte de l'exercice 1.

1 Le tournoi de hockey sur glace commence *mercredi* et finit _____. Ça coûte _____.
2 Le concours de _____ commence à 14 heures. On se retrouve à la _____ de la cathédrale.
3 Le match de handball, c'est _____ à 19h30. L'entrée est _____.
4 Samedi, sur la plage du Val Boisé, on va jouer au _____. _____, on va jouer au beach-rugby.

4 Écrivez d'autres annonces sportives. Utilisez les images ci-dessous et vos propres idées.

Write some more sports adverts. Use the pictures below and your own ideas.

1  tournoi 0€ jeudi–dimanche
2  concours 12 km Rue de la République
3 match Dragons v. Diables Rouges. demain 20:00 3€

186 cent quatre-vingt-six

1 Lisez ce texte sur un joueur de tennis. Puis répondez aux questions.

Le jeune Français Richard Gasquet est un des meilleurs joueurs de tennis de France. Né le 18 juin 1986, à Béziers, Richard habite actuellement à Paris, où il s'entraîne au Centre National de l'Entraînement. Grand et beau, aux cheveux brun clairs et aux yeux marron, Richard n'est pas encore marié. Ambitieux et déterminé, mais toujours poli et charmant dans ses interviews, Richard est un des sportifs les plus sympas. À part le tennis, il aime retrouver ses copains, passe beaucoup de temps avec sa PlayStation et joue un peu au foot.

1. Comment s'appelle-t-il? *Il s'appelle Richard Gasquet.*
2. Quel est son métier?
3. Quelle est sa date de naissance?
4. Quel âge a-t-il?
5. Où est-il né?
6. Pourquoi habite-t-il à Paris?
7. Est-il marié, divorcé ou célibataire?
8. Comment est-il, physiquement?
9. Quelles sont ses qualités personnelles?
10. Quels sont ses passe-temps?

> Make sure you know question words in French! It's essential when doing an exercise like this. What do the following mean?
> **comment? où?**
> **quel/quelle/quels/quelles?**
> **pourquoi?**

2 Écrivez un e-mail à votre copain Julien. Répondez aux questions suivantes.

- Quels sports aimes-tu?
- Où et quand fais-tu du sport?
- Vas-tu souvent à des matchs? Pourquoi (pas)?
- Qui est ton sportif / ta sportive préféré(e)? Pourquoi?
- Quel est le dernier match ou événement sportif que tu as regardé ou vu?
- C'était comment?
- Quels sports vas-tu faire ou regarder le week-end prochain?

Posez-lui une question sur le sport au collège.

3 Écrivez la suite de ce poème, en utilisant des mots de la case. Le poème doit rimer!
Continue writing this poem, using words from the box. The poem must rhyme!

Mon copain Thomas
Est toujours sympa.
Il est un peu timide,
Mais pas du tout stupide.

actif   arrogant   aussi   beau   bleus   frisés
généreux   gentil   grand   intelligent   marrant
paresseux   poli   rigolo   sportif   VTT

> Look for groups of words in the box which rhyme. There are six groups!

Module 8 Mes copains et mes héros À toi B

Module 9 **Mode de vie** À toi A

1 Lisez les textes et répondez aux questions.

Francine: Pour garder la forme, je mange sainement et je fais du sport. Je ne bois pas de boissons sucrées, je ne mange pas de hamburgers ou de chips. Je ne fume pas, mais j'ai un petit faible, les frites! À partir de maintenant, je vais essayer de faire plus de sport.

Moissette: J'en ai marre des régimes. J'ai tout essayé pour perdre des kilos, mais maintenant je mange ce que je veux. Je ne mange pas de gâteaux ou de bonbons parce que je préfère les fruits, mais j'ai un faible pour la mousse au chocolat. À partir de maintenant, je vais essayer de moins fumer.

Antonin: Je ne fais rien pour garder la forme. Le midi, je mange un hamburger et je bois du coca. Je ne fais pas de sport, sauf au collège. Je fume – pas beaucoup, mais quand je sors avec mes copains qui fument. À partir de maintenant, je vais essayer de jouer au basket.

Théo: D'habitude, je suis trop pressé le matin pour manger. Je suis toujours stressé et j'ai souvent mal à la tête. Le midi, je mange un paquet de chips et une pomme, et le soir, je mange un yaourt. À partir de maintenant, je vais essayer de me coucher plus tôt.

Qui …
1 ne prend pas de petit déjeuner?
2 adore les frites?
3 n'aime pas les choses sucrées?
4 mange au fast-food le midi?

2 Trouvez ces mots/phrases dans les textes.

1 I have a weakness for …
2 I'm fed up with diets.
3 I've tried everything …
4 now
5 except
6 always
7 often

3 Écrivez des conseils.

Exemple: Francine, il ne faut pas manger trop de …

4 Et vous? Copiez et complétez les phrases.

Je **mange / ne mange pas** sainement.
D'habitude, le matin, je mange …
Je ne mange pas … parce que …
Le midi, je mange …
Je bois …
Je ne bois pas de …
À partir de maintenant, je vais essayer de manger/boire …

188 cent quatre-vingt-huit

Danger!

Un fumeur absorbe jusqu'à 4 000 substances chimiques et toxiques chaque fois qu'il fume une cigarette

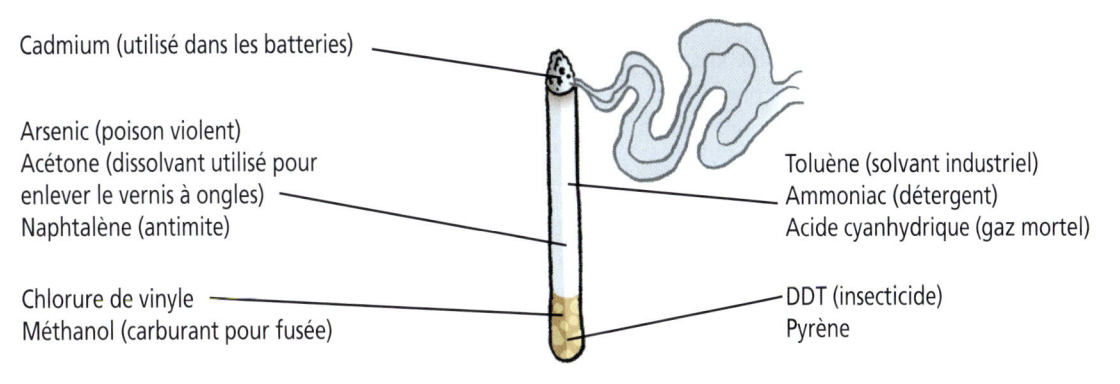

- Cadmium (utilisé dans les batteries)
- Arsenic (poison violent)
- Acétone (dissolvant utilisé pour enlever le vernis à ongles)
- Naphtalène (antimite)
- Chlorure de vinyle
- Méthanol (carburant pour fusée)
- Toluène (solvant industriel)
- Ammoniac (détergent)
- Acide cyanhydrique (gaz mortel)
- DDT (insecticide)
- Pyrène

1 Lisez le texte et trouvez les substances toxiques qu'on utilise …
Read the text and find which toxic substances are used …

1. for removing nail varnish.
2. as a rocket fuel.
3. for cleaning.
4. for gassing animals.
5. as an industrial solvent.

Remember, to work out unknown words:
- use the context to help you
- look out for words which are similar to English words
- use what you know to eliminate wrong options.

2 Trouvez dans le texte les phrases en bleu qui correspondent à ces phrases anglaises.

La moitié des ados ont commencé à fumer à l'âge de 14 ans.
Si tu fumes 20 cigarettes par jour pendant sept ans, cela fait en tout 50 000 cigarettes.
Le tabac irrite la gorge, encrasse les poumons, fatigue le cœur, durcit les artères et réduit l'acuité visuelle.
Le cancer du poumon est le tueur numéro un des fumeurs. Il est difficile à traiter parce que les symptômes n'apparaissent qu'une fois que la maladie est avancée.
Le tabagisme tue plus de gens que l'alcool, le sida, les accidents de voiture et les suicides réunis.
Parmi les enfants qui fument, la moitié mourra des suites du tabagisme.
Si ton meilleur ami fume, tu as 13 fois plus de risques de fumer.

1. daily
2. half of them (the half)
3. AIDS
4. lung cancer
5. reduces
6. the arteries
7. the heart
8. the illness
9. the killer
10. young people (adolescents)
11. your best friend

3 Votre meilleur copain / meilleure copine fume. Écrivez-lui un e-mail pour expliquer les dangers et pourquoi il faut qu'il/elle arrête.
Your best friend smokes. Write him/her an e-mail explaining about the dangers and why he/she should give up.

Module 10 — *Le monde en danger* — **À toi A**

1 Lisez la publicité. Puis identifiez les trois phrases correctes.

VENEZ À PARFAITVILLE!

C'est fantastique!

Il y a …
- beaucoup de travail, donc pas de chômage!
- beaucoup de distractions, surtout pour les jeunes!
- beaucoup de police, donc pas de criminalité!
- des transports en commun superbes, donc moins de circulation et moins de pollution!
- beaucoup de poubelles et de containers pour le recyclage, donc pas de déchets dans la rue!

1. Il n'y a pas de chômage à Parfaitville.
2. Il n'y a rien à faire pour les jeunes.
3. Il n'y a jamais de police dans la rue.
4. Il y a beaucoup d'autobus et de trains.
5. Il n'y a pas de circulation et pas de pollution.
6. Il n'y a plus de containers pour le recyclage.

2 Écrivez une publicité honnête sur Nulleville!

Ne venez pas à Nulleville!
C'est nul!
- Il n'y a pas assez de travail, donc …

> Try to use all of these negative expressions at least once in Exercise 2:
> **ne … pas   ne … rien   ne … plus
> ne … jamais   ne … que**
>
> Look back at page 150 to remind yourself how to use these negatives, if necessary.

3 Pour chaque phrase, écrivez un conseil pour protéger l'environnement. Utilisez *il faut*.

For each sentence, write a piece of advice to protect the environment. Use il faut.

Exemple: **1** Il faut utiliser un sac en toile.

1. J'ai utilisé des sacs en plastique pour mes achats.
2. Je vais jeter mon vieux portable à la poubelle.
3. Tous les matins, je prends un bain.
4. Hier, je suis allé en ville en voiture.
5. Si je bois un coca, je jette la canette à la poubelle.
6. Brrrrr! Je vais monter le chauffage central!

1 Lisez le texte et mettez les phrases en anglais dans l'ordre du texte.

La conservation: Il faut sauver ces animaux!

Partout dans le monde, des animaux et des oiseaux sont en danger. En Amazonie, par exemple, on a coupé des milliers d'arbres. On a fait ça pour l'agriculture et pour la création de produits en bois, comme des tables et des chaises. La dévastation de cette forêt tropicale détruit l'habitat de beaucoup de créatures exotiques, comme le jaguar. C'est le même problème en Afrique et à Bornéo, où le gorille et l'orang-outan sont déjà rares. Et dans moins de vingt ans, il n'y aura peut-être plus de tigres en Inde. Si vous voulez sauver ces animaux fascinants, on peut devenir membre du WWF. C'est une organisation qui travaille pour la conservation des animaux en voie d'extinction.

a   It's the same problem in Africa and in Borneo, where the gorilla and the orang-utan are already rare.
b   In the Amazon Forest, for example, thousands of trees have been cut down.
c   It's an organisation which works for the conservation of animals threatened with extinction.
d   Throughout the world, animals and birds are endangered.
e   If you want to save these fascinating animals, you can become a member of the WWF.
f   The destruction of this tropical forest is destroying the habitat of exotic creatures, such as the jaguar.
g   This has been done for farming and to create wooden products, such as tables and chairs.
h   And in less than 20 years, it is possible that there will be no more tigers in India.

2 Écrivez une lettre à votre copine Zoé. Répondez à ces questions.

- Quels sont les avantages de ta ville / ton village?
- Quels sont les inconvénients?
- Qu'est-ce qu'il faut faire pour protéger l'environnement dans ta ville / ton village?
- Qu'est-ce que tu fais déjà pour protéger l'environnement?
- Qu'est-ce que tu as fait récemment pour l'environnement?
- Qu'est-ce que tu vas faire plus tard?

Posez-lui une question sur les problèmes dans sa ville / son village.

Module 10   *Le monde en danger*   À toi B

cent quatre-vingt-onze   **191**

Grammaire

SECTION 1 Nouns and pronouns
1.1 Gender
1.2 Singular/plural
1.3 The definite article
1.4 The indefinite article
1.5 The partitive article
1.6 Subject pronouns

SECTION 2 Adjectives and adverbs
2.1 Position of adjectives
2.2 Agreement of adjectives
2.3 Possessive adjectives
2.4 Comparatives and superlatives

SECTION 3 Verbs
3.1 The infinitive
3.2 The present tense
3.3 The perfect tense
3.4 The imperfect tense
3.5 The near future tense
3.6 The conditional
3.7 The imperative
3.8 Negatives
3.9 Question forms
3.10 Reflexive verbs
3.11 Verbs with the infinitive
3.12 Impersonal verbs

SECTION 4 Structural features
4.1 Prepositions
4.2 Question words
4.3 Intensifiers
4.4 Connectives
4.5 **depuis**
4.6 Expressions with **avoir**
4.7 Time expressions

SECTION 5 Extras
5.1 Numbers
5.2 Days
5.3 Dates
5.4 Times

VERB TABLES
Regular verbs (**-er**, **-ir** and **-re**; reflexive verbs)
Key irregular verbs (**aller**, **avoir**, **être** and **faire**)
Other irregular verbs

Glossary of grammatical terms

adjective — a describing word (*rouge, petite, intéressants*)
The words for 'my', 'your', etc., are **possessive adjectives**.

adverb — a word used to describe an action (*vite, souvent*)

article — the word 'a'/'some' or 'the' before a noun (*un/une/des, le/la/les*)

connective — a word used to join phrases or sentences (*mais, parce que*)

gender — tells you whether a noun is masculine or feminine (*un crayon* is masculine, *une gomme* is feminine)

imperative — the verb form you use when you are telling someone to do something (*copie et complète, levez-vous*)

infinitive — the original, unchanged form of the verb, which you find in the dictionary (*parler* to speak, *avoir* to have)

intensifier — a word or phrase placed before an adjective to make it stronger or weaker (*très, un peu*)

irregular verb — a verb which does not follow the set rules of the main verb types but has its own pattern (*faire, être*)

noun — a word which names a thing or a person (*stylo, mère*)

plural — referring to more than one person or item (*les chats, nous, trois pommes*)

preposition — a word used to show where someone or something is (*sur, à, de*)

pronoun — a word which stands in place of a noun (*elle, tu*)

reflexive verb — a verb which includes a pronoun before the verb (*se coucher*)

regular verb — a verb which follows the rules/pattern of the main verb types (*-er* verbs, *-ir* verbs, *-re* verbs)

singular	referring to only one person or item (*un oiseau, tu*)
tense	relating to verbs, showing when the action takes place (the present tense, the perfect tense)
verb	a word used to say what is being done or what is happening (*acheter, être*)

SECTION 1 Nouns and pronouns

1.1 Gender → *page 12*
A noun is a word which names a thing or a person.
In French, all nouns are masculine or feminine.

Masculine	Feminine
un sandwich	une pizza

For most nouns, you have to learn the gender when you learn the new word. In the dictionary, you will see (m) or (f) after the noun.

As in English, some job nouns change to show the gender of the person doing them.
Il est serv**eur**. *He is a **waiter**.*
Elle est serv**euse**. *She is a **waitress**.*

	Masculine	Feminine
+ –e	étudiant	étudiante
–eur to –euse	vendeur	vendeuse
–teur to –trice	moniteur	monitrice
–en to –enne	électricien	électricienne
–er to –ère	infirmier	infirmière

Some don't change, e.g. **agent de police** (policeman/policewoman), **fonctionnaire** (civil servant). A few are always feminine, e.g. **nourrice** (childminder).

1.2 Singular/plural
Most nouns form their plural by adding **-s**.
la montagne – singular →
les montagne**s** – plural.

Words ending in **-eau** add **-x**.
un château → des château**x**

Words ending in **-al** change to end in **-aux**.
un animal → des anim**aux**

1.3 The definite article → *page 24*
The definite article is *the*.

Masculine	Feminine	Plural
le sandwich	**la** pizza	**les** pizzas

le and **la** become **l'** before a vowel sound.
l'omelette

You use the definite article before nouns when talking about likes and dislikes.
J'aime **les** carottes.   *I like carrots.*

1.4 The indefinite article → *page 12*
The indefinite article is *a* (or *some* in the plural).

Masculine	Feminine	Plural
un village	**une** ville	**des** villages

When you are talking about jobs people do, you do not use the indefinite article.
Elle est infirmière.   *She is **a** nurse.*

1.5 The partitive article → *pages 58, 134*
The partitive article is used when talking about a quantity of something: it means *some*.

Usage:
du before masculine nouns
    du coca   *some coke*
de la before feminine nouns
    de la limonade   *some lemonade*
des before plural nouns
    des chips   *some crisps*
de l' before nouns which begin with a vowel sound
    de l'Orangina   *some Orangina*

You use the partitive article when talking about shopping, even though the word *some* is not always used in English.
J'achète **du** café et **des** magazines.
I buy (some) coffee and (some) magazines.

cent quatre-vingt-treize 193

Grammaire

After a negative, **du**, **de la**, **de l'** and **des** become **de**.
Je ne mange pas **de** viande.
I don't eat meat.

de is also used after expressions of quantity.
un kilo **de** pommes   *a kilo of apples*
beaucoup **de** devoirs   *lots of homework*

1.6 Subject pronouns → pages 29, 96
A pronoun stands in place of a noun in a sentence.

je/j'	*I*
tu	*you* (child, young person, someone you know well)
il	*he, it* (masculine noun)
elle	*she, it* (feminine noun)
on	*we, one, you, 'people'*
nous	*we*
vous	*you* (more than one person, someone you don't know well, a stranger)
ils	*they* (males/ mixed group/ masculine nouns)
elles	*they* (females/feminine nouns)

tu and **vous**
Use **tu** when talking to young people or people you know well, such as friends or family.

Use **vous** when talking to more than one person or to adults you don't know well. If in doubt, use **vous**.

on
on can be used to mean 'we':
On a regardé la télé.
We watched television.
(NB It is more usual to use **nous** to say 'we' in formal situations.)

on can also mean 'you' or 'people (in general)':
On ne doit pas fumer ici.
You mustn't smoke here.
En France, **on** conduit à droite.
In France, people drive on the right.

SECTION 2
Adjectives and adverbs

2.1 Position of adjectives
→ pages 40, 45, 66

Most adjectives, including colour adjectives, come **after** the noun they are describing.
une veste **rouge**   *a red jacket*

Some short common adjectives come before the noun.

petit	joli	haut
grand	gros	long
nouveau	beau	
bon	vieux	

un **grand** livre **rouge**   *a big red book*

2.2 Agreement of adjectives
→ pages 14, 40, 45, 66, 80

Adjectives change according to whether the noun being described is masculine or feminine, singular or plural. This is called agreement.

For feminine, **add -e***
  une veste vert**e**
For masculine plural, **add -s**
  des tee-shirts noir**s**
For feminine plural, **add -es**
  des chaussures bleu**es**

* If the adjective already ends in **-e**, there is no change in the feminine singular:
  il/elle est timide.

194   cent quatre-vingt-quatorze

Some adjectives are **irregular**: they follow their own pattern. Other adjectives with the same ending work in the same way.

Singular		Meaning
Masculine	**Feminine**	
beau	belle	*beautiful*
blanc	blanche	*white*
italien	italienne	*Italian*
mignon	mignonne	*sweet, cute*
nul	nulle	*awful, rubbish*
ennuyeux	ennuyeuse	*boring*
nouveau	nouvelle	*new*
gros	grosse	*fat*
sportif	sportive	*sporty*
vieux	vieille	*old*

Plural		Meaning
Masculine	**Feminine**	
beaux	belles	*beautiful*
blancs	blanches	*white*
italiens	italiennes	*Italian*
mignons	mignonnes	*sweet, cute*
nuls	nulles	*awful, rubbish*
ennuyeux	ennuyeuses	*boring*
nouveaux	nouvelles	*new*
gros	grosses	*fat*
sportifs	sportives	*sporty*
vieux	vieilles	*old*

Some adjectives are **invariable**: they never change – **marron, cool, super, sympa**
une veste cool/des baskets cool

Colour adjectives which are made up of two parts do not change, e.g. **bleu clair** (*light blue*), **bleu foncé** (*dark blue*), **bleu marine** (*navy blue*)
une jupe **bleu foncé**   *a dark blue skirt*

beau (*beautiful, good-looking*), **nouveau** (*new*) and **vieux** (*old*) have a special form which is used in front of a masculine noun beginning with a vowel sound:
un **bel** homme (*a good-looking man*)
un **nouvel** appartement (*a new flat*)
un **vieil** ami (*an old friend*)

2.3 Possessive adjectives
→ *pages 10, 124*

The words for *my, your*, etc., change according to whether the noun owned or possessed is masculine, feminine or plural:

	Masculine nouns	Feminine nouns	Plural nouns
my	**mon** professeur	**ma** classe	**mes** copains
your (tu)	**ton** professeur	**ta** classe	**tes** copains
his or her	**son** professeur	**sa** classe	**ses** copains

For singular nouns beginning with a vowel sound, you use **mon, ton** or **son**.
Mon amie s'appelle Sophie.
My friend is called Sophie.

There is no 's in French. You show possession by using the pronoun **de**.
les chaussures **de** Pete   *Pete's shoes*

2.4 Comparatives and superlatives
→ *pages 121, 123*

To compare two things, use the comparative:
plus … que   *more … than*
moins … que   *less … than*

Les films sont **plus** intéressants **que** les émissions de sport.
*Films are **more** interesting **than** sports programmes.*
Cette jupe est **moins** chère **que** la jupe bleue.
*This skirt is **less** expensive **than** (cheaper than) the blue skirt.*

The superlative is used to say something is 'the most'. It means *the biggest, the most interesting*, etc.

It comes before or after the noun depending on where the adjective would come. If it follows the noun, the definite article is repeated.
C'est **le plus grand** pays d'Europe.
It's the biggest country in Europe.
C'est **la** matière **la plus intéressante**.
It's the most interesting subject.

bon and **mauvais** are irregular:
Bill est **bon**, Marc est **meilleur**, Mike est **le meilleur**.

Sarah est **mauvaise**, Anne est **pire**, Julie est **la pire**.

SECTION 3 Verbs

3.1 The infinitive
When you look up a verb in the dictionary, you find its original, unchanged form, which is called the **infinitive**,
e.g. **habiter** (*to live*), **avoir** (*to have*), etc.
Most infinitives end in **-er, -ir** or **-re**.

3.2 The present tense → *pages 110, 114*
The present tense is used:
- to describe what is happening **now**
  *I **am reading** this book.*
- to describe what **usually** happens
  *I **read** a book every day.*

There is only one present tense in French:
je mange   *I eat* or *I am eating*

To use a verb in the present tense, you must change the infinitive according to a set of rules. You need to learn these rules by heart.

There are three types of **regular verbs**:
-er verbs, **-ir** verbs and **-re** verbs.
-er verbs are the most common type.

trouv**er** (*to find*)	fin**ir** (*to finish*)	attend**re** (*to wait*)
je trouv**e**	je fin**is**	j'attend**s**
tu trouv**es**	tu fin**is**	tu attend**s**
il/elle/on trouv**e**	il/elle/on fin**it**	il/elle/on attend
nous trouv**ons**	nous fin**issons**	nous attend**ons**
vous trouv**ez**	vous fin**issez**	vous attend**ez**
ils/elles trouv**ent**	ils/elles fin**issent**	ils/elles attend**ent**

Some verbs follow their own pattern. They are called **irregular verbs**.

You need to learn these by heart. Look at the verb tables on pp. 202–204. You will spot similarities between some verbs that will help you remember them.

3.3 The perfect tense
→ *pages 16, 19, 30, 32, 35, 69, 98, 114, 116, 128*

The perfect tense (*le passé composé*) is used to talk about a single event in the past.
j'ai joué   *I played* or *I have played*

The perfect tense has two parts:
1 an auxiliary – part of the verb **avoir** or **être**
2 the past participle

To form the past participle of **regular verbs**:
for **-er** verbs, take off **-er** and add **-é**
   j'ai regard**é**   *I watched*
for **-ir** verbs, take off **-ir** and add **-i**
   j'ai fin**i**   *I finished*
for **-re** verbs, take off **-re** and add **-u**
   j'ai attend**u**   *I waited*

Some key verbs are irregular in the perfect tense. See the verbs tables on pp. 202–204 for a complete list.

Some verbs are formed from other verbs and therefore follow the same pattern: com**prendre** (*to understand*) and ap**prendre** (*to learn*) follow **prendre** (past participles: com**pris**, ap**pris**, like **pris**).

The perfect tense with *être*
13 verbs – mainly verbs of movement – form their perfect tense with **être**, not **avoir**.
je suis allé   *I have gone, I went*
il est resté   *he has stayed, he stayed*

There are five pairs of opposites, and three others.

infinitive	meaning	past participle
aller	to go	allé(e)
venir	to come	venu(e)
arriver	to arrive	arrivé(e)
partir	to leave	parti(e)
entrer	to enter	entré(e)
sortir	to go out	sorti(e)
monter	to go up	monté(e)
descendre	to come down	descendu(e)
naître	to be born	né(e)
mourir	to die	mort(e)
rester	to stay	resté(e)
tomber	to fall	tombé(e)
retourner	to return	retourné(e)

Other verbs similar to these also take **être** (**rentrer**, **remonter**, **revenir**).
All reflexive verbs, such as **se lever** (to get up) or **s'habiller** (to get dressed) also take **être**.

With these verbs that take **être**, the past participle agrees with the subject of the sentence.
add **-e** for feminine
    elle est allé**e**   *she went*
add **-s**/**-es** for plural
    ils sont allé**s**/elles sont allé**es**   *they went*

3.4 The imperfect tense → *pages 32, 99*

To say what something or someone *was* like, use the imperfect tense (*l'imparfait*) of the verb **être** (to be):

j'ét**ais**	*I was*
tu ét**ais**	*you were*
il/elle ét**ait**	*he/she was*
nous ét**ions**	*we were*
vous ét**iez**	*you were*
ils/elles ét**aient**	*they were*

C'**était** ennuyeux.   *It was boring.*
Ce n'**était** pas mal.   *It wasn't bad.*
Mes collègues **étaient** sympas.
My colleagues were nice.

To say what you *had to do* in the past, use the imperfect tense of the verb **devoir** plus the infinitive of another verb:
Je devais…   *I had to…*
Je devais laver la voiture.
I had to wash the car.
Je devais me lever tôt. *I had to get up early.*

3.5 The near future tense
→ *pages 19, 34, 35, 68, 105, 114, 126, 157*
To talk about the future, you use the near future tense (*le futur proche*). It is formed using part of the verb **aller** + the infinitive.
Ce soir, je **vais regarder** la télé.
Tonight I am going to watch TV.
Demain, il **va faire** chaud.
Tomorrow it's going to be hot.
L'année prochaine, **on va aller** en Australie.
Next year, we're going to go to Australia.

3.6 The conditional → *pages 95, 112*
The conditional (*le conditionnel*) is used to say *would*. The most useful form is **je voudrais** (I would like), a polite alternative to **je veux** (I want).

You can use **je voudrais** with a noun to talk about something you would like, or with the infinitive of another verb to say what you would like to do:
Je voudrais un hamburger.
I would like a hamburger.
Je voudrais acheter une voiture.
I would like to buy a car.
Je ne voudrais pas regarder ce film.
I wouldn't like to watch that film.

3.7 The imperative → *page 61*
You use the **imperative** to tell somebody to do or not do something.

With people you address as **tu**, the imperative is the present tense **tu** form minus the word **tu**. **-er** verbs drop the **s** at the end of the verb.
Traverse le pont.   *Cross the bridge.*
Va jusqu'aux feux.   *Go as far as the traffic lights.*
Bois assez d'eau.   *Drink enough water.*

With people you address as **vous**, the imperative is the present tense **vous** form minus the word **vous.**
Tournez à droite.   *Turn right.*
Ne **fumez** pas.   *Don't smoke.*

3.8 Negatives → *page 150*
To make a sentence negative, that is to say what you don't do or what isn't happening, put **ne … pas** around the verb. (**ne** shortens to **n'** before a vowel sound.)

Je **ne** vais **pas** à Paris.
I am not going to Paris.
Elle **n'**aime **pas** le prof.
She doesn't like the teacher.

Other negatives work in the same way, forming a sandwich around the verb.

ne … jamais	*never*
ne … rien	*nothing, not anything*
ne … que	*only*
ne … plus	*no longer, not any more*

Je **ne** fume **plus**.
*I **no longer** smoke/I **don't** smoke **any more**.*
Je **ne** mange **rien**.
*I eat **nothing**/I **don't** eat **anything**.*

In the perfect tense, the negative forms a sandwich around the auxiliary verb (**avoir** or **être**).
Je **n'**ai **pas** vu le film.   *I **didn't** see the film.*

If there are two verbs together in a sentence, most negatives form a sandwich round the first verb.
Je **ne** veux **pas** aller à Paris.
*I **don't** want to go to Paris.*
Il **ne** va **plus** visiter le musée.
*He **isn't** going to visit the museum **any more**.*

3.9 Question forms → *pages 42, 57, 106*
Questions without question words
The easiest way to ask questions is to use the sentence form with rising intonation, i.e. you make your voice go up at the end.
C'est vrai?   *Is it true?*

Est-ce que can also be used to turn a sentence into a question.
Est-ce que tu viens?   *Are you coming?*

Another way of asking questions involves **inversion**, i.e. the order of the subject and the verb is changed around.
Est-elle absente?   *Is she absent?*

An extra pronoun is added if a noun is used.
La maison est-**elle** grande?
Is the house big?

An extra **t** is added in between two vowels to help with pronunciation.
Thierry Henry joue-**t**-il à Liverpool?
Does Thierry Henry play for Liverpool?

Questions using question words
If the question contains a question word, the question word is usually at the start of the sentence and is followed by **est-ce que**. See section 4.2 for a list of question words.
Où est-ce que tu vas?   *Where are you going?*

Sometimes inversion is used.
Comment **voyages-tu**?
How are you travelling?

Asking questions in the perfect tense
The rules above also apply to questions in the perfect tense.
Tu as fini?   *Have you finished?*
Est-ce qu'il a vu le film?
Has he seen the film?

When inversion is used, the subject pronoun and the auxiliary verb (the part of **avoir** or **être**) are inverted.
As-tu fini?   *Have you finished?*
Pourquoi **a-t-elle** manqué le match?
Why did she miss the match?

quel/quelle
quel/quelle means *which* or *what*. It is used when *what* refers to a noun (compare **Qu'est-ce que** with a verb) and agrees with the noun it refers to.
Quelle est la date?   *What is the date?*

	Masculine	Feminine
Singular	**quel** livre?	**quelle** page?
Plural	**quels** livres?	**quelles** pages?

3.10 Reflexive verbs → *page 78*
Reflexive verbs are verbs which include an extra pronoun (before the verb). The infinitive of a reflexive verb has the pronoun **se**. The reflexive pronouns **me**, **te** and **se** shorten to **m'**, **t'** and **s'** in front of a vowel sound.
se coucher (*to go to bed*)
je **me** couche   nous **nous** couchons
tu **te** couches   vous **vous** couchez
il/elle/on **se** couche   ils/elles **se** couchent

Je **me** lève à sept heures.
I get up at 7 o'clock.
Tu **te couches** à quelle heure?
What time do you go to bed?

In the perfect tense, reflexive verbs use **être**. As with all **être** verbs, the past participle agrees with the subject.
Elle **s'est** levée à sept heures.
She got up at 7 o'clock.
Nous **nous sommes** amusé**s**.
We enjoyed ourselves.

3.11 Verbs with the infinitive
→ pages 8, 28, 51, 142, 149

If there are two different verbs in a row in a sentence (apart from verbs in the perfect tense), the second verb is an infinitive.
J'aime **apprendre** le français.
I like learning French.
Elle déteste **ranger** sa chambre.
She hates tidying her bedroom.

Modal verbs
Modal verbs are usually followed by the infinitive.
devoir   *to have to*
   Il doit **rester** ici.   *He must stay here.*
pouvoir   *to be able to*
   Tu peux **aller** au cinéma?
   Can you go to the cinema?
vouloir   *to want to*
   Je veux **être** riche.   *I want to be rich.*
   Je voudrais **voyager** en Afrique.
   I'd like to travel in Africa.

In certain situations, modal verbs can be used on their own.
Tu peux aller au cinéma samedi?
Oui, **je peux**. *Can you go to the cinema on Saturday? Yes, I can.*

Verbs which take *à* or *de*
Some French verbs need to have **à** or **de** before the infinitive.
J'ai décidé **de rester** à la maison.
I decided to stay at home.
Elle commence **à être** plus raisonnable.
She is beginning to be more reasonable.

When talking about playing an instrument, you use jouer **de**. When talking about playing a sport, you use jouer **à**.
Je joue **du** piano.   *I play piano.*
On a joué **au** football. *We played football.*

3.12 Impersonal verbs
→ pages 46, 62, 138

Impersonal verbs are normally only used in the **il** form. The most common of these is **il faut**, which can mean *need*, *should*, or *must*.
il faut can be followed by either a noun or an infinitive:
Il faut de la musique.
We need music.
Il faut écouter le professeur.
You must listen to the teacher.
Il ne faut pas fumer.
You shouldn't / mustn't smoke.

Il y a means *there is* or *there are*:
Il y a un parc derrière mon lycée.
There is a park behind my school.
Il y a beaucoup de voitures.
There are a lot of cars.
Il n'y a pas de lait.
There's no milk.

SECTION 4
Structural features

Structural features are words or sets of words which occur in sentences and texts.

4.1 Prepositions → *pages 6, 60*
Prepositions are words which tell us where someone or something is.

avec	*with*
dans	*in*
devant	*in front of*
derrière	*behind*
entre	*between*
sur	*on*
sous	*under*
à	*at, to* or *in* (with name of town*)
en	*to* or *in* (with name of country*)
de	*of*

in/at/to places
To say *in* or *to* a town or country, use:
- **à** before the name of a town
  – *elle habite **à** Paris*
- **en** before the name of feminine countries (most countries are feminine)
  – *il va **en** France*
- **au** before the name of masculine countries – *j'habite **au** Pays de Galles*

cent quatre-vingt-dix-neuf 199

- **aux** before the name of plural countries
  – *on va **aux** États-Unis*

de
Some prepositions are followed by **de**:
à coté **de**	next to
au bout **de**	at the end of
de l'autre côté **de**	on the other side of
en face **de**	opposite
près **de**	near

de + **le** becomes **du**, and **de** + **les** becomes **des**.
à côté **du** cinéma — next to the cinema
près **des** toilettes — near the toilets

à (to)
à + **le** becomes **au**, and à + **les** becomes **aux**.
Je vais **au** cinéma, mais il va **aux** magasins.
I'm going to the cinema, but he's going to the shops.

jusqu'à means *as far as* or *until*.
jusqu'aux feux — *as far as the traffic lights*

4.2 Question words → page 27
où est/sont?	where is/are?
combien?	how much?
combien de?	how many?
qui?	who?
à quelle heure?	at what time?
quand?	when?
comment?	how?
qu'est-ce que?	what?
quel(le) (+ noun)?	what?/which?
pourquoi?	why?

4.3 Intensifiers
Intensifiers are words placed before adjectives to make them stronger or weaker.

très	very	tout à fait	completely
assez	quite	trop	too
un peu	a bit	vraiment	really

Le français est **très** intéressant.
*French is **very** interesting.*
C'est **trop** cher.　　It's **too** dear.

4.4 Connectives
Connectives are used to join up phrases and sentences.

et	and	car	because	si	if
mais	but	puis	then	ou	or
quand	when			donc	therefore
parce que	because				

4.5 depuis → pages 20, 21, 44
To say how long something has been happening, you use **depuis** (*since*) with the present tense.
J'**habite** ici **depuis** cinq ans.
*I **have lived** here **for** five years.*
Elle **est** absente **depuis** trois mois.
*She **has been** absent **for** three months.*

4.6 Expressions with *avoir* → page 136
Some expressions with the verb *to be* in English use **avoir** in French.
J'ai froid.　　*I am cold.*

avoir 14 ans	to be 14 years old
avoir chaud	to be hot
avoir froid	to be cold
avoir faim	to be hungry
avoir soif	to be thirsty
avoir raison	to be right
avoir tort	to be wrong
avoir peur	to be afraid

avoir besoin de (*to need*) can be followed by a noun or a verb in the infinitive.
J'ai besoin **d'un stylo**.　　*I need a pen.*
As-tu besoin **d'acheter** du lait?
Do you need to buy some milk?

avoir mal à is used to say where something hurts. In English there are several different ways of saying this, but **avoir mal à** can be used to cover them all:
à + le becomes au
à + les becomes aux
J'ai mal au genou.	My knee hurts.
J'ai mal à la tête	I have a headache.
J'ai mal aux dents.	My teeth are sore.

4.7 Time expressions

Certain time expressions are usually used with certain tenses.

Past	Present	Future
l'année dernière *last year*	normalement *normally*	l'été prochain *next summer*
samedi dernier *last Saturday*	généralement *generally*	l'année prochaine *next year*
hier *yesterday*	d'habitude *usually*	demain *tomorrow*
	de temps en temps *from time to time*	
	parfois *sometimes*	

When **il y a** is used before an expression of time, it means *ago*.
il y a une semaine   *a week ago*

SECTION 5 Extras

5.1 Numbers

1 un
2 deux
3 trois
4 quatre
5 cinq
6 six
7 sept
8 huit
9 neuf
10 dix
11 onze
12 douze
13 treize
14 quatorze
15 quinze
16 seize
17 dix-sept
18 dix-huit
19 dix-neuf
20 vingt
21 vingt et un
22 vingt-deux

30 trente
40 quarante
50 cinquante
60 soixante
70 soixante-dix
71 soixante et onze
72 soixante-douze
80 quatre-vingts
81 quatre-vingt-un
82 quatre-vingt-deux
90 quatre-vingt-dix
91 quatre-vingt-onze
92 quatre-vingt-douze
100 cent
101 cent un
200 deux cents
300 trois cents
1000 mille
2000 deux mille

5.2 Days

In French the days of the week and the months do not begin with a capital letter.

lundi *Monday*   samedi *Saturday*
mardi *Tuesday*   dimanche *Sunday*
mercredi *Wednesday*
jeudi *Thursday*
vendredi *Friday*

lundi   *on Monday*
le lundi /tous les lundis
every Monday, *on* Mondays
lundi matin/après-midi/soir
on Monday morning/afternoon/evening

5.3 Dates

janvier   *January*   juillet   *July*
février   *February*   août   *August*
mars   *March*   septembre *September*
avril   *April*   octobre   *October*
mai   *May*   novembre *November*
juin   *June*   décembre *December*

le 12 février   *on the 12th of February*
On va en France le 3 août.
We are going to France on the 3rd of August.
le premier mai   *the 1st of May*

5.4 Times → *pages 65, 75*

sept heures   *seven o'clock*
sept heures dix   *ten past seven*
sept heures et quart   *quarter past seven*
sept heures et demie   *half past seven*
sept heures quarante-cinq *seven forty-five*
huit heures moins le quart *quarter to eight*
midi/minuit   *12 midday/ midnight*

The 24-hour clock is used much more frequently in French than it is in English, especially with times for trains, planes, etc.
9h20 (neuf heures vingt)   *9.20 am*
15h15 (quinze heures quinze)   *3.15 pm*
20h45 (vingt heures quarante-cinq)   *8.45 pm*

Quelle heure est-il?   *What time is it?*
Il est neuf heures.   *It is nine o'clock.*
à dix heures   *at ten o'clock*

Verb tables

Regular verbs

infinitive	present tense		perfect tense	near future
-er verbs **jouer** (to play)	je jou**e** tu jou**es** il/elle/on jou**e**	nous jou**ons** vous jou**ez** ils/elles jou**ent**	j'ai joué	je vais jouer
-ir verbs **finir** (to finish)	je fin**is** tu fin**is** il/elle/on fin**it**	nous fin**issons** vous fin**issez** ils/elles fin**issent**	j'ai fini	je vais finir
-re verbs **attendre** (to wait for)	j'attend**s** tu attend**s** il/elle/on attend	nous attend**ons** vous attend**ez** ils/elles attend**ent**	j'ai attendu	je vais attendre
Reflexive verbs **se coucher** (to go to bed)	je **me** couche tu **te** couches il/elle/on **se** couche	nous **nous** couch**ons** vous **vous** couch**ez** ils/elles **se** couch**ent**	je me suis couché(e)	je vais me coucher

Key irregular verbs

infinitive	present tense		perfect tense	near future
aller (to go)	je vais tu vas il/elle/on va	nous allons vous allez ils/elles vont	je suis allé(e)	je vais aller
avoir (to have)	j'ai tu as il/elle/on a	nous avons vous avez ils/elles ont	j'ai eu	je vais avoir
être (to be)	je suis tu es il/elle/on est	nous sommes vous êtes ils/elles sont	j'ai été	je vais être
faire (to do/make)	je fais tu fais il/elle/on fait	nous faisons vous faites ils/elles font	j'ai fait	je vais faire

Other irregular verbs

infinitive	present tense		perfect tense	near future
acheter (to buy)	j'achète tu achètes il/elle/on achète	nous achetons vous achetez ils/elles achètent	j'ai acheté	je vais acheter
s'appeler (to be called)	je m'appelle tu t'appelles il/elle/on s'appelle	nous nous appelons vous vous appelez ils/elles s'appellent	je me **suis** appelé(e)	
apprendre (to learn) – see **prendre**					
boire (to drink)	je bois tu bois il/elle/on boit	nous buvons vous buvez ils/elles boivent	j'ai bu	je vais boire
comprendre (to understand) – see **prendre**					
conduire (to drive)	je conduis tu conduis il/elle/on conduit	nous conduisons vous conduisez ils/elles conduisent	j'ai conduit	je vais conduire

infinitive	present tense		perfect tense	near future
connaître (*to know*)	je connais tu connais il/elle/on connaît	nous connaissons vous connaissez ils/elles connaissent	j'ai connu	je vais connaître
courir (*to run*)	je cours tu cours il/elle/on court	nous courons vous courez ils/elles courent	j'ai couru	je vais courir
croire (*to believe*)	je crois tu crois il/elle/on croit	nous croyons vous croyez ils/elles croient	j'ai cru	je vais croire
décrire (*to describe*) – see **écrire**				
devenir (*to become*) – see **venir**				
devoir (*to have to/… must*)	je dois tu dois il/elle/on doit	nous devons vous devez ils/elles doivent	j'ai dû	je vais devoir
dire (*to say*)	je dis tu dis il/elle/on dit	nous disons vous dites ils/elles disent	j'ai dit	je vais dire
dormir (*to sleep*)	je dors tu dors il/elle/on dort	nous dormons vous dormez ils/elles dorment	j'ai dormi	je vais dormir
écrire (*to write*)	j'écris tu écris il/elle/on écrit	nous écrivons vous écrivez ils/elles écrivent	j'ai écrit	je vais écrire
envoyer (*to send*)	j'envoie tu envoies il/elle/on envoie	nous envoyons vous envoyez ils/elles envoient	j'ai envoyé	je vais envoyer
essayer (*to try*)	j'essaie tu essaies il/elle/on essaie	nous essayons vous essayez ils/elles essaient	j'ai essayé	je vais essayer
se lever (*to get up*)	je me lève tu te lèves il/elle/on se lève	nous nous levons vous vous levez ils/elles se lèvent	je me **suis** levé(e)	je vais me lever
lire (*to read*)	je lis tu lis il/elle/on lit	nous lisons vous lisez ils/elles lisent	j'ai lu	je vais lire
manger (*to eat*)	je mange tu manges il/elle/on mange	nous mangeons vous mangez ils/elles mangent	j'ai mangé	je vais manger
mettre (*to put*)	je mets tu mets il/elle/on met	nous mettons vous mettez ils/elles mettent	j'ai mis	je vais mettre
ouvrir (*to open*)	j'ouvre tu ouvres il/elle/on ouvre	nous ouvrons vous ouvrez ils/elles ouvrent	j'ai ouvert	je vais ouvrir
partir (*to leave*)	je pars tu pars il/elle/on part	nous partons vous partez ils/elles partent	je **suis** parti(e)	je vais partir
pouvoir (*to be able to/… can*)	je peux tu peux il/elle/on peut	nous pouvons vous pouvez ils/elles peuvent	j'ai pu	je vais pouvoir

infinitive	present tense		perfect tense	near future
préférer (*to prefer*)	je préfère tu préfères il/elle/on préfère	nous préférons vous préférez ils/elles préfèrent	j'ai préféré	je vais préférer
prendre (*to take*)	je prends tu prends il/elle/on prend	nous prenons vous prenez ils/elles prennent	j'ai pris	je vais prendre
recevoir (*to receive*)	je reçois tu reçois il/elle/on reçoit	nous recevons vous recevez ils/elles reçoivent	j'ai reçu	je vais recevoir
rire (*to laugh*)	je ris tu ris il/elle/on rit	nous rions vous riez ils/elles rient	j'ai ri	je vais rire
savoir (*to know*)	je sais tu sais il/elle/on sait	nous savons vous savez ils/elles savent	j'ai su	je vais savoir
sentir (*to feel*)	je sens tu sens il/elle/on sent	nous sentons vous sentez ils/elles sentent	j'ai senti	je vais sentir
servir (*to serve*)	je sers tu sers il/elle/on sert	nous servons vous servez ils/elles servent	j'ai servi	je vais servir
sortir (*to go out*)	je sors tu sors il/elle/on sort	nous sortons vous sortez ils/elles sortent	je **suis** sorti(e)	je vais sortir
venir (*to come*)	je viens tu viens il/elle/on vient	nous venons vous venez ils/elles viennent	je **suis** venu(e)	je vais venir
voir (*to see*)	je vois tu vois il/elle/on voit	nous voyons vous voyez ils/elles voient	j'ai vu	je vais voir
vouloir (*to want to*)	je veux tu veux il/elle/on veut	nous voulons vous voulez ils/elles veulent	j'ai voulu	je vais vouloir

Grammaire

Vocabulaire français – anglais

A

à mon avis	in my opinion
à partir de maintenant	from now on
d' abord	(at) first
absolument (pas)	absolutely (not)
absorber	to absorb
accéder à	to get to/to reach
l' accès (m)	access
accompagné(e)	accompanied
être d' accord	to agree
l' accueil (m)	reception
les achats (m)	shopping/purchases
s' acheter	to buy oneself
actif/ive	active
l' acuité visuelle	clarity of vision
l' adhésion (f)	membership
l' adjectif (m)	adjective
l' administration locale	local council
l' ado (m/f)	teenager
l' adulte (m/f)	adult
affreux/euse	terrible
africain(e)	African
l' agence (f) de voyages	travel agent's
l' agenda (m)	diary
il s' agit de	it's about
agréable	pleasant
l' agriculture (f) (bio)	(organic) farming
l' aide-mémoire (m)	notes as a reminder
aider	to help
l' aire (f) de jeux	children's play area
ajouter	to add
l' alcool (m)	alcohol
alcoolisé(e)	alcoholic
allô	hello (on phone)
alors	so/then/well
en altitude	at altitude
l' ambiance (f)	atmosphere
aménagé(e)	fitted (kitchen)
amener	to take
américain(e)	American
amoureux/euse	in love
s' amuser	to have a good time
amuse-toi bien	have a good time
l' animateur/trice (m/f)	leader/organiser
animé(e)	lively
l' année (f)	year
l' annonce (f)	advert
l' anorak (m)	anorak
antimite (m)	moth balls
(ils) n' apparaissent que	(they) only appear
apparaître	to appear
l' appareil-photo numérique (m)	digital camera
l' appartement (m)	flat
appeler	to call
apporter	to bring
apprécié(e)	desirable/appreciated
apprendre	to learn
l' apprentissage (m)	apprenticeship
d' après	based on/according to
après les cours	after school
l' aquapolo (m)	water polo
l' arbre (m)	tree
l' argent (m)	money
l' arrêt (m) de bus/car	bus/coach stop
arrêter	to stop
l' arrivée (f)	arrival
l' artère (f)	artery
les arts dramatiques	drama
s' asseoir	to sit down
assez à manger	enough to eat
l' asthme (m)	asthma
faire attention	to be careful
attraper	to catch
au lieu de	instead of
l' auberge (f)	inn
l' auberge (f) de jeunesse	youth hostel
au-dessus de	above
aussi	too
l' auto (f)	car
l' autobus (m)	bus
en automne	in the autumn
l' autoroute (f)	motorway
autour de	around
autre	other
d' autres	other people
l' autruche (f)	ostrich
il y avait …	there was …
avancé(e)	advanced
avant de	before
l' aventure (f)	adventure
à mon/ton avis	in my/your opinion
en avoir un/une	to have one

B

le baby-foot	table football
la baignade	swimming
se baigner	to have a swim
le bal	party/dance
le baladeur mp3	MP3 player
la balade en vélo	bike ride
le balcon	balcony/circle (in theatre)
en banlieue	in the suburbs
le bâtiment	building
les BD (f)	comics
la Belgique	Belgium
le/la bibliothécaire	librarian
la bibliothèque	library
bien payé	well paid
bien sûr	of course
bienvenue	welcome
le bifteck	steak
la bijouterie	jewellery department/shop
le billet	ticket
biodégradable	biodegradable
bizarre	strange
le bœuf	beef
le bois	wood
en bois	wooden
la boisson (alcoolisée)	(alcoholic) drink

la boîte	night club
de bonne heure	early
bonne route	have a good journey
le bonnet	woolly hat
bonsoir	good evening
au bord de la mer	at the seaside
les bords (m)	banks (of the river)
bosser	to work
les boucles (f) d'oreille	earrings
bouclé(e)	curly
bousculer	to push and shove
la bouteille	bottle
en bref	in short
la brique	brick
le bruit	noise
Bruxelles	Brussels
la buanderie	laundry room/utility room
la bûche de Noël	Christmas log cake
le buffet	buffet/snack bar

c

ça	that/it
ça fait (5 euros)	that's (5 euros)
le cabinet médical	doctor's surgery
faire des cadeaux (m) à	to give presents to
le cadre	setting
la calculatrice	calculator
le canapé-lit	sofa-bed
le cancer du poumon	lung cancer
la canette	can
la cantine	canteen
la capitale	capital city
le car de ramassage	school bus
le car grand tourisme	tour bus
de caractère	in terms of character
les Caraïbes (f)	the Caribbean
le carburant pour fusée	rocket fuel
le carnaval	carnival
le cartable	school bag
en carton	made of cardboard
la case	box
le casque	helmet
la casquette	cap
le casse-croûte	snack
à cause de	because of
causer	to cause
le CDI (Centre de Documentation et d'Information)	school library/ resource centre
ce que (je veux)	what (I want)
la ceinture	belt
célèbre	famous
la célébrité	celebrity
au centre	in the middle
le centre de recyclage	recycling facility
le centre sportif	sports centre
cependant	however/nevertheless
c'est à qui?	whose is it?
c'est-à-dire	in other words
C'est de la part de qui?	Who's speaking?
chacun(e)	each one (each person)
la chaîne hi-fi	hi-fi
la chambre d'hôte	B&B
le chameau	camel
le/la champion(ne)	champion
le championnat	championships
la chance	luck
changer de	to change
chanter	to sing
le chapeau	hat
chaque	each
chaque fois	every time
avoir chaud	to feel hot
chauffé(e)	heated
la chaussette	sock
la cheminée	fireplace
chercher	to look for
aller chercher	to fetch
le/la chercheur/euse scientifique	scientist/ researcher
le cheval (les chevaux)	horse (horses)
la chocolaterie	chocolate factory
choisir	to choose
le choix	choice
au chômage	unemployed
choqué(e)	shocked
la chose	thing
le ciel	sky
le ciment	cement
le cinquième (étage)	the fifth (floor)
le circuit touristique	tourist route
la circulation	traffic
circuler	to drive
le cirque	circus
la citadelle	citadel
la Cité des sciences et de l'industrie	Science and Industry park
la clé	key
climatisé(e)	air-conditioned
le club de vacances	holiday club
le club des jeunes	youth club
le cœur	heart
la combinaison de plongée	wet suit
combiner	to combine
comme	as/like
commencer	to start
comment	how to
la commode	chest of drawers
complet/complète	full
composé(e)	mixed
la compote de pommes	stewed apples
comprenant	including
je ne comprends pas pourquoi	I don't understand why
comprendre	to understand
compter sur	to count on/to expect
faire les comptes (m)	to do the accounts
le comte	count
se concentrer	to focus/concentrate
le concours	competition
le/la concurrent(e)	competitor
conduire	to drive
la confiance en soi	self-confidence

confortable	comfortable
le conseil	advice
le/la conseiller/ère principal(e) d'éducation	attendance and discipline counsellor
la consigne	left luggage office
construire	to build
le contact	contact
le container de recyclage	recycling bin
contre	against
le cornichon	gherkin
le/la corres	penfriend
la côte	coast
à côté de	next to
le couloir	corridor
le coup de fil	telephone call
la Coupe du Monde	World Cup
couper	to cut (down)
la coupole	dome
en courant	running
le cours	lesson
faire des courses	to go shopping
coûter	to cost
la cravate	tie
le crayon	pencil
la crème Chantilly	whipped cream
crier	to shout
je crois que …	I think that …
les crudités (f)	selection of raw vegetables
en cuir	made of leather
faire cuire	to cook
la cuisine (espagnole)	(Spanish) food/cooking
la cuisine aménagée	fitted kitchen
le/la cultivateur/trice	farmer
cultiver	to cultivate/to grow

D

en danger	in danger
davantage	more
débuter	to begin
les déchets (m)	rubbish
la découverte	discovery/exploration
découvrir	to discover
dedans	inside
défendu(e)	prohibited
la définition	definition
dégoûtant(e)	disgusting
en dehors de	outside
déjeuner	to have lunch
les dépanneurs (m)	breakdown service
le départ	departure/start
ça dépend	it depends
le dépliant	leaflet
dernier/ière	last
le désastre	disaster
désastreux/euse	disastrous
descendre de	to get off
la descente	going down
vous désirez?	what would you like?
désolé(e)	sorry
dessus	on it
la détente	relaxation
détruire	to destroy
à deux lits	with two beds

deuxièmement	secondly
devant	in front of
la dévastation	destruction/devastation
devenir	to become
il/elle devrait	he/she should
le diable	devil
la dinde	turkey
dire	to say
direct(e)	direct
directement	directly
le/la directeur/trice	headmaster/mistress
à la disposition de	at the disposal of
la dispute	argument
se disputer	to argue
le dissolvant	solvent
les distractions (f)	entertainment
donc	so
donner	to give
donner à manger à	to feed
donner confiance à	to give confidence to
donner sur	to look out onto
dormir	to sleep
dressé(e)	trained
la drogue	drug
à droite	on the right
durcir	to harden
durer	to last

E

l' échange (m)	exchange
économiser	to save
écrit(e)	written
l' écrivain (m)	writer
Édimbourg	Edinburgh
effectué(e)	carried out
les effets (m) spéciaux	special effects
faire des efforts (m)	to make an effort
également	as well
l' électroménager (m)	household appliances
élever des animaux	to rear animals
s' embrasser	to kiss
l' emploi (m)	job
l' emploi (m) du temps	timetable
empoisonner	to poison
en dessous	below
en dessus	above
encore	again/still
encore une fois	once more
encrasser	to clog up
l' endroit (m)	place
l' énergie (f) solaire	solar energy
enfin	finally
enlever	to take off/to remove
ensemble	together
entier/ère	whole
entourer	to surround
l' entraînement (m)	training
s' entraîner	to train
entre	between
l' entrée (gratuite)	(free) admission
entretenir	to maintain
environ	about
environnemental(e)	environmental

Vocabulaire

les environs (m)	the surrounding area
envoyer	to send
équilibré(e)	well balanced
l' équipe (f)	team
l' équipement (m)	equipment
les équipements (m)	facilities
l' équitation (f)	horse-riding
l' escalier (m)	stairs
l' Espagne (f)	Spain
j' espère	I hope
l' essai (m)	try
j'ai tout essayé	I've tried everything
essayer	to try
essentiel(le)	essential
l' est (m)	east
et avec ça?	anything else?
l' étagère (f)	shelf
étanche	waterproof
les États-Unis (m)	USA
en été	in the summer
éteindre	to put out/to switch off
l' étoile (f)	star
à l' étranger	abroad
étranger/ère	foreign
j'ai eu	I had
il y a eu (un accident)	there's been (an accident)
l' événement (m) (sportif)	(sporting) event
exactement	exactly
exagérer	to exaggerate
l' examen (m)	exam
l' excursion (f)	excursion/trip
l' exercice (m) physique	physical exercise
expérimenter	to try out
extérieur(e)	outside

F

fabriquer	to make
facultatif/ive	optional
la faiblesse	weakness
avoir faim	to be hungry
faire les magasins	to go shopping
faire mal	to hurt
que fait … dans la vie?	what does … do for a living?
familial(e)	family-run
fatiguer	to put strain on
il faut (être)	you have to (be)
féminin(e)	ladies'
fêter	to celebrate
les feux (m) d'artifice	fireworks
la figure	face
le filtre	filter
la fin	the end
finalement	finally
fini(e)	finished
la fleur	flower
fleuri(e)	flowery
le foie gras	foie gras (goose liver pâté)
une fois	once
fondé(e)	founded
la forêt	forest
le forfait	bus pass
en forme	fit
le formulaire	form
la Formule 1	Formula 1
fort(e)	strong
fortifié(e)	fortified
fourni(e)	provided
frais/fraîche	fresh
ce qui m'a frappé	what struck me
frapper	to strike
les freins (m)	brakes
froid(e)	cold
la frontière	border
la fumée	smoke
au futur	in the future tense

G

gagner	to earn/to win
les gants (m)	gloves
le/la garagiste	garage mechanic/garage owner
gaspiller	to waste
à gauche	on the left
gazeux/euse	sparkling/fizzy
le gazon	lawn
le géant	giant
gênant(e)	embarrassing/annoying
la genouillère	knee pad
les gens (m)	people
le gîte	holiday cottage
la glace (à la vanille)	(vanilla) ice cream
en gomme	made of rubber
la gorge	throat
le goût	taste/liking
la graisse	fat
le grand magasin	department store
les grandes vacances	summer holidays
faire la grasse matinée	to have a lie in
gratuit(e)	free
grave	serious
gros(se)	big/fat
la grotte	cave
la guerre	war
le guichet	ticket window

H

d' habitude	usually
handicapé(e)	disabled
haut(e)	high
en haute montagne	high in the mountains
l' hébergement (m)	accommodation
l' herbe (f)	grass
hériter	to inherit
heureux/euse	happy
hier soir	yesterday evening
en hiver	in the winter
la HLM	affordable housing
le hockey sur glace	ice hockey
les horaires (m) de travail	hours of work
l' horloge (f)	clock

I

ici	here
l' île (f)	island
l' image (f)	picture
s' impatienter	to get impatient

Vocabulaire

l' imperméable (m)	raincoat
l' incendie (m)	fire
indépendant(e)	separate
l' industrie (f)	industry
industriel(le)	industrial
l' informatique (f)	computers/IT
les infos (f)	the news
installer	to put in
interdit(e)	forbidden
s' intéresser à	to be interested in
à l' intérieur	inside
interprété(e) par	played by
irriter	to irritate

J

le jardin botanique	botanical gardens
le/la jardinier/ière	gardener
le/la jeune	young person
jeter	to throw (away)
jouer de (la guitare)	to play (the guitar)
le jour de l'An	New Year's Day
la journée scolaire	school day
jumeau/jumelle	twin
jumelé(e)	twinned
jusqu'à	until/up to
juste	fair
ce n'est pas juste	it's not fair
avoir juste le temps	to have just enough time

K

le karting	go-karting
le/la kinésithérapeute	physiotherapist

L

là-bas	there/over there
le lac	lake
laisser	to leave
le lait	milk
la langue	language
la leçon	lesson
les légumes (m)	vegetables
linguistique	language (adj)
la liquide vaisselle	washing-up liquid
le lit-canapé	sofa-bed
la location (de vélos)	(bicycle) hire
être logé(e)	to be put up
loger	to stay
Londres	London
le loto	lottery
louer	to hire/to rent
la luge	sledging
les lunettes (f) (de soleil)	(sun) glasses

M

la machine à laver	washing machine
le maçon	builder
magnifique	magnificent
le maillot de bain	swimsuit/swimming trunks
la main	hand
la mairie	town hall
le maître nageur	lifeguard/swimming instructor
malade	ill

malgré	in spite of
malheureusement	unfortunately
manquer	to miss
le manteau	coat
manuel(le)	manual
se marier	to get married
la marque (de voiture)	make (of car)
marqué(e)	marked
j'en ai marre de	I'm fed up with
le massage	massage
le matériel scolaire	things for school
la matière	subject
la matière facultative	optional subject
la matinée	morning
mauvais(e)	bad
le mec	bloke
les médicaments (m)	medicine
le/la meilleur(e)	the best
mêlé(e)	mixed
le/la même	the same
mentionner	to mention
le menuisier	carpenter
mesurer ...	to be ... tall
en métal	made of metal
mettre	to put (on)
mettre en prison	to put in prison
les meubles (m)	furniture
les gens meurent	people die
mieux	better
des milliers de	thousands of
mi-long(ue)	mid-length
mince	slim
minuit	midnight
mixte	mixed
la mode	fashion
le mode de vie	lifestyle
moi-même	myself
moins	less
au moins	at least
le mois	month
la moitié de	half of
en montagne	in the mountains
monter dans	to get on
la montre	watch
mort(e)	dead
mortel(le)	lethal
le mot	word/note
le mot clé	key word
le moteur	engine/motor
le motif	logo/pattern
(il/elle) mourra	(he/she) will die
le mur	wall
le musée d'art	art gallery

N

naturel(le)	natural
la navette	shuttle bus
ne ... jamais	never
ne ... personne	no one
ne ... plus	not any more
ne ... que	only
ne ... rien	nothing
nécessaire	necessary
nelloyer	to clean

nocturne	by night
Noël	Christmas
le nombre	number
non-fumeurs	non-smoking
le nord	north
noter	to note down
la nourriture	food
numéro un	number one

O

les objets trouvés	lost property office
obligatoire	compulsory
l' occasion (f)	opportunity
l' odeur (f)	smell
l' oiseau (m)	bird
l' opérateur/trice d'attractions	ride operator
l' orchestre (m)	stalls (in theatre)
l' ordinateur (m)	computer
l' ordonnance (f)	prescription
l' orphelin(e) (m/f)	orphan
ou bien	or maybe/or even
Où êtes-vous?	Where are you?
oublier	to forget
l' ouest (m)	west
l' ours (m)	bear
ouvert(e)	open

P

la page web	web page
par exemple	for example
le paradis	paradise
le parapente	paragliding
le parapluie	umbrella
le parc aquatique	water park
le parc zoologique	zoo
la parfumerie	perfume department/shop
parisien(ne)	Parisian
le parking	car park
parler	to speak
parmi	among
participer à	to take part in
particulier/ière	particular/unusual
à partir de maintenant	from now on
partout	everywhere
pas tellement	not much
le passage clouté	pedestrian crossing
au passé composé	in the perfect tense
passer	to spend
passer un coup de fil	to ring up
les pâtes (f)	pasta
la pataugeoire	paddling pool
le/la patron(ne)	boss
la pause déjeuner	lunch break
la pauvreté	poverty
le paysage	countryside
la pêche	fishing/peach
pédagogique	educational
le/la peintre	painter
la peinture	painting
pendant (la semaine)	during (the week)
le/la perdant(e)	loser
perdre	to lose
perfectionner	to perfect
permettre	to allow
personne (n'a été tué)	no one (was killed)
personnel(le)	personal
le petit copain	boyfriend
le/la petit(e) ami(e)	boyfriend/girlfriend
la petite annonce	small ad
la petite copine	girlfriend
les petits (m)	little ones (children)
pfui!	phew!
les phares (m)	headlights
la phrase	sentence/phrase
la pièce	room
la pièce de théâtre	play
la pierre	stone
les piétons (m)	pedestrians
faire un pique-nique	to have a picnic
la place	room/square
la plage	beach
les plages (f) du débarquement	Normandy landing beaches
la planche de surf	surfboard
la plante	plant
le plat principal	main course
plat(e)	still (water)/flat
en plein air	in the open air
plein de	lots of
plein(e) de charme	charming
la plongée (sous-marine)	(scuba) diving
la plupart de	most of
la plupart du temps	most of the time
il n'y est plus	it's not there any more
en plus	as well
de plus	as well
plus de	more than
le plus grand problème	the biggest problem
plus tard	later on
plusieurs	several
la poche	pocket
la pointure	shoe size
le poison	poison
le poisson	fish
pollué(e)	polluted
la pollution (de l'air)	(air) pollution
le polo	polo shirt
le porc	pork
le portable	mobile phone/laptop
un portefeuille	wallet
poser sa candidature	to apply (for a job)
la possibilité	possibility
la poubelle	bin
les poumons (m)	lungs
pour	in order to
pour moi	for me/I think
se précipiter	to hurry
préféré(e)	favourite
premièrement	firstly
prendre	to take/to catch (e.g. bus)
le prénom	first name
au présent	in the present tense

Vocabulaire

presque	nearly
pressé(e)	in a hurry
la princesse (d'une journée)	princess (for a day)
au printemps	in the spring
le prix (réduit)	(reduced) price
prochain(e)	next
la production de l'énergie	energy production
(ils) produisent	(they) produce
les produits (m) chimiques	chemicals
se promener	to go for a walk
promener le chien	to walk the dog
proposer	to suggest/offer
le/la propriétaire	owner
la propriété	property

Q

le quai	platform
qualifié(e)	qualified
la qualité	quality
le quartier	area of a town
que	that/which/what
que faire?	what can be done?
quelque chose	something
quelquefois	sometimes
quelqu'un	someone
quitter	to leave

R

le rabais	discount
le raisin	grape
ramasser	to pick up
la randonnée	hike
ranger	to tidy/put away
rappeler	to call back
rayé(e)	striped
le rayon	department
à rayures	striped
réalisé(e) par	directed by/put on by
récemment	recently
le réchauffement de la planète	global warming
rechercher	to look for/to seek
recommander	to recommend
recommencer	to start again
j'ai reçu	I received
la réduction	reduction
réduire	to reduce
le régime	diet
la région	region
la règle	ruler
régulièrement	regularly
rencontrer	to meet
les renseignements (m)	information
rentrer à la maison	to go home
la réparation	repair
réparer	to mend/to repair
le repas	meal
repasser	to retake
répéter	to repeat
la réponse	reply/answer
se reposer	to rest/to relax
représenter	to represent

réserver	to book/to reserve
la restauration	catering/restaurant provision
le reste	the rest
rester	to stay
les résultats (m)	results
le résumé	summary
retourner	to go back
se retrouver	to meet up
retrouver	to meet up with
la réunion	meeting
réunis	altogether
réussir	to pass
la revanche	revenge
en revanche	on the other hand
le rêve	dream
le réveil	alarm clock
de rien	don't mention it/that's OK
la rivière	river
le roi	king
rouler	to roll/to drive
la route	road

S

le sac en plastique	plastic bag
saisir	to grab
la salle d'attente	waiting room
la salle de détente	common room/lounge (e.g. in youth hostel)
la salle d'eau (attenante)	bathroom (en-suite)
le salon de coiffure	hairdresser's
le sang	blood
sans	without
la santé	health
le sapeur-pompier	fireman
sauf	except
sauver	to save
c'est un scandale	it's scandalous
les sciences (f) physiques	physics
les sciences nat(urelles)	biology
scolaire	school (adj)
la séance	screening
le sèche-cheveux	hairdryer
se sécher (les cheveux)	to dry (one's hair)
le séjour	stay/holiday
le self	canteen/self-service restaurant
selon	according to
en semaine	during the week
le sens de l'humour	sense of humour
sensass	fantastic
le sentiment	feeling
avoir le sentiment de	to feel
sentir	to smell/to feel
sentir la fumée	to smell of smoke
se séparer	to separate/to split up
sérieux/euse	serious
le service restauration	restaurant service
si possible	if possible
si vous voulez	if you want
le sida	AIDS
sinistre	sinister

la situation	location
situé(e)	located
le snack	snack bar
la SNCF	French national railway company
avoir soif	to be thirsty
soigner	to take care of
la soirée	evening/party
la soirée cinéma	cinema trip
les soldes (m)	sales
nous sommes quatre	there are four of us
le sondage	survey
sonner	to ring
la sorte	kind/sort
la sortie	trip/outing/exit
la sortie de secours	emergency exit
sortir (se promener)	to go out (for a walk)
sortir en courant	to rush out
souffrir de	to suffer from
souhaiter	to wish
la source (d'énergie)	source (of energy)
sous-titré(e)	sub-titled
spécialisé(e)	specialist
spécialisé(e) dans	specialising in
le spectacle	show
le sport nautique	water sport
le/la sportif/ive	sportsman/sportswoman
le stage	course
le station balnéaire	seaside resort
le studio	studio flat
la substance chimique	chemical substance
le succès	success
sucré(e)	sweet
la sucrerie	sweet food
le sud	south
les suites (f) de	the effects of
suivi(e) de	followed by
le surnom	nickname
sur place	on the spot
surtout	especially
surveiller	to watch
les SVT (f)	biology
les symptômes (m)	symptoms

T

le tabac	tobacco
la tâche ménagère	household chore
la taille	size
la tapisserie	tapestry
le tarif	price
par téléphone	by telephone
la télé-satellite	satellite TV
tellement	much
le temps	time/weather
le temps libre	free time
le terrain	ground/pitch
le terrain de foot	football pitch
la terre	earth/ground
terrifiant(e)	terrifying
la tête	head
le thon	tuna
le toboggan	slide
tomber	to fall
tondre le gazon	to mow the lawn
la tour	tower

le tournoi	tournament
tout à fait	completely/really
tout ça	all that
tout de suite	straight away
tout finit bien	there's a happy ending
tout le monde	everyone
tout le temps	all the time
tout près	very close
tous public	for everyone
toute la nuit	all night
toxique	toxic
traditionnel(le)	traditional
traiter	to treat
tranquille	quiet/peaceful
travailleur/euse	hard-working
à travers	through
triste	sad
la troisième	third year (equivalent of Year 10)
troisièmement	thirdly
trop de	too much/too many
la trousse	pencil case
trouver	to find
se trouver	to be situated
tué(e)	killed
tuer	to kill
le tueur	killer
typique	typical

U

l' usine (f)	factory
utiliser	to use

V

v.o. (version originale)	original language version
(il/elle) va mal	(he/she/it) is not well
en vacances (f)	on holiday
la vague	wave
la/la vainqueur/euse	winner
la vedette	star
le véhicule	vehicle
la veille de Noël	Christmas Eve
venant de	coming from
à vendre	for sale
le vernis à ongles	nail varnish
le vestiaire	cloakroom/changing room
la viande	meat
la vie	life
le/la vigneron(ne)	wine grower
en ville	in town
vite	fast
vivre heureux/euse	to live happily
en voie d'extinction	in danger of extinction
voilà …	here is …
voir	to see
on ne voit personne	you don't see anyone
le vol	flight
le vol libre	hang-gliding
voyager	to travel
vraiment	really
la vue	view
la vue panoramique	panoramic view

Vocabulaire anglais – français

A

about	environ
abroad	à l'étranger
accountant	le/la comptable
action film	le film d'action
active	actif/ive
I'm addicted	je suis dépendant(e)
to admire	admirer
advantage	l'avantage (m)
after	après
this afternoon	cet après-midi
afternoon snack	le goûter
again	encore
AIDS	le sida
all the time	tout le temps
already	déjà
I have already worked	j'ai déjà travaillé
always	toujours
in an ambulance	dans une ambulance
to answer the telephone	répondre au téléphone
there aren't any ...	il n'y a pas de ...
there's no ... any more	il n'y a plus de ...
does that appeal to you?	ça te dit?
apple	la pomme
I'd like to apply (for a job)...	je voudrais poser ma candidature ...
to do an apprenticeship	faire un apprentissage
arm	le bras
to arrive	arriver
arrogant	arrogant(e)
art	le dessin
as much as possible	le plus possible
aspirin	l'aspirine (f)
of average height	de taille moyenne

B

to do babysitting	faire du baby-sitting
back	le dos
backpack	le sac à dos
bad	mauvais(e)
to be bad at	être faible en ...
badminton	le badminton
bag	le sac
baker	le/la boulanger/ère
baker's shop	la boulangerie
balcony	le balcon
banana	la banane
bank	la banque
in the basement	au sous-sol
basketball	le basket
bath	le bain
bathroom	la salle de bains
the battery is flat	la batterie est à plat
beautiful	beau/belle (bel)
because	parce que
to become (a doctor)	devenir (médecin)
in bed	au lit
to go to bed	se coucher
bedroom	la chambre
beefburger	le hamburger
beer	la bière
before	avant
behind	derrière
beside	à côté de
best	meilleur(e)
the best footballer in the world	le plus grand footballeur du monde
one of the best players	un des meilleurs joueurs/ une des meilleures joueuses
between	entre
by bike	en vélo
birthday cake	le gâteau d'anniversaire
a bit	un peu
black	noir(e)
block of flats	l'immeuble (m)
blue	bleu(e)
body	le corps
book	le livre
to book appointments	noter les rendez-vous
bookshelf	l'étagère (f)
to be bored	s'ennuyer
boring	ennuyeux/euse
bottle (of perfume)	la bouteille (de parfum)
to go bowling (indoor) (outdoor)	faire du bowling
bowling area	le terrain de pétanque
box of chocolates	la boîte de chocolats
boyfriend	le petit copain
the brakes (aren't working)	les freins (m) (ne marchent pas)
bread	le pain
slice of bread and butter	la tartine
break	la récré(ation)
to break down	tomber en panne
to have breakfast	prendre son petit déjeuner
bridge	le pont
to/in Brittany	en Bretagne
builder	le maçon
bunk beds	deux lits superposés
burger	le hamburger (m)
by bus	en bus
one bus a day	un bus par jour
bus pass	le forfait
bus station	la gare routière
at the bus stop	à l'arrêt de bus
butcher's shop	la boucherie
butter	le beurre

C

cake shop	la pâtisserie
cake	le gâteau
to call (me) back	(me) rappeler
calm	calme
campsite	le camping
can	la canette
can he/she ... ?	peut-il/elle ... ?

214 deux cent quatorze

can you … ?	est-ce qu'on peut … ?
Canada	le Canada
to go canoeing	faire du canoë-kayak
I can't	je ne peux pas
by car	en voiture
car park	le parking
my car's broken down	je suis en panne
cardigan	le chandail
carpenter	le menuisier
carrots	les carottes (f)
to carry on (studying)	continuer (mes études)
cartoon	le dessin animé
cashier	le/la caissier/ière
castle	le château
cathedral	la cathédrale
cauliflower	le chou-fleur
CD	le CD
cellar	la cave
in the centre	dans le centre
cereal	les céréales (f)
chalet	le chalet
charity	les bonnes causes (f)
to chat	bavarder
chatty	bavard(e)
checkout person	le/la caissier/ière
cheese	le fromage
chef	le/la chef
chest of drawers	la commode
chicken (and chips)	le poulet (frites)
child minder	la nourrice
children	les enfants (m)
children's play area	l'aire (f) de jeux
chips	les frites (f)
chocolate mousse	la mousse au chocolat
chocolates	les chocolats (m)
church	l'église (f)
cider	le cidre
cinema	le cinéma
clever	intelligent(e)
a cloth bag	un sac en toile
clothes	les vêtements (m)
clothes shop	un magasin de vêtements
coffee	le café
coke	le coca
cold	froid(e)
it's cold	il fait froid
a cold	un rhume
to collect (money)	collecter (de l'argent)
he/she collided with …	il/elle est entré(e) en collision avec …
to come	venir
to come home	rentrer
comedy	la comédie
commercial port	le port de commerce
commercial town	la ville commerçante
completely	tout à fait
computer	l'ordinateur (m)
computer operator	l'informaticien(ne)
console game	le jeu de console
lots of contact with people	beaucoup de contact avec les gens
cook	le/la cuisinier/ière
to copy (other people)	copier (les autres)
to cost	coûter
it costs (10 euros)	ça coûte (10 euros)
to cough	tousser
to count (the money)	compter (l'argent)
country	le pays
in the country	à la campagne
do a course (in surfing)	faire un stage de (surf)
creative	créatif/ive
crime	la criminalité
crisps	les chips (f)
he/she criticises me	il/elle me critique
cross (the bridge)	traversez (le pont)
cupboard	le placard
to go cycling	faire du vélo

D

dancing	la danse
dark (blue)	(bleu) foncé
date of birth	la date de naissance
day	la journée
per day	par jour
Dear Sir or Madam	Monsieur/Madame
delicatessen	la charcuterie
delicious	délicieux/euse
to deliver newspapers	livrer des journaux
it depends	ça dépend
for dessert …	en dessert …
determined	déterminé(e)
developing countries	les pays (m) en voie de développement
difficult	difficile
digital camera	l'appareil-photo (m) numérique
to have dinner	dîner
dinner	le dîner
to have dinner (at the hotel)	dîner (à l'hôtel)
disadvantage	l'inconvénient (m)
disciplined	discipliné(e)
disgusting	dégoûtant(e)
dishwasher	le lave-vaisselle
divorced	divorcé(e)
to do my homework	faire mes devoirs
Do you have … ?	As-tu … ?
Do you have … ?	Avez-vous … ?
Do you want to … ?	Vous voulez … ?
doctor	le médecin/la femme médecin
drama	le théâtre
I drank	j'ai bu
to draw with …	faire match nul contre …
dress	la robe
to get dressed	s'habiller
drink	la boisson
to drink	boire
to drive	rouler
driver	le/la chauffeur/euse
(too) dry	(trop) sec/sèche
during (the holidays)	pendant (les vacances)
dustbin	la poubelle

on DVD	en DVD
DVD player	le lecteur DVD

E

early	tôt/de bonne heure
I earn (5 euros/pounds) an hour.	Je gagne (5 euros/livres) de l'heure.
to earn (money)	gagner (de l'argent)
earrings	les boucles (f) d'oreille
ears	les oreilles (f)
in the east	à l'est
easy	facile
eggs	les œufs (m)
elbow	le coude
to empty the dishwasher	vider le lave-vaisselle
energy	l'énergie (f)
engineer	l'ingénieur (m)
England	l'Angleterre (f)
English	l'anglais (m)
Enjoy your meal!	Bon appétit!
there's enough …	il y a assez de …
there's not enough …	il n'y a pas assez de …
entertainment	les distractions (f)
the environment	l'environnement (m)
in the evenings	le soir
every day	tous les jours
every evening	tous les soirs
every morning	tous les matins
every Saturday morning	tous les samedis matins
every week	toutes les semaines
every weekend	tous les week-ends
that's everything	c'est tout
exciting	passionnant(e)
to exercise	faire de l'exercice
expensive	cher/chère

F

fair-trade products	les produits issus du commerce équitable
to fall in love	tomber amoureux/euse
I'm a fan of …	je suis fan de …
fantastic	extra/génial/sensass
far from	loin de
it's not far from …	ce n'est pas loin de …
is it far?	c'est loin?
farm	la ferme
farmer	le/la fermier/ière / l'agriculteur/trice
fast	vite
fast-food restaurant	le fast-food
to have a fever	avoir de la fièvre
to do the filing	classer des fiches
to find	trouver
finger	le doigt
fireman	le sapeur-pompier
first class	première classe
on the first floor	au (premier) étage
first name	le prénom
fish	le poisson
to go fishing	aller à la pêche
fishing port	le port de pêche
flat	l'appartement (m)
flat tyre	le pneu crevé
flowers	les fleurs (f)
flu	la grippe
it's foggy	il y a du brouillard
followed by …	suivi(e) de …
foot	le pied
on foot	à pied
football shirt	le maillot de foot
foreign language	la langue étrangère
free time	les loisirs (m)
from (9 a.m.) until (5.30 p.m.)	de (9h) à (17h30)
from time to time	de temps en temps
in front of	devant
full	plein(e)
full of life	plein(e) de vie
full-board	pension complète
full-time	à temps complet
fun	amusant(e)
to be funnier than …	être plus marrant(e) que …
funny	drôle/marrant(e)/rigolo(te)
future	l'avenir (m)
in the future	plus tard

G

game show	le jeu télévisé
games room	la salle de jeux
in a garage	dans un garage
to be a garage owner	être garagiste
garden	le jardin
generous	généreux/euse
geography	la géographie
German	l'allemand (m)
I get …	je reçois …
I get on with …	je m'entends avec …
to get up	se lever
girlfriend	la bonne copine
to give	donner
glass	le verre
global warming	le réchauffement de la planète
gloves	les gants (m)
go (to the crossroads)	allez (jusqu'au carrefour)
to go out	sortir
to go to bed	se coucher
to go up	monter
goal	le but
it's going to (snow)	il va (neiger)
I'm going to …	je vais …
going towards (Paris)	direction (Paris)
good	bon(ne)
to be good at	être fort(e) en …
good for your health	bon pour la santé
good-looking	beau/belle
government	le gouvernement
250 grams	250 grammes
grapes	les raisins (m)
great	chouette/génial/super
green	vert(e)
green beans	les haricots (m) verts

green products	des produits (m) verts
green space	l'espace vert (m)
grey	gris(e)
grocer's shop	l'épicerie (f)
on the ground floor	au rez-de-chaussée
gym	le gymnase

H

I had (the chicken)	j'ai pris (le poulet)
I had to …	je devais …
hair	les cheveux (m)
hairdresser	le/la coiffeur/euse
hairdresser's	le salon de coiffure
half brother	le demi-frère
half past (four)	(quatre heures) et demie
half sister	la demi-sœur
half-board	demi-pension
hall	l'entrée (f)
ham	le jambon
in your hand	à la main
hard	difficile
hard-working	travailleur/euse
to hate	détester
to have (children)	avoir (des enfants)
I have to …	je dois …
you have to (work on Saturdays)	on doit (travailler le samedi)
head	la tête
a headache	mal à la tête
headlights	les phares (m)
health	la santé
healthily	sainement
to help (sick people)	aider (les gens malades)
to help out at home	aider à la maison
he/she isn't here	il/elle n'est pas là
hero	le héros (m)
heroine	l'héroïne (f)
to go hiking	faire des randonnées
to hire (bikes)	louer (des vélos)
historic town	la ville historique
history	l'histoire (f)
hobbies	les passe-temps (m)
in the holidays	pendant les vacances
honest	honnête
horror film	le film d'horreur
horse (horses)	le cheval (les chevaux)
to go horse-riding	faire de l'équitation
in a hospital	dans un hôpital
it's hot	il fait chaud
hot chocolate	le chocolat chaud
hotel	l'hôtel (m)
hour	l'heure (f)
hours of work	les horaires (m)
at my/your house	chez moi/toi
household chores	les tâches (f) ménagères
How much does it cost?	Ça coûte combien?
How much is it?	C'est combien?
huge	énorme
hunger	la faim
he/she was hurt	il/elle était blessé(e)
it hurts	ça ne va pas
in a hypermarket	dans une grande surface

I

ice cream	la glace
ice rink	la patinoire
ill	malade
Is … included?	Est-ce que … est compris?
industrial town	la ville industrielle
instead of	au lieu de
intelligent	intelligent(e)
interesting	intéressant(e)
let me introduce myself	je me présente
Ireland	l'Irlande (f)
Is there … ?	Est-ce qu'il y a … ?
IT	l'informatique (f)

J

jacket	la veste
jam	la confiture
jeans	le jean
job	le métier/le poste
journey	le voyage
judo	le judo
jumper	le pull

K

to keep in good shape	garder la forme
keys	les clés (f)
a kilo	un kilo
kind	gentil(le)
kitchen	la cuisine
knee	le genou
I know	je sais

L

last	dernier/dernière
last night	hier soir
last Saturday	samedi dernier
last week	la semaine dernière
last weekend	le week-end dernier
last year	l'année dernière
a laugh	rigolo(te)
to lay the table	mettre la table
lazy	paresseux/euse
to learn (a profession)	apprendre (un métier)
leather	le cuir
to leave	partir
to leave a message	laisser un message
to leave the room	quitter la pièce
on the left	à gauche
leg	la jambe
leisure centre	le centre de loisirs
lesson	le cours
lettuce	la salade
library	la bibliothèque
like	comme
I'd like …	je voudrais …
Do you like …?	Aimes-tu … ?
what I like most is …	ma passion, c'est …
I'd like to	je veux bien
What is he/she like?	Il/Elle est comment?
a liking for …	un goût pour …

Vocabulaire

to listen to music	écouter de la musique
a litre	un litre
litter	les déchets (m)
to live in …	habiter à …
lively	vivant(e)/animé(e)
long	long(ue)
to look after (my little brother/sister)	garder (mon petit frère/ ma petite sœur)
to look after (the children)	s'occuper (des enfants)
lorry driver	le/la chauffeur/euse de poids lourds
to lose	perdre
I've lost …	j'ai perdu …
lost property	les objets (m) perdus
there's a lot of	il y a beaucoup de …
lots of money	beaucoup d'argent
love story	l'histoire (f) d'amour
lovely	adorable
to have lunch	déjeuner
lunch	le repas du midi/le déjeuner

M

magazine	le magazine
as a main course …	comme plat principal …
to make appointments	noter les rendez-vous
to make coffee for customers	faire le café aux clients
make-up	le maquillage
to do a manual job	faire un métier manuel
marital status	l'état (m) civil
market	le marché
maroon	bordeaux
married	marié(e)
to get married	se marier
martial arts film	le film d'arts martiaux
maths	les maths (f)
meat	la viande
mechanic	le/la mécanicien(ne)
medical drama	la série médicale
to meet up	se retrouver
to meet up with (my friends)	retrouver (mes copains/copines)
midday	midi
milk	le lait
mineral water	l'eau (f) minérale
mobile phone	le portable
modest	modeste
at the moment	en ce moment
on Monday morning	le lundi matin
monotonous	monotone
this morning	ce matin
motorbike	la moto
motorcyclist	le/la motocycliste
motorway	l'autoroute (f)
to go mountain-biking	faire du VTT
mp3 player	le baladeur mp3
museum	le musée
mushrooms	les champignons (m)
music	la musique
music programme	l'émission (f) musicale
you must	il faut …
mustard	la moutarde
you mustn't …	il ne faut pas …

N

nationality	la nationalité
navy blue	bleu marine
near	près de
it's very near	c'est tout près
nearby	à proximité
to need	avoir besoin de
never	jamais
there's never …	il n'y a jamais de …
the news	les informations (f)/les infos (f)
newspaper	le journal
next	prochain(e)
next weekend	le week-end prochain
next year	l'année prochaine
nice	gentil(le)/sympa
nickname	le surnom
night	la nuit
night-club	la boîte (de nuit)
there's no …	il n'y a pas de …
noisy	bruyant(e)
non-smoking	non-fumeurs
in the north	au nord
nose	le nez
not bad	pas mal
there's nothing	il n'y a rien
nurse	l'infirmier/ière (m/f)
in a nursery school	dans une l'école (f) maternelle

O

in an office	dans un bureau
often	souvent
OK	d'accord
old	vieux/vieille (vieil)
olive oil	l'huile (f) d'olive
once (a week)	une fois (par semaine)
one of my (favourite films)	un de mes (films préférés)
onions	les oignons (m)
there's only …	il n'y a que …
in the open air	en plein air
open-air swimming pool	la piscine découverte
I opened	j'ai ouvert
in my opinion …	à mon avis/selon moi …
opposite	en face de
orange	l'orange (f)
orange juice	le jus d'orange
organic products	des produits (m) bio
to organise (activities)	organiser (des activités)
other	d'autre(s)
overcooked	trop cuit(e)
my own bedroom	ma propre chambre

P

packet	le paquet
paddling pool	la pataugeoire
a pain, annoying	pénible
pale (blue)	(bleu) clair
pancake (with ham)	la crêpe (au jambon)
paper	le papier
to go paragliding	faire du parapente

my parents give me …	mes parents me donnent …
park	le jardin public
part-time	à mi-temps/à temps partiel
part-time job	le petit job/boulot
to have a party	faire une fête
pasta	les pâtes (f)
pâté	le pâté
pavement	le trottoir
PE	le sport (EPS)
PE kit	les affaires (f) de gym
pear	la poire
peas	les petits pois (m)
pedestrian	le/la piéton(ne)
pedestrian crossing	le passage clouté
pencil case	la trousse
pen	le stylo
per month	par mois
per week	par semaine
person	la personne
personal details	les détails (m) personnels
pet	l'animal (m)
to do photocopying	faire des photocopies
physiotherapist	le/la kinésithérapeute
piece of fruit	le fruit
pills	les comprimés (m)
pink	rose
pizza	la pizza
place of birth	le lieu de naissance
place of residence	le domicile
places of interest	les sites (m) touristiques
from which platform	de quel quai?
play area	l'aire (f) de jeux
to play on the computer	jouer à l'ordinateur
please	s'il vous plaît
please find attached my CV	veuillez trouver ci-joint mon CV
plumber	le plombier
pocket money	l'argent (m) de poche
police drama	la série policière
police film	le film policier
police station	le commissariat
policeman/policewoman	l'agent de police (m/f)
polite	poli(e)
pollution	la pollution
polo shirt	le polo
post office	la poste
postman	le facteur
postwoman	la factrice
potatoes	les pommes (f) de terre
poverty	la pauvreté
to prefer	préférer
present	le cadeau
pressure (from friends)	la pression (des copains)
pretty	joli(e)
in a primary school	dans une école primaire
primary teacher	l'instituteur/trice (m/f)
problem	le problème
a programme about …	une émission sur …
to protect (the environment)	protéger (l'environnement)
protein	les protéines (f)
public transport	les transports (m) en commun
purse	le porte-monnaie
to put away (my things)	ranger (mes affaires)
to put on (a jumper)	mettre (un pull)

Q

I quarrel with …	je me dispute avec …
quarter past (three)	(trois heures) et quart
quarter to (five)	(cinq heures) moins le quart
quiet	tranquille
quite	assez

R

it's raining	il pleut
(it) ran in front of a car	(il) a couru devant une voiture
raspberries	les framboises (f)
to read	lire
reality TV programme	l'émission (f) de télé-réalité
I received	j'ai reçu
to recycle	recycler
red	rouge
regularly	régulièrement
relaxing	déstressant(e)
to rent (a chalet)	louer (un chalet)
to reserve	réserver
to resist	résister à
return ticket	l'aller-retour (m)
rice	le riz
on the right	à droite
a road accident	un accident de la route
to go rock-climbing	faire de l'escalade
romantic	romantique
rooms available	des chambres (f) libres
rubbish	nul(le)
rubbish bin	la poubelle
to rush	se précipiter

S

to go sailing	faire de la voile
(green) salad	la salade (verte)
salami-style sausage	le saucisson
salesperson	le/la vendeur/euse
(too) salty	(trop) salé(e)
the same …	le/la même …
sausages	les saucisses (f)
I save	je fais des économies
to save	économiser
I saw your advert in the newspaper	j'ai vu votre annonce dans le journal
by school bus	en car de ramassage
in the school canteen	à la cantine du collège
school equipment	le matériel scolaire
schoolbag	le cartable
science	les sciences (f)
science-fiction film	le film de science-fiction
science-fiction programme	l'émission (f) de science-fiction

to score a goal	marquer un but
Scotland	l'Écosse (f)
to go scuba-diving	faire de la plongée sous-marine
to/at the	
seaside	au bord de la mer
seaside resort	la station balnéaire
second class	deuxième classe
secretary	le/la secrétaire
to see (a film)	voir (un film)
to be self-employed	travailler à son compte
selfish	égoïste
to send (a text)	envoyer (un texto)
sense of humour	le sens de l'humour
serious	sérieux/euse
to share	partager
shirt	la chemise
shoes	les chaussures (f)
shop	le magasin
to go shopping	faire les magasins/faire du shopping
shopping centre	le centre commercial
the shops	les commerces (m)/les magasins (m)
short	petit(e)
short hair	les cheveux courts (m)
shorts	le short
shoulder	l'épaule (f)
to have a	
shower	prendre une douche
shy	timide
I've been sick	j'ai vomi
sick people	les gens (m) malade
since	depuis
sincere	sincère
single	célibataire
single ticket	l'aller simple (m)
sitting room	le salon
to go skiing	faire du ski
skirt	la jupe
skis	les skis (m)
to sleep (in a tent)	dormir (sous une tente)
slice	la tranche
slow	lent(e)
to smoke	fumer
smoking	le tabagisme
it's snowing	il neige
soap opera	la série
socks	les chaussettes (f)
it's someone who …	c'est quelqu'un qui …
something	quelque chose
a sore back	mal au dos
a sore shoulder	mal à l'épaule
I'm sorry	je suis désolé(e)/excuse-moi
soup (of the day)	la soupe (du jour)
in the south	au sud
spaghetti (bolognaise)	les spaghettis (m) (à la bolognaise)
Spanish	l'espagnol (m)
I'd like to	
speak to …	je voudrais parler à …
(Luc) speaking.	Ici (Luc).
How do you spell that?	Ça s'écrit comment?
to spend (a week at the campsite)	passer (une semaine au camping)
to sponsor (a child)	parrainer (un enfant)
sporting event	l'événement sportif
sports centre	le centre des sports
sports ground	le terrain de sport
sports programme	l'émission (f) de sport
sporty	sportif/ive
square	la place
stadium	le stade
to start	commencer
as a starter …	comme entrée …
to stay (at home)	rester (à la maison)
to stay (on a campsite)	loger (en camping)
stomach	le ventre
to stop	s'arrêter
it's stormy	il y a des orages
go straight on	allez tout droit
strawberries	les fraises (f)
stressful	stressant(e)
strict	sévère
stubborn	têtu(e)
studying	les études (f)
stupid	stupide
subject	la matière
in the suburbs	en banlieue
to suck	sucer
suddenly	tout à coup/soudain
sugar	le sucre
it's sunny	il y a du soleil
supermarket	le supermarché
I'm a supporter of …	je suis supporter/supportrice de …
surfboard	la planche de surf
surname	le nom (de famille)
sweatshirt	le sweat
(too) sweet	(trop) sucré(e)
sweets	les bonbons (m)
sweet shop	la confiserie
to go swimming	faire de la natation
swimming pool	la piscine
to switch off (the light)	éteindre (la lumière)
Switzerland	la Suisse
syrup	le sirop

T

to take	prendre
take (the first road on the right)	prenez (la première rue à droite)
to take the dustbin out	sortir la poubelle
talented	talentueux/euse
to talk (about everything)	parler (de tout)
talkative, chatty	bavard(e)
tall	grand(e)
tea	le thé
in a team	en équipe
technology	la technologie/techno
teeth	les dents (f)
on the telephone	au téléphone
television set	le poste de télévision
terrorism	le terrorisme

the corner (of the road)	le coin (de la rue)
theme park	le parc d'attractions
then	puis/ensuite
there	là-bas
my things	mes affaires (f)
this afternoon	cet après-midi
this evening	ce soir
this morning	ce matin
throat	la gorge
throat sweets	les pastilles (f)
to throw (all rubbish) into the bin	jeter (tous les déchets) à la poubelle
to tidy (my bedroom)	ranger (ma chambre)
tie	la cravate
tights	le collant
tin	la boîte
tiring	fatigant(e)
toast	le pain grillé
today	aujourd'hui
together	ensemble
toilet	les toilettes (f)
tomatoes	les tomates (f)
tomorrow (morning/evening)	demain (matin/soir)
too	trop
too much	trop de
toothache	mal aux dents
tour (of the town)	le tour (de la ville)
tourist office	le syndicat d'initiative
tourist town	la ville touristique
in/to town	en ville
in the town centre	en centre-ville
town hall	l'hôtel (m) de ville
traffic	la circulation
traffic lights	les feux (m)
train station	la gare
trainers	les baskets (f)
to travel	voyager
travel agency	l'agence (f) de voyages
trousers	le pantalon
try	l'essai (m)
to try	essayer
T-shirt	le tee-shirt
tuition	les cours (m)
turn right/left	tournez à droite/à gauche
to turn up (the central heating)	monter (le chauffage central)
twice	deux fois
two minutes (from school)	à deux minutes (du collège)

U

to be unemployed	être au chômage
unemployment	le chômage
uniform	l'uniforme (m)
upset stomach	la gastrite
to use	utiliser
useful	utile
usually	d'habitude

V

vacancies	des places (f) libres
to do the vacuuming	passer l'aspirateur
varied	varié(e)
vegetables	les légumes (m)
very	très
vet's surgery	le cabinet de vétérinaire
in a village	dans un village
to visit a museum	visiter un musée
to do voluntary work	faire du bénévolat

W

waiter	le garçon de café/le serveur
waitress	la serveuse
to wake up	se réveiller
Wales	le pays de Galles
to walk the dog	promener le chien
(leather) wallet	le portefeuille (en cuir)
I want …	je veux …
Do you want …?	Tu veux … ?
war	la guerre
wardrobe	l'armoire (f)
it was …	c'était …
to have a wash	se laver
to wash the car	laver la voiture
to do the washing up	faire la vaisselle
to waste	gaspiller
a waste of money	du gaspillage
watch	la montre
water	l'eau (f)
weather	le temps
weather forecast	la météo
What's the weather like?	Quel temps fait-il?
wedding	le mariage
at weekends	le week-end
weights	la musculation
well organised	bien organisé(e)
well paid	bien payé(e)
in the west	à l'ouest
What are you going to do … ?	Qu'est-ce que tu vas faire … ?
What did you do … ?	Qu'est-ce que tu as fait … ?
what I had to do	ce que je devais faire
What is there … ?	Qu'est-ce qu'il y a … ?
What time is it ?	Quelle heure est-il ?
At what time?	À quelle heure?
What's your telephone number?	Quel est votre numéro de téléphone?
Where is/are … ?	Où est/sont … ?
white	blanc(he)
Who's speaking?	C'est de la part de qui?
to win (the match)	gagner (le match)
to go windsurfing	faire de la planche à voile
it's windy	il y a du vent
with my money, I buy …	avec mon argent, j'achète …
to work	travailler
work experience	le stage en entreprise
I did my work experience in …	j'ai fait mon stage en entreprise dans …
to work in an office	travailler dans un bureau
on a worksite	sur un chantier

Vocabulaire

world problems	les problèmes mondiaux
I would like …	je voudrais …
I wouldn't like …	je ne voudrais pas …

X
X-box	la Xbox

Y
yellow	jaune
yesterday	hier
yogurt	le yaourt
young people	les jeunes (m)
yours sincerely	je vous prie d'agréer l'expression de mes salutations sincères
youth hostel	l'auberge (f) de jeunesse

Les instructions

À deux.	In pairs.
à tour de rôle	taking turns
Adaptez (le dialogue/les phrases).	Adapt (the dialogue/the sentences).
Ajoutez …	Add …
C'est quel (hôtel)?	Which (hotel) is it?
C'est quelle (saison)?	Which (season) is it?
Changez (les détails en bleu).	Change (the details in blue).
Cherchez (dans la section Mots).	Look (in the Mots section).
Choisissez (le bon numéro et la bonne lettre).	Choose (the right number and the right letter).
Classez les opinions.	Categorise the opinions.
Copiez et complétez (les phrases).	Copy and complete (the sentences).
Copiez et remplissez (la grille).	Copy and fill in (the grid).
Décidez …	Decide …
Décrivez …	Describe …
Demandez …	Ask for …
Dessinez …	Draw …
Discutez.	Discuss.
Dites …	Say …
Donnez (votre opinion).	Give (your opinion).
Écoutez encore une fois.	Listen again.
Écoutez et notez.	Listen and note.
Écoutez et vérifiez.	Listen and check.
Écrivez (un paragraphe/un texto)	Write (a paragraph/a text message).
en changeant les détails	changing the details
en utilisant (les détails ci-dessous)	using (the details below)
Expliquez pourquoi …	Explain why …
Faites correspondre (le français et l'anglais).	Match up (the French and the English).
Faites des dialogues.	Make up some dialogues.
Faites la liste de …	Make a list of …
Faites le jeu de rôle.	Do the role play.
Faites un sondage.	Carry out a survey.
Faites une présentation.	Make a presentation.
Identifiez (les trois phrases correctes).	Identify (the three correct sentences).

Vocabulaire

Il faut exagérer.	You have to exaggerate.
Il y a plusieurs possibilités.	There are several possibilities.
Imaginez que vous êtes …	Imagine that you are …
Interviewez votre partenaire.	Interview your partner.
Inventez les détails.	Make up the details.
Jeu de mémoire.	Memory game.
Jeu d'imagination.	Imagination game.
Lisez (le texte ci-dessous/ci-dessus).	Read (the text below/above).
Mentionnez …	Mention …
Mettez (les noms) dans le bon ordre.	Put (the names) in the correct order.
Notez (en français/anglais).	Note down (in French/English).
Posez des questions.	Ask questions.
Posez et répondez aux questions.	Ask and answer the question.
Pratiquez le dialogue.	Practise the dialogue.
Préparez (vos réponses à ces questions).	Prepare (your answers to these questions).
Préparez une présentation.	Prepare a presentation.
Présentez …	Present …
Qu'est que c'est en anglais?	What is it in English?
Qui parle?	Who's speaking?
Racontez …	Tell …
Regardez …	Look at …
Reliez (les mots et les images).	Match up (the words and the pictures).
Relisez.	Re-read.
Remplissez …	Fill in …
Répétez (aussi vite que possible).	Repeat (as fast as possible).
Répondez aux questions (en anglais).	Answer the questions (in English).
Testez votre partenaire.	Test your partner.
Trouvez dans le texte …	Find in the text …
Trouvez (l'équivalent en anglais).	Find (the English equivalent).
Trouvez dans le texte les phrases en bleu qui correspondent à ces phrases anglaises.	Find the blue phrases in the text that correspond to these English phrases.
Utilisez (les phrases de l'exercice 6).	Use (the phrases from exercise 6).
Utilisez vos propres idées.	Use your own ideas.
Vidéoconférence.	Video conference.